U0164896

甲午沉思

主编／肖天亮　　副主编／薛国安　　舒　健

华艺出版社

HUA YI PUBLISHING HOUSE

编者的话

甲午战争给中华民族带来了沉重的灾难，对中日两国历史命运、对东亚战略格局都产生了深远的影响。甲午战争即是腐朽封建帝国衰亡的落幕大戏，也是中华民族觉醒、复兴的开幕大戏。一百二十年来，对这场战争的不断反思和追问，构成了中华民族进步的重要动力。今年正值甲午战争爆发120周年，全国上下掀起了研究、反思甲午战争高潮。国防大学战略教研部组织专家、研究生对甲午战争进行了学习和研究，并与人民网联合开设"甲午战争大事解读"专题。肖天亮、金一南、徐焰、薛国安、孟祥青等专家、教授、研究生撰写的学术文章，先后发表在《参考消息》、《解放军报》、《国防大学学报》等刊物上，引起了军内外的关注。现汇集成册，以飨读者。

2014 年 9 月

目　录

甲午沉思

中日甲午战争概述

薛国安

中日甲午战争是日本侵略中国和朝鲜的战争，它以 1894 年 7 月 25 日丰岛海战的爆发为开端，到 1895 年 4 月 17 日《马关条约》签订而结束。

一、甲午战争爆发的历史背景

（一）战争爆发前的东亚战略格局

朝鲜半岛位于亚洲大陆东北部，地处遏制日本海与太平洋间的要道，战略地位相当重要，素有"东方巴尔干"之称。在历史上，朝鲜半岛既是海洋国家向大陆扩张的跳板，也是大陆向海洋进发的基地。中国和朝鲜有着几千年的历史渊源，既有平等的交往，也有宗藩关系。19 世纪 70 年代，日、英、俄、美、法等国势力纷纷渗透到朝鲜半岛，对清政府的宗主地位形成猛烈冲击，清政府下决心要保住最后一个藩属国。

日本作为一个岛国，自古以来就困在太平洋上，狭小的空间和贫瘠的资源，铸成其向外掠夺扩张的民族性格。1868 年，日本通过明治维新，开始走上资本主义道路，国力日渐强盛，欲与中国寻衅，相继抛出"征韩论"、"征台论"、"国权论"、"利益线"等一系列侵略理论，并逐渐演化为以侵略中国为中心的"大陆政策"：第一步"攻占台湾"，第二步"吞并朝鲜"，第三步"进军满蒙"，第四步"灭亡中国"，第五步"征服亚洲、称霸世界"。甲午战争前夕，日本急迫地想把进出日本海的朝鲜半岛，建成入侵亚洲大陆的前哨基地。

向东方寻求一个不冻港，是几代沙皇的梦想，而中国的东北和朝鲜半岛，正是最佳的地方。在第二次鸦片战争中，沙俄趁火打劫，割占了黑龙江以北、乌苏里江以东 100 多万平方公里的中国领土，并进一步要在远东地区争夺霸权。甲午战争以前，沙俄投入巨大的人力财力经营远东，为进一步扩张做准备，其在东北亚的势力已咄咄逼人。甲午战争以前，沙俄内部对于日本大陆政策的认识分歧较大。一方面，沙俄虽然非常害怕日本占据朝鲜阻挡其南下通道，但由于其在西伯利亚陆地立足未稳，海上控制权也被英国掌握，军事力量非常有限，还一时不愿与日本发生正面冲突。另一方面，沙俄不仅希望中日相争两败俱伤，也希望借助日本扩张行为，冲击中国在朝鲜的宗藩制度，为自己以后干涉朝鲜创造条件。

英国的资本主义发展最早，海上力量尤其强大，其殖民地遍布全球。甲午战争以前，英国是远东地区最大的受益者，俄国是英国在远东利益的最大挑战者。同时，英国和俄国都在争夺中亚地区，刀兵相见。沙俄在远东地区稍有动作，英国就高度紧张。因此，英国在东北亚问题上心态非常矛盾：既不希望朝鲜出现混乱，让沙俄有干涉的借口，又希望用日本牵制俄国；既希望用中国和日本牵制沙俄，又不愿意中国和日本任何一家独吞朝鲜。

总之，甲午战争前夕的东亚出现了错综复杂的对抗与联合，在中、日、俄、英四种主要力量相互斗争和制衡下，引发种种事态和矛盾。中日矛盾起初较为微小，不引人注目。但是，随着日本政治、经济的迅速发展，中日两国矛盾日益尖锐。一个是日薄西山的封建王朝，一个是迅速崛起的近代化国家，中国和日本必定不能避免一战。日本不断积蓄力量，窥测时机，制造借口，以求一逞，东亚上空的战云日渐浓密。

（二）战争起因及其双方的战略判断

朝鲜问题历来是日本发动侵略战争的突破口。1894 年初，朝鲜爆发东学党农民起义，朝鲜政府军节节败退，被迫向清政府乞援。日本探知情况后，认为这是对外扩张侵略的难得良机，日本参谋部派玄洋社、反韩会的特务、浪人打入起义军内部，妄图使之成为日本扩大事变、出兵干涉的借口。同时，日本积极怂恿清政府派兵协助镇压，并特别强调说日本政府必无他意。清政府对日本虚伪的"保证"深信不疑，认为日本顶多借保护使馆为名，派百余兵来，不会发生什么事情。1894 年 6 月 4 日，清政府正式接到朝鲜政府请求出兵的要求，决定派直隶提督叶志超、太原镇总兵聂士成，率陆军 1500 人乘招商局轮船自天津赴朝鲜，驻守忠清道牙山。日本得知清廷出兵朝鲜的消息后，欣喜若狂，在国内秘密下达动员令，以种种借口陆续出兵朝鲜，全力着手挑起战争。

1894 年 6 月 5 日，日本设立适应大规模作战的大本营，将万余名陆军和几乎全部海军开到朝鲜，控制汉城、仁川一切通路，并密令驻朝日本公使大鸟，务必要想尽办法，制造开战的借口。日本大军入境，震惊了朝鲜政府和清政府。朝鲜政府以农民起义已经平息为理由，要求中、日同时撤兵。清政府也根据《天津条约》，要求日本与中国共同撤出朝鲜。但是，已经入朝的日军强硬要求政府与中国开战，认为没有理由错失良机无功而返。因此，趁清政府迟疑不决之际，日本一面派兵大举入朝，一面提出中日两国参与朝鲜内政改革议案，日本政府相信，清政府绝对不会同意日本的议案。日本以帮助朝鲜"改革"内政为借口，攻占朝鲜王宫，囚禁了国王李熙，成立了以大院君李罡应为首的傀儡政府，并威逼李罡应宣布废除中朝两国之间的一切条约，授权日本军队将中国军队赶出朝鲜。

7月，日本发动战争的阴谋已经愈发明显，中国国内舆论和清军驻朝将领纷纷请求清廷增兵备战，朝廷里也形成了以光绪帝、户部尚书翁同龢为首的主战派。但是，以慈禧太后和李鸿章为首的主和派，虽然也明知日本的狼子野心，却并未认真备战，不仅担心"我去兵愈多，彼必不肯减退"，而且一味寄希望于欧美列强调停，只派少量增援部队以摆样子，错过了向朝鲜调兵的时机。战争爆发前，清军在朝总兵力仅3800人左右。同时，李鸿章规定清军入朝后，须远离汉城和各通商口岸，因此在朝清军驻扎于当时人称为"绝地"的牙山一带，运兵和接济都十分困难，处境十分危险。驻朝官兵及国内清军将领皆认为，战争一旦爆发，牙山清军即无归路，纷纷提出脱离困境的策略。但李鸿章提出"静守勿动"，认为"日虽竭力预备战守，我不先与开仗，彼谅不动手，此万国公理。谁先开战即谁理诎"。[①] 在失去增兵机会的情况下，又失去了战略退却的时

---

① 李鸿章《李鸿章全集》，电稿二，上海：上海人民出版社1986年版，第794页。

机，从而使牙山清军开战即处于被动挨打的境地。

二、中日双方的战略方针及战争主要进程

（一）中日双方的战略方针

日本早已蓄谋发动侵略战争。为了打败清军，迫使清政府投降，日本大本营确定了全面进攻的总体战略，同时又拟定了服务于总体战略的海军进攻战略，这一战略的核心是夺取制海权。日本大本营将整个作战分为两个阶段：第一阶段，派遣部分陆军进入朝鲜牵制清军，海军则寻求与中国海军进行海上主力决战，夺取制海权。第二阶段的作战，视第一阶段海战的胜负、制海权的得失拟定了三种假定方案：甲方案，如海战获胜，夺得制海权，则陆军长驱直入直隶平原寻求与清朝陆军主力决战；乙方案，如海战胜负未决，则陆军占领、控制朝鲜；丙方案，如海战败于中国，失去制海权，则陆军以主力留守本土，并加强在朝鲜的防御。由此可见，日本海军能否夺取制海权将成为整个战争中日军进攻或退守的主要依据，而其夺取制海权的主要手段则是进行舰队主力决战。

就在日本已经确定了全面进攻总体战略的时候，清廷却对战和举棋不定，对于战争缺乏全盘策划和部署，更没有制定出应付各种可能情况的作战预案。1894 年 8 月 1 日，中国与日本同时宣战，光绪皇帝才在宣战上谕中详细介绍了发生战争的原因，并对战争的原则问题做出了部署。上谕指出："倭人渝盟肇衅，无理已极，誓难再予姑容。着李鸿章严饬派出各军迅速进剿，厚集雄师，陆续进发，以拯韩民于涂炭。并着沿江沿海

各将军督抚及统兵大臣，整饬戎行，遇有倭人轮船驶入各口，即行迎头痛击，悉数歼除，勿得稍有退缩，致干罪戾。"[1] 战争是日本侵略中国的属国和本土而发生的，中国是防御作战，出兵朝鲜是为了"拯韩民于涂炭"；上谕同时确立了"陆攻海守"的战略方针，即无论出兵朝鲜还是在中国战场，都是以陆军为主，在海上都采取守势。在这样的战略方针指导下，中国海军不能主动出击，不能"决战海上"，等于是放弃了制海权，从而导致海陆作战都很被动。

（二）战争主要进程

1. 第一阶段（1894 年 7 月 25 日至 9 月 17 日），战争在朝鲜半岛及其附近海域进行，主要战事有：丰岛海战、成欢之战、平壤之战、黄海海战。

1894 年 7 月 25 日，在朝鲜半岛西侧丰岛海面上，北洋水师军舰及运兵船遭到日本联合舰队的偷袭，日本不宣而战，引爆了中日甲午战争。丁汝昌本想派"大队到彼"，反被李鸿章斥为胆小鬼，以致北洋海军主力出海计划告吹。日本在发动丰岛海战的同时，登陆朝鲜的日陆军第 1 军也积极进攻。7 月 29 日凌晨，日军在朝鲜成欢驿附近与清军展开激战，甲午陆战场的枪声就此响起。清军尽管在一些地带进行了顽强的抵抗，但战斗力相差悬殊，被迫撤退，入朝清军聂士成部和叶志超部被全部压缩到平壤。

8 月 1 日，中日双方正式宣战。8 月 10 日，日本联合舰队倾巢出动，对威海卫进行了一次袭扰，对此，清廷和李鸿章都

---

① 章开沅《清通鉴》，第四册，长沙：岳麓书社 2000 年版，第 691 页。

大为震惊。8月23日，清廷在上谕中规定："威海、大连湾、烟台、旅顺等处，为北洋要隘，大沽门户，海军各舰应在此数处来往梭巡，严行扼守，不得远离，勿令一船闯入。"① 这样一来，北洋海军的活动海域仅限于威海、旅顺一线及渤海海域。对此，李鸿章进一步申述说："驰逐大洋，胜负实未可知，万一挫失，即赶紧设法添购亦不济急。惟不必定与拼击，但令游弋渤海内外，作猛虎在山之势，倭尚畏我铁舰，不敢轻与争锋，不特北洋门户恃以无虞，且威海、仁川一水相望，令彼时有防我海军东渡袭其陆兵后路之虑，则倭船不敢全离仁川来犯中国各口。"② 其避战保船的用心表露无遗。

由于北洋舰队的活动范围仅限于渤海海域，黄海的制海权遂拱手让予日本。由此，日本陆军无所顾忌地被输送到朝鲜，多路进攻平壤，驻平壤的清军由此而承受越来越大的威胁。平壤之战发生于9月7日至9月15日，是中日双方陆军首次大规模作战。防守平壤的清军总兵力约13000人左右，进攻平壤的日军有15000余人，双方兵力旗鼓相当。战斗开始后，清军奋力抵抗，多次打退日军进攻，总兵左宝贵中炮牺牲。在双方胶着状态下，清军总指挥叶志超丧失战争信心，率队趁夜弃城逃跑，平壤之战以清军大败告终。

丰岛海战后，日本联合舰队在朝鲜西海岸搜索北洋海军，寻找主力决战的机会，以取得黄海制海权，但一直到8月中旬始终不见北洋海军踪迹。9月中旬，北洋水师提督丁汝昌率领北洋水师主力，护运清军陆军增援平壤，不料行动去向被日军

---

① 李鸿章《李鸿章全集》，电稿二，上海：上海人民出版社1986年版，第915页。

② 张侠等编《清末海军史料》，北京：海洋出版社1982年版，第578页。

间谍获得。9 月 17 日中午，在鸭绿江口外大东沟的黄海海面上，日本联合舰队向北洋水师发起偷袭，进行了人类历史上第一次大规模的全部蒸汽动力舰队对阵的黄海海战。经过几个小时的激战，北洋水师不仅成功抵御了日舰进攻，最后还逼其遁逃。但从战略角度看，日本方面一舰未失，受伤战舰很快恢复战斗力，而清方则遭到沉毁 5 艘军舰的重大损失，已经没有足够出海作战的有生力量，基本上丧失了争夺黄海制海权的能力。

平壤之战与黄海海战成为甲午战争的转折点，它们充分暴露了清军的弱点和缺陷，使日本坚定了对中国作战的信心，导致战争扩大至中国本土。

2. 第二阶段（1894 年 9 月 17 日至 11 月 22 日），战争在中朝边境及辽东半岛进行，主要战事有：辽东战役、辽南战役。

黄海海战后，日本陆军第 1 军占领了朝鲜全境，但日本海军并没有完全实现消灭北洋海军、取得黄海制海权的目标，"定远"、"镇远"铁甲巨舰对其下一步实现运兵渤海湾、登陆直隶平原与清军决战的计划仍构成威胁。日军大本营决定发动辽东半岛战役，具体计划是：陆军第 1 军从朝鲜过鸭绿江，新编陆军第 2 军共约 24000 余人由联合舰队护送登陆花园口，两军由陆路和海路同时入侵中国本土。

9 月下旬，日军开始向清军鸭绿江防线发动进攻。当时，鸭绿江南岸日军进攻部队共 30000 人左右，集结在鸭绿江北岸的清军共约 28000 人，双方兵力不相上下。但是，清政府虽任命宋庆节制诸军，但各路清军实则不服调度，而且平壤战败，士气不振，将领多无抗敌决心。因此，在日军的猛烈进攻下，清军苦心经营的鸭绿江防线很快土崩瓦解。10 月下旬，日军在旅顺后路花园口登陆，一路南犯金州、大连湾和旅顺，前后持续 10 余天，北洋舰队始终无任何动作。更为不可思议的是，李鸿章非但没有命令海军抗登陆，甚至也不许清陆军抗登陆，他命令当地驻军"速即确探严防，于来路要口多置旱雷，散队埋伏，多方以误之，勿轻与接仗为要。"① 清王朝经营 16 年、耗资千万，号称"东亚第一要塞"的旅顺很快全部沦陷。随后，日军制造了旅顺大屠杀惨案，4 天之内连续屠杀中国居民 20000 余人。

3. 第三阶段（1894 年 11 月 22 日至 1895 年 4 月 17 日），战争在山东半岛和辽河流域同时进行，主要战事有：海城攻防战、威海卫之战。

日本在辽阳东路受挫后，改为南下攻占海城，兵锋直指山海关。海城为辽沈门户，北京要冲，战略地位十分重要，中日双方围绕海城展开了数次规模较大的攻防战。清军进攻部队包括猎户营和民团在内，最多时达到 40000 人左右，为守城日军兵力的 4 ~ 6 倍。由于清军未能切断日军后路，也缺乏攻坚装备，以及战术上屡屡失误，几乎每次都遭到失败。但是，清军的重围和攻势给日军造成战斗伤亡，因冻伤战斗减员也非常严重。

日军攻占旅顺后，鉴于渤海湾冬季封冻，部队登陆困难，决定暂时搁置直隶平原决战方案，代之以进攻威海卫，消灭北洋海军，为以后直隶平原决战提供安全保障。日军认为正面进攻威海卫，必定造成重大伤亡，决定采取远势登陆包抄后路，避开大量清军驻扎之地，在威海卫后路荣成湾登陆。荣成湾清

---

① 李鸿章《李鸿章全集》，电稿三，上海：上海人民出版社 1987 年版，第 79 页。

甲午沉思

军兵少力单，被迫后撤，日军乘势进占荣成。日军在荣城登陆后，清廷曾发布上谕："闻敌人载兵，皆系商船，而以兵船护之，若将'定远'等船齐出冲击，必可毁其多船，断其退路。此亦救急之策，着李鸿章速筹调度为要。"然而李鸿章却回答说："海军船少，恐难远出冲击，只能在口内与炮台夹击。"[①] 1895年1月30日，日军分两路进犯威海。登陆日军逼近威海，李鸿章才命令丁汝昌："至水师力不能支时，不如出海拼战，即战不胜，或能留铁舰等退往烟台。"[②] 但李鸿章的这一命令，也遭丁汝昌拒绝，他回电说："海军如败，万无退烟之理，惟有船没人尽而已。"[③] 在威海南帮炮台陷落后，朝廷曾连发三道谕旨，命令丁汝昌要奋力冲击，尽力轰击，不要使舰船为敌所有。然而丁汝昌却没有任何动作，从而导致威海陆地要塞很快先后陷落，北洋海军在日军海陆双重围攻下，最后全军覆灭。

综观甲午战争的主要进程，清庭"陆攻海守"的战略方针在第一、第二阶段中得到了一定程度的贯彻，但在第三阶段基本没有得到贯彻。陆战场不能有效抗击日寇的进攻，从成欢败退平壤，再过鸭绿江，迅速逃离旅顺，使北洋海军失去了主要根据地，然后陆上又丢失威海。海军本可以在海岸要塞炮火掩护下，游弋近海，协助陆军作海岸防御，可是，舰队却缩守港内，进一步放弃了渤海和近海海湾的制海权，导致威海卫丧失，

---

① 李鸿章《李鸿章全集》，电稿三，上海：上海人民出版社1987年版，第367页。

② 李鸿章《李鸿章全集》，电稿三，上海：上海人民出版社1987年版，第369页。

③ 李鸿章《李鸿章全集》，电稿三，上海：上海人民出版社1987年版，第374页。

北洋海军全军覆没，从而使"陆攻海守"的战略方针完全成为了一纸空文。

三、甲午战争的历史影响及其当代启示

北洋海军覆灭后，清政府求和之心更切，遂派李鸿章为全权大臣，赴日议和。1895 年 4 月 17 日，清政府在日本的军事进攻和外交压力下，同日本签订了丧权辱国的《马关条约》，甲午战争宣告结束。甲午战争对远东战略格局产生了深刻的影响。

从中国方面看，国际地位一落千丈，财富大量流出，主权沦丧，国势颓微，自信心丧失殆尽。同时，帝国主义掀起了瓜分中国狂潮，大大加深了中国的半殖民地化，民族危机愈益深重。但是，战争惨败进一步促使了中华民族日益觉醒，救亡图存的运动高涨，资产阶级掀起了维新变法运动和民主革命运动。清政府也在更加艰难的处境下，开始变革政治、军事等制度，中国近代改革开始进入实质性阶段。

从日本方面看，日本获得 2.3 亿两白银的战争赔款，并侵吞了中国台湾全岛及所有附属各岛屿，包括钓鱼岛，甲午战争使其成为暴发户。日本获赔款之巨、得地之广、掠夺权利之大，让军国主义者自己也始料不及，全国沉浸在胜利的欢乐之中，如醉如狂。获得巨额赔款和朝鲜、台湾等战略要地，不仅为日本进一步发动侵华战争奠定了物质基础和自信心，而且从地缘上便利了日本对亚洲东部地区的进一步侵略。

对朝鲜而言，名义上获得了独立，实际上却被日本控制。之后，俄国势力进入朝鲜半岛，日本和俄国在东北亚的争夺日

趋激烈，从而引发了 1904 年日俄战争，最终日本打败俄国，占领了朝鲜全境。

前事不忘后事之师。近一段时间以来，日本右翼势力围绕钓鱼岛问题屡屡制造事端，安倍政府不断无中生有制造事端，渲染"中国威胁论"，不断扩充军备，试图拉拢北约和中国周边国家围堵中国，反对我国设立的东海防空识别区，不断挑战"二战"后的国际秩序，并企图通过修宪来解禁集体自卫权，以图建立所谓正常国家，其军国主义复活倾向明显。今年是甲午战争 120 周年，对于日本当前这种极其危险的动向，我们必须要有正确的战略判断，要坚持积极防御的战略方针，要以坚定的国家意志，统筹战略全局，不断提高信息化条件下的联合作战能力，切实做好应对遭敌偷袭和不测事件的各种准备，绝不允许甲午战争的历史耻辱重现。

甲午战争高端对话

辛　旗　中华文化发展促进会副会长
徐　焰　国防大学战略教研部教授
薛国安　国防大学战略教研部副主任

一、古今不能简单对号入座

徐　焰：对甲午战争的反思，中国人有些时候陷入两个误区：一个是"祥林嫂式"的悲情意识，反复诉说我们被打的惨状。但是，还应该反思"祥林嫂"怎么落到这样一个地步？自己有哪些不足？堂堂中华怎么被日本这样一个小国打败？四亿人对几十万倭寇无可奈何？实在不应该出现这种情况，这是一个误区。第二个误区就是太过于迎合现在的形势，简单地历史对号入座。

薛国安：历史是为现实服务，但是不能搞影射史学。影射史学是拿历史和现实简单对号。历史为现实服务的最好方法是总结历史经验，解决当前问题。

辛　旗：不能把历史当作"一个随意打扮的小姑娘"。历史已经过去了，我们看待问题应立足现实、面向未来，但不能忘记历史、编造历史。毋忘历史，不是记仇，而是从历史当中汲取经验教训，以史为鉴，更好地面向未来。

徐　焰：咱们现在很多东西把历史和现实硬扯在一块。不同时代、不同历史对不上时，只好裁剪历史为现代服务；或把历史打扮成现实需要的模样，这两个做法都不可取。

薛国安：现在我觉得要回顾甲午战争，应主要从中日两国社会发展和历史宏观角度来分析。甲午战争时候的中国，是一个非常昏匮、腐朽、不思进取的国家。

徐　焰：我最不赞成两种说法：一是甲午战争打断了中国近代化的进程，二是抗战打断了中国近代化的进程。那时候并没有近代化进程。甲午战争如不发生能现代化吗？洋务运动从1861年搞到甲午战争前，搞了30多年，中国资本主义工商业的全部资本才两千万银元。少得可怜的一点资本，只有一个官办招商局，很多工商业都是官营的，最多是官督商办，民营资本根本发展不起来。甲午战争不是打断了近代化进程，而是推动了近代化进程。

辛　旗：当时资本主义工商业确实发展受限。曾国藩、左宗棠、李鸿章、张之洞等汉族知识分子官僚，指出面对内忧外患一定要"师夷之长技以制夷"，要自强要改良，也就是开展"洋务运动"，官办、官督商办、官商合办发展近代工业，曾、李建立江南制造局，张搞汉阳兵工厂。

徐　焰：官营企业的效益极差，根本不具备资本主义的商业的性质，都是封建官员在那儿搞的。那时候日本是一个近代化的国家，中国是一个准近代化的国家。有的人讲中国当时收入多少，日本收入多少。中国的收入和国民经济产值跟日本没法类比。

薛国安：中日之间是一个时代的差距。反思甲午战争，不能是简单地反思北洋海军挪用公款，简单地对号很荒唐。关键在于中国整个社会系统落后。海军建设还稍微强点，是当时最现代化的；陆军更差，一塌糊涂。现在有些人把甲午战争误认为甲午海战，是最大的误区。甲午战争最惨的是陆战，海军覆没军事上的重要因素恰恰是陆军无能。海战中日双方还能够对等打一仗，陆军连与日军对垒的实力都没有。

辛　旗：所以甲午战争之后才有新式陆军，袁世凯奉旨在天津咸水沽南约 10 公里的小站练兵，聘请德国教官采取近代德国陆军制度，组建步、马、炮、工、辎等兵种，全盘学德国。

薛国安：李鸿章建海军请洋教习，无论是英国的马格禄、德国的汉纳根，都是按照西方军事体制建立海军。陆军还保持湘淮营制，那都是古老的戚继光式军制。日本陆军采取普鲁士师团、旅团、大队编制，而且战术也是学德国。清军战术还是与"太平天国"作战时那套密集队形冲击。所以陆军都成了日本人的靶子，海军还能勉强一战。

徐　焰：当年清朝是军事、政治、经济全方面落伍，与日本打确实是不堪一击。所以说要反思，为什么造成这个情况？如果再深入研究，我觉得中国在近代化进程中步履蹒跚，有很多历史局限，最大的一个就是中国的封建包袱，比日本要重得多。日本虽然是一个岛国，有岛民狭隘扩张的基因，但也有他的长处。我们应该以敌为师。自古以来，中国重陆轻海，日本海陆并重；中国重农抑商，日本农商并重，不搞商业岛国无法生存；中国闭关自守、闭目塞听，日本善于积极向外学习。日本领先中国不是甲午战争时才领先，明治维新时就领先了，日本丰臣秀吉时代就有超过中国的势头了。

二、宏观视野下的甲午战争

辛　旗：研究甲午前中日关系可放到更大更远的时空背景来看。早在公元7、8世纪，伊斯兰教信仰和穆斯林势力迅速崛起，先是从阿拉伯半岛，接着到中亚，再到唐朝时西部周边的突厥汗国，这样一来就把传统的丝绸之路和整个东西方贸易往来的商路堵住。东西方的商业贸易逐渐被阿拉伯人和信奉伊斯兰教的小亚细亚、中亚各民族所控制，实际上由穆斯林世界专断。他们的阻断逼迫西方基督教势力进行十字军东征。最初以宗教名义而战，后来完全沦为各王国授权的经济之战，成了强盗沿路抢掠，甚至组织儿童十字军，最后被贩卖为奴隶。十字军东征狂潮并未成功打通东西方商路，西方不得不另谋出路，突破地中海这个欧亚非大陆内湖。谁来突破，就是地中海西口直布罗陀海峡周围的国家，也就是葡萄牙、西班牙，以及靠近北海的荷兰，开始找新的海上商路，无外乎一条是往西走、另一条是南下。往西到中美洲，南下则绕过非洲好望角，进入印度洋，开拓到中国、印度的新航路。随着大航海时代的到来，加之意大利热那亚、威尼斯等城邦国家开启与阿拉伯通商基础上的文艺复兴，我们现在讲的金融、货币体系及海权就出现了，也就是海上殖民的商业贸易资本主义。这时中国正处在明朝，欧洲海上殖民者就经印度，穿马六甲海峡北上抢占澳门，在澳门晒货。当时，东亚海上贸易主要的还是中日之间。随着欧洲列强对中国的殖民入侵，日本已不再仰视中国。但其实日本早在宋朝灭亡之后就已开始不服中国各朝了。

薛国安：1279 年，南宋被蒙古所灭，最后一场决战在今天广东新会附近的崖山。日本认为崖山一战后，正统的中国已经灭亡了。

辛　旗：崖山之战后中日两国间勉强维持有一个勘合船制度。就是中日间商定每年大概有多少商船往来，朝廷发给勘合证中日双方各持一半，除核对数量之外都属于走私船。当时，海盗集团控制了东南沿海、东南亚和东亚地区海上贸易的走私，倭寇就是这样形成的。走私物品大部分是漆器、丝绸、瓷器，包括金银。特别是明代中国缺少白银，而日本产银，银价较低，从日本进口银较多。日本历史上的战国时代就出现了倭寇，并且与中国沿海走私集团联手，所以，倭寇势力中有相当一部分是中国人，还包括一部分朝鲜人。主要原因是明朝时的考试制度存在名额分配不公的"南北榜"问题。南方人口集中，经济发达，考生才智较高，但通过科举考试分配名额相对较少，大量儒生、秀才等知识分子没有晋升的阶梯，明朝宣德后又搞海禁，所以这些人就铤而走险，与日本和朝鲜武装走私团伙合流引发东南倭乱。他们虽然是海盗，但整体素质很高，从欧洲海上殖民势力那里引进武器，装备火力很强。

徐　焰：当时日本长崎最早购买荷兰兵器，已超过中国。

辛　旗：对，还有冷兵器，中国的铸刀剑技术在宋朝以后就落后于日本。铸刀铸剑技术是中国春秋战国时期一部分移民带到日本的。有一个成语叫"百炼成钢"。百炼就是通过对生铁加热折叠，反复的锻造，对铁去炭成钢的过程，这个过程就是百炼成钢。日本刀打磨开刃后为什么有花纹？那是锻打折叠的钢超过百层，之后再打磨自然形成的各层水波纹。宋朝之后日本的铸刀铸剑技术就超过了我们。后来日本又仿造大量荷兰火器，所以日本战国时期的军事，包括火器、训练、作战思想方面就已超过中国，这就是为什么俞大猷、戚继光抗击倭寇那么困难的军事因素。

薛国安：海盗不是军队，但战斗力很强。这说明从明朝以后，中国已经落后。放到这样一个时空，从更大的国际背景来看这个问题。我们到 1840 年以后"睁开眼睛看世界"，如林则徐、魏源。看世界怎么改，但没能跟上时代发展，一直拖到第二次鸦片战争。

辛　旗：晚清中国没有跟上时代的发展，一直到第二次鸦片战争后，被迫"睁开眼睛看世界"。鸦片战争前的一段时间，法国乃至欧洲发生了激烈的政治及社会变革，并引起一系列连锁反应，欧洲几乎所有的王朝都开始变革。以卢梭的《忏悔录》为代表的西方哲学观点，包括一系列的"人权自由"、"社会契约论"，以及"第三等级"、"资本主义"等理论登上文明舞台。拿破仑代表的就是国家主义、公民意识、个人权利，以及海上殖民、霸权思想。到 19 世纪 60 年代世界各国，无论是君主立宪制，还是共和制，都出现了一波革命浪潮，使欧洲各国臣民、国民普遍具有了公民、国族意识。这一波变革中，美国通过《废奴宣言》和南北战争走向了统一，普鲁士通过普丹、普奥和普法战争统一了德意志，烧炭党、黑手党等组织参与了意大利革命和奥斯曼土耳其改革，还包括东欧的罗马尼亚当时也要摆脱奥匈帝国的统治。电影《神秘的黄玫瑰》讲的就是罗马尼亚的这段历史。各国都在改，晚清中国实际上也开始觉醒，为什么？被西方的殖民侵略和太平天国运动逼的。

薛国安：太平天国先用西方军事力量，包括戈登、华尔训练的洋枪队、常胜军，逼着清朝开始用洋人做教习，引入现代装备、作战思想等等，但是没有碰政治制度。中国改革的重心原来在两广，后期转到上海。造成了两广大量的失业者，手工业者和农民破产，挑夫、妓女数量激增。

辛　旗：所以，在这个大的时代背景下，晚清中国没有跟上西方资产阶级变革浪潮，没有信奉国家主义，只进行中体西用的洋务运动。但即使在推动洋务运动过程中也发生了传统与革新势力之间相互斗争的"辛酉政变"。1850 年至 1860 年期间，清朝咸丰皇帝启用了肃顺、端华等一批改革派。肃顺、端华就是 1861 年慈禧和"鬼子六"恭亲王奕䜣联手发动"辛酉政变"中被杀掉的咸丰皇帝托孤的顾命大臣。他们又启用了一批汉族知识分子官僚，包括曾国藩、左宗棠、李鸿章、张之洞等，利用他们镇压太平天国运动。这些汉臣对于清朝宫廷政变的态度是冷眼观望，清宫的事我们不管，你们皇族自家夺权爱怎么打怎么打，虽然他们几乎都是肃顺、端华提拔起来的。后来尘埃落定、政局明朗，慈禧、奕䜣胜了，稳住了，他们就开始递折子，开始同治中期的洋务运动。但洋务运动只是触及了朝廷政体的皮毛，并没有建立国家主义。而日本在 1868 年开始明治维新，美国深化联邦制，废除黑奴制等，全世界如火如荼都在进行国家改造，有资产阶级民主革命和进一步的君主立宪改革。在西方海权扩张和商业殖民的背景下，一种带动全世界、全人类的哲学观念的改变和一种思想的蔓延，最后推动着社会进步，或者说推动历史向前转型。但中国没有出现国家主义意义上的文明改造。

薛国安：中国想跟上，中国有一帮大臣看到了这个趋势，想跟着。但是，限于整个中国特殊皇权的状态，只能修修补补。

辛　旗：李鸿章讲他是最大的"裱糊匠"，意思是洋务运动不过是买点洋枪、弄点洋炮、搞个机器制造局、招商局。结果就象是与两个队踢足球争夺晋级资格一样，我们1861年洋务运动，日本1868年明治维新，都是19世纪60年代。结果到甲午中日战争，亚洲列强争霸只能晋级出线一个，两个国家最后对决一下，不可避免。

薛国安：为什么日本一定要割中国两个地方：台湾和辽东。辽东是考虑军事战略，台湾是考虑要做列强。当时所有的西方列强都要有海外殖民地，而日本作为岛国最会经营的就是台湾，所以盯着这一点。日本派出桦山资纪这帮人来统治台湾，派出的都是一流的军官、商业管理者、工程师、律师、医生。为什么？就是要给西方列强看一看，日本是新来的列强。从这样一个时空，我们再看甲午失败原因，面对一个人类历史大转型，中国没跟上。

辛　旗：的确，从公元7、8世纪伊斯兰世界堵住了基督教文明和东方世界的传统商路后，导致开辟新商路，引发海上殖民，出现海权。在这个大背景之下，面对一个大的人类社会历史转型中国没跟上。

薛国安：在历史上，中国曾经维持了一个辽阔的版图，特别是在清朝，盛世时期有1400万平方公里。

辛　旗：现在我们观察这段历史，全都是站在某个特定历史进程当中的一点来看、来评价，并完全按照当时流行的达尔文进化论及"物竞天择，适者生存"的丛林法则和观点来评价优劣。大航海时代开始之前，东西方各文明、各宗教、各民族没有说制度谁优谁劣，因为这是几千年自然形成的。秦始皇实行郡县制已经是最先进了，宋代枢密院制度更是文官行政开端，英国当代文官行政体系都是模仿这个制度建立起来的。甲午战争后，亚洲制度评判的标准则由西方来定了，就是西方 16 世纪三十年宗教战争之后才出现的边界、国界、主权和民族国家，就是所谓列强国家，国家主义至上。中国古代文化中的"中原"和"周边"概念，是宗藩朝贡、厚往薄来、教化羁縻的制度。历史形成"同心圆"的文化辐射，称之为"天下"、中原为"华"或"夏"，称周边文化部族为"夷狄"，分别称北狄、南蛮、东夷、西戎。中原对边陲的文化政策由地理距离来衡量，距离中原 500 里为"甸服"，1000 里"侯服"，1500 里"绥服"，2000 里"要服"，2500 里"荒服"，再远至 3000、3500 里则称"遐服"、"迩服"。这种天下中心的思想，管子、春秋五霸的时候已经有了。当时的中国甚至没有固定的边界，治理、税收范围都是模糊的。所以我们和周边之间在东亚形成我们自己的、按说现在来看是很先进的制度。欧洲经历两次世界大战明白了民族国家的危害，开始让渡主权逐渐形成欧盟。不能因为后来中国落后了，去否定从前。维持这么大的中原王朝，特别是清朝 1400 万平方公里，如果那时候不采取不拘一格的政治、文化、宗教治理方略，比如通过对云南少数民族采取因地制宜、改土归流；对西藏采取崇其教贬其政；对蒙古采取崇其力分其众，内蒙和亲，外蒙分治，满蒙一体；对新疆采取贬其教杀其逆的政策，就不可能实行多民族多文化多宗教 1400 万平方公里的有效统治。

　　所以，如果没有大航海、殖民贸易，最后不可能有这么一个标准来衡量谁先进、谁落后。国家主义、列强、弱肉强食，表明上看是先进的，其实某种程度上是落后的，实际上是强盗行径、丛林法则。这样一个理论的基础是西方结束中世纪之后，文艺复兴——个人主义觉醒的时代背景，加之地中海沿岸商业文明提供大量资金，以追逐利益所产生的技术文明。枪炮加上丛林法则，给野兽增加了更长更利的牙齿。这种情况下，西方殖民主义摧毁、浸蚀东方文明，晚清中国打不过。咱们本来日子过得好好的，强盗到你家来抢，杀人、强奸、放火，最后你自己还得反思：我们是不是太落后了？五千年的中国汉字方块字文明、中华汉字文化圈是不是出了问题？反思自责的结果就是完全否定自己的文化，后来出现"砸烂孔家店"，以及历史虚无主义学说，甚至出现包括20世纪20年代在日本大东亚史观支持之下中国民国时期学术界否定中国历史，将中国历史归为神话传说，否定"三皇五帝"，丑化孔孟之道，再到后来的全盘西化。

薛国安：中国是世界四大文明古国之一，中华文明是世界上最古老、最辉煌的文明之一。又因其文明自起源发展至今，传统从未被割断而备受世人推崇与关注。

辛　旗：我们不能自卑，反思甲午战争的失败还有更多的角度，不仅仅是刚才讲的地理大发现带来的地缘政治文明的角度，还有一个后来整个西方文艺复兴以后国家观念的变化、人性解放和人权的反思。还有刚才徐将军讲的，技术文明当时的中国跟不上，政治、法制、社会管理跟不上。这是一个角度。

另外一个角度，就是怎么样定评价标准。我们现在反思甲午，晚清政府失败后要走西方之路，要富国强兵，重新走到一个西方标准下的文明。但是，结合历史我们要考虑自己国内的情况和五千年文化留下的精华。中国如何与强盗斗，就必须要具有跟强盗斗的资本。这个资本是什么，有技术层面的、制度层面的、思想层面的，甚至包括哲学层面的。我们应始终牢记，虽然我们具有了西方的牙齿，但不能走西方那条丛林法则道路。

日本依照丛林法则走上军国主义道路，就是最后全面失败的根本原因。

三、日本为何能够迅速转身

徐　焰：辛副会长确实从宏观角度讲出了中日之间的问题。我也很受启发。正如孙中山讲的"世界大潮，浩浩荡荡；顺之则昌，逆之则亡"。甲午战争时期，中国最大的问题是落后于世界大潮。早在 16 世纪前后，西方文明东渐时中国已经落后了。中国人接触西方文明最早，屯门之战就是和葡萄牙人先打了一仗。

薛国安：是的。明清时期的中西关系，是由葡萄牙人首先揭开帷幕的。达·伽马将从印度购得的中国瓷器献给葡萄牙王室后，葡萄牙国王即对中国发生了极大的兴趣。1514 年，葡萄牙人就从马六甲出发来到中国广东珠江口外的屯门岛，开始对中国进行了一系列的侵略活动。在明朝军队的反击下，葡萄牙殖民者在中国沿海地区节节败退，先有 1521 年屯门之战的失败，接着又被明朝军队赶出了浙江双屿、福建月港和浯屿等地。

徐　焰：葡萄牙被打败了才往北跑，跑到日本长崎。虽然葡萄牙人被打跑了，但是他们有先进火器，只是数量太少。尽管数量少，当时中国也应总结、研究一下这些火器。葡萄牙人到长崎后，上岸把玻璃球、乱七八糟的火枪拿去和日本人交易，日本人如获至宝，首先买到葡萄牙人的火枪，接着荷兰人带着新技术来了，日本人马上改进火枪，这就是为什么倭寇那么难对付。丰臣秀吉能在战国时代统一日本，关键是建立了一支十万人的火枪军，可见日本学习西方的速度之快。所以后来丰臣秀吉很嚣张，敢于进攻朝鲜，还想把首都搬到北京来，他觉得可以击败中国。但是丰臣秀吉在朝鲜失败了，那时候中国不是抗美援朝，是抗日援朝。

辛　旗：这次抗倭战争前后两次，延续 8 年时间。

薛国安：当时日本失败有两条主要军事因素：第一，日本不仅海军不行。陆战，明朝也余威尤在。第二，日本各藩不统一。尽管火器超过中国，但是日本的体制是军阀体制，军阀合到一块将军互相扯皮。

辛　旗：是各藩的家军。

徐　焰：日本只学习了西方的武器技术，如果日本具有甲午战争时期近代军事体制，我们当时的抗日援朝肯定打不赢。

薛国安：明军几次战役胜利都是利用日军各个部队互不协调。丰臣秀吉不能统一指挥，战争后期供应困难。最后丰臣秀吉一死，更是群龙无首，军阀争权，所以撤军了。严格讲，这一仗并没真正把日本打痛，没能在陆战上取得真正胜利

徐　焰：但是经过这一仗，日本也感到中国不好对付，此后二百多年还算老实。1578 年，戚继光部队第一次缴获日本的鸟铳、铁炮，就已经感到这些武器很先进。从戚继光仿造日本的鸟铳开始，说明从 16 世纪中叶在武器方面已经开始学习日本。我们以为是明治维新以后中国才落后于日本，实际上明治维新以前 300 年中国在武器方面就已落后。后来日本近代化进程遇到两个劫难，一是丰臣秀吉死后，日本进入幕府统治，因内部各派不服，为防止欧洲人跟别的派别勾结，日本实行了 200 多年禁海，阻碍了日本近代化进程。

辛　旗：包括禁教。

徐　焰：禁基督教，把基督教徒流放到九洲岛，实行政治迫害。这与清朝禁海的原因一样，也是害怕明朝遗民跟外国人勾结。日本留了一个出口是长崎，中国留一个出口是广州，中日都没有完全禁。

辛　旗：那时候我们还没有清中期之后广州的"十三行"。

薛国安："十三行"指广州洋货行，数目并非固定十三家，是清朝官府特许经营对外贸易的商行，享有对外贸易特权，对官府负有承保和缴纳外洋船货税饷、传达官府政令以及管理外洋商船人员等义务。1842 年中英《南京条约》签订后，"十三行"专营对外贸易的特权被取消，就逐渐没落了。

徐　焰：长崎的口子可以讲兰学，日本把西方的学说叫兰学。

辛　旗：原因是首先从荷兰来的。

徐　焰：日本兰学包括兵学。中国当时只进口钟表、玩器，而日本主要学习军事。日本兰学始终很盛行，在幕府时代有一批武士其实已经在系统学习西方的军事技术。1853 年，美国的黑船——佩里舰队一下登陆日本，日本被迫开国。2001 年，我访问日本大学的时候，到美国佩里舰队登陆的地方。那里建了一个大纪念碑，而且是伊藤博文题字"开国纪念碑"，我非常感慨，中国人不可能在虎门建一个开国纪念碑。日本人把外国入侵列为开国，这个观念跟我们完全不一样。

辛　旗：但这里也应该注意，日本的中文用法跟我们不太一样，是对应当年锁国政策。我们的开国意涵是要建国。

徐　焰：但日本当成是一个纪念，而且是伊藤博文题的字。我当时体会到日本对待西方的一种态度。咱们把英国人看成禽兽。当年的清朝檄文很有趣，说英国人"其主忽男忽女"（国王一会儿是男的一会儿是女的），"其民若禽若兽"。

辛　旗：完全用中国的标准来衡量西方社会。

徐　焰：中国人把英国人看成是洪水猛兽，而日本人把美国人进来看成是传播新文明，黑船进来后日本对西方不但不抵抗，反而款待这些商船。

薛国安：当然，日本也是无奈之中签下了不平等条约。当时外国在日本也有租界、驻军，也是很屈辱。但日本没有抵抗，而且积极向西方学习。

徐　焰：中国人打了败仗也不允许人家进驻，进来之后又是排斥，对西方先进的东西也不学习，所以日本近代化的进程原来就比我们先进。明治维新的第一步由京都迁都于江户，江户变成东京。

辛　旗：京都基本仿照唐制，标志日本原来的中心是重西部、重西南。所谓重西南主要是九洲、鹿儿岛，实际上是依托汉学，就是派遣隋使、遣唐使和中国大陆之间建立以汉字文明为基础的密切关系，包括经济、社会、文化甚至人种的一体关系。

薛国安：刚才徐将军讲日本从京都、奈良一带迁都到江户，实际上在大战略方面准备脱亚入欧，首先在地理上就要脱亚入欧。

徐　焰：因为迁都时，江户是日本最大的商业城市，相当于现在的上海，明治维新时江户的人口就已超过一百万，而且主要是商户。

辛　旗：这里面还有关原之战因素，就是丰臣秀吉死了之后留下的所谓藩兵两派丰臣与德川势力，最后决战地是在关原，德川家康率领的关东军获胜。当时关东军概念不是因为 20 世纪

30 年代入侵我们东北而来，而是在关原以东的称为关东军，大阪在关西。

薛国安：德川幕府建立在江户。

辛　旗：因为德川是关东的，所以要迁到江户，而且德川幕府之前已接受了兰学和西方文明。

徐　焰：日本迁都江户，政权由过去那种封闭的神权体系拥抱了世界文明。

薛国安：日本迁都江户之后就通火车，比北京通火车早 25 年，第一条是东京到横滨的铁路。日本也有五大臣到欧洲考察，遍寻欧洲各国学习。有趣的是，到彼得堡看了后，觉得俄国无可学之处。

辛　旗：1871 年至 1873 年日本右大臣岩仓具视率"岩仓使团"考察欧美后，大久保利通、伊藤博文等大臣力主富国学英、法制从法、强兵效德、宪政依美，力促明治天皇立刻制订国策，开始整体吸收西方政治、经济、军事、社会制度，这由国家主持，很不容易。俄国也是学西方的，当时俄国还是游牧部落军事共产主义残存的半农奴制的社会。因为克里米亚战争争夺黑海失败后，才被迫废除农奴制改革，但保留了大量封建、部落、民族压迫等残余，对俄国社会后来的发展产生了消极影响。

徐　焰：日本人看觉得俄国没有什么可学之处，就开始学英国、法国，然后学德国、美国。日本拥抱西方比我们早，而且基础原来也比我们好。当时日本的资本主义因素远比中国发达。为什么明治维新那么快进入商业资本主义，因为自古以来就有浓厚的社会基础，不像中国的商人还得挂一个官员的牌子，红顶商人，不然生存艰难。

辛　旗：必须官督商办、官商合办。

薛国安：中国不太积极，是被迫的学习西方，日本是积极的拥抱西方。日本的资源、国土远比不上中国，但发展速度比中国快，一个很大的因素是恰恰赶上一个好的国际环境。中国毕竟是一块大肥肉，列强都想争夺。没有一个国家希望中国强大，中国的变法西方并不积极支持、推进。

四、甲午战争中的大国较量

薛国安：日本赶上一个好时候，就在克里米亚战争之后，俄国在黑海方向吃了亏，开始向东方扩张。英国很警惕俄国在东方的扩张。美国买了阿拉斯加之后，对俄国也很紧张。英美便扶持日本对付俄国，日本也积极充当这个马前卒。日本明治维新之后建立了黑龙会，目的就是遏制俄国。日本一开始把中国当成第一对手，后来觉得清朝不堪一击，就公开把俄国当成第一对手。这恰恰迎合了英美的政治需要。

徐　焰：从国际环境来讲，日本赶在1894年急于发动战争，有几方面因素：一是1893年丝绸业的经济危机开始，市场太狭窄，为了打开海外市场。因此《马关条约》有一条在苏州开租界，是从经济上考虑。二是日本1893年买了"吉野号"和一系列装备，海军占优势。三是俄国西伯利亚铁路1891年正式开工，日本感到这是最大威胁。

薛国安：俄国1860年占领海参崴控制了远东之后，巨大的问题就是向远东运输军粮。因为寒冷只能种点黑麦。从欧洲地区用马车运粮是不可想象的，所以俄国主要到日本长崎和中国购买粮食，供给远东驻军。因此，俄国连居民和驻军的粮食都解决不了，不可能在远东进行大规模战争。

徐　焰：万里之外用船运也办不到，所以俄国为了解决远东军事问题，只有修西伯利亚铁路。1891 年，俄国皇太子到海参崴主持西伯利亚铁路开工，西端的车里雅宾斯克段和东端的海参崴同时开工。日本很害怕，认为西伯利亚铁路一旦修通，日俄作战毫无胜算。西伯利亚铁路原计划 8 至 10 年修通，结果直到 1905 年日俄战争开战之后才修通。为什么日本赶到 1904 年 2 月份必须开战，因为下一年西伯利亚铁路就修通了。铁路修通之后，一个月保证两个军团的运输和几十万大军的给养完全没问题。

辛　旗：铁路没修通之前，俄国的舰队和军队在海上绕了非常大的圈子来到远东。为了解决军舰蒸汽动力的问题，船上装的都是煤，整个是一只煤船舰队。

徐　焰：对马海战之前先把煤袋子扔到海里，不然就引起火灾。因为西伯利亚铁路没修通，1904 年主要是贝加尔湖这段没通，等于"肠梗阻"。这段"肠梗阻"没解决之前一个月只能运两个师，如果当时一个月能运送两个军，那日本就没法跟俄国打了。

辛　旗：在日俄战争中日本基本是陆军人海战术。

徐　焰：日本急于发动甲午战争和日俄战争，很大因素是考虑西伯利亚铁路的威胁。甲午战争时西伯利亚铁路已经修了 3 年，实际上从 1891 年修到 1905 年共 14 年，拖了这么长时间，一是俄国财政问题，另外也是路况，要解决冻土层的问题。

薛国安：当时山县有朋认为发动甲午战争，一定要抢在两个时间之前：一个是抢在西伯利亚铁路通车以前，第二是抢在清朝的军队改革完成之前。

辛　旗：这里面还蕴涵着山县有朋当时的战略观点：一个是石桥湛山提出所谓的日本国境线实力范围，另一个是山县有朋的日本战略线，即陆上到朝鲜半岛、中国东北，海上到南海、马六甲海峡、北印度洋安达曼海以及缅甸。他的思想在日本占了上风。

徐　焰：甲午战争针对中国作战是当然的，还有一个目的是俄国。俄国错误估计了形势，认为双方还不至于发生战争，更没有想到中国如此不堪一击，本希望中日双方打得两败俱伤。

辛　旗：刚才讲，俄国要绕一大圈过来才能到远东地区，从黑海那边一支舰队、波罗的海一支舰队，绕过来要好几个月。

徐　焰：海参崴冬天是冻港，冬天绕过来之后停两个地方：一个是在日本长崎。日本当时跟俄国有条约，允许俄国舰队冬天在长崎过冬，另一个是在烟台。俄国原以为中国还能僵持一下，一开始坐山观虎斗。

薛国安：其实俄国也错过了战机，因为当时清朝一直请俄国援战。如果说战略眼光敏锐一点，旅顺失守之后以援助中国为名出战，那结果恐怕就不一样了。

徐　焰：俄国要出兵可以打败日本，他是日本的宿敌、仇敌，彻底打垮日本。但是俄国没来得及。准备马关谈判时，日本威胁清政府，谈判内容绝不允许泄漏给俄国。清政府真的被吓住了，没敢告诉俄国。俄国还以为中国能坚持，没想到一下签了《马关条约》，对俄国是晴天霹雳。紧接着俄国就宣布日本必须马上退出中国。

辛　旗：俄、德、法三国迫使日本把辽东归还中国。

薛国安："三国干涉还辽"是近代中外关系史上的事件。

在这一事件中，俄、德、法对日干涉不仅仅只是出于自身在东亚的利益考虑，更多是和当时的欧洲格局密切相关。法国本来是俄国的盟国，参与进来尚可理解。德国参与对日干涉，主要目的是离间法俄同盟，重新把俄国拉到自己一边，或至少应把俄国的注意力转移到东方以减轻德国在欧洲的压力。在法、德的支持下，俄国远东舰队在长崎生火、起锚，揭开炮衣准备跟日本开战。在烟台舰队马上准备攻击占领威海的日本联合舰队。

徐　焰： 俄国在远东的陆军也立即进入战备状态。清朝非常高兴，认为俄国马上要参战了。没想到日本退让得也快，但要求清政府付账。

辛　旗： 清政府赔了日本三千万两白银，日本才把辽东半岛退了回来。

徐　焰： 日本清楚甲午战争已经筋疲力尽，虽然俄国远东力量不强，但再与俄国开战毫无胜算。

薛国安： 当时美、英也不同意。主要原因是列强都低估了日本军事实力。英国一开始支持日本，但日本再打下去会冲击英国在中国的殖民地位。所以英国也警告日本，再打也要派军队过去。

徐　焰： 这对于日本也是一个教训，明白以后再单独打中国得考虑国际因素。其实当年清政府也失去了一个最好的机会，就是李鸿章在日本谈判的时候挨了一枪。挨了一枪可中断谈判，国际上完全合理。俄国人加入，此时把谈判条件透露给俄国，俄国马上就可参战。当然，俄国参战未必对中国有好处，战后俄国真胜利了也不会撤军，中国就成为俄国势力范围，近代历史就改写了。

薛国安： 假若李鸿章不谈了，回来之后请俄国以援助中国为名参战。当时伊藤博文被刺杀李鸿章的小山六之助气坏了，这一枪损失比两个师团还严重。当然，俄国也不是真想帮中国。

徐　焰：日本在甲午战争中抓住了一个好的国际战略局势，就跟我们今天讨论战略思维一样。甲午战争时期中国是有争取外援的机会，但恰恰丧失了这个机会。根本上是对整个远东的国际战略格局的认识不清。李鸿章虽然要以夷制夷，但实际上一头雾水。

薛国安："以夷制夷"方针是正确的。

徐　焰：首先李鸿章把眼睛盯在英国就错了。远东主要矛盾是英俄矛盾，英国利用日本牵制俄国。要利用英国遏制日本是办不到的。求俄国倒还可以。

辛　旗：当然还有一个历史背景，1877 年清政府收复伊犁。左宗棠西征，平定了俄国支持的"阿古柏之乱"。1881 年中俄签订《伊犁条约》，故土新疆，重新收回来，俄国记着这笔账。所以清政府不敢轻易向俄国求情。

徐　焰：但在日本的巨大威胁下，清政府被迫联俄制日。为什么打完甲午战争第二年就和俄国签密约？清政府怕日本卷土重来，只有依靠俄国。但没利用好俄国，反被俄国所利用，下场很惨。当年以夷制夷方针并非不对，只是方法有误。利用日俄矛盾也没问题，要没有日俄矛盾，辽东半岛要不回来，但俄国参战的后果可能更坏，俄国真把日本打败，既而向东方扩张，东北很可能被占领。俄国不会无条件帮助清朝，他怀着俄罗斯欧亚帝国的梦想。

辛　旗：俄国始终是双头鹰政策，一面盯着东方亚洲，另一面盯着西方欧洲。

薛国安：但中国现在有能力驾驭这个矛盾。当年无论从国家的实力，还是决策者的智慧，都没有能力驾驭矛盾，妄图驾驭矛盾的危险更大。把俄国引来后果不堪设想。俄国不会义务参战，事后的胃口不可想象。

辛　旗：如果设想这段历史，真的是俄国南下，英国有可能直接吞并西藏。接着从西藏由中亚北上威胁俄国，扩大了英国在克里米亚地区的战果。

薛国安：其实现在我看甲午战争的启示，就是怎样同俄国合作的问题，真把俄国的战略重心引到东方来是很危险。

徐　焰：当然他现在重点还是在西方，在乌克兰问题上。

辛　旗：俄罗斯现在是泥菩萨过江自身难保。原来在中欧和东欧有大量对西欧、南欧天主教势力的缓冲区，这是在沙皇时代就有的。现在俄罗斯想重返东欧，在中欧也要施加影响，包括对波兰。波兰这个民族从历史上来讲，也是灾难深重。波兰所处的地理位置或战略环境很尴尬，导致这个国家、这个民族长期挨打。因为地处欧洲中心，历史上东西南北各方一旦开战都向波兰借道，他不服，就被揍一顿。第一次、第二次世界大战，美苏冷战，波兰都是这样，以至于纳粹德国在二战中建东普鲁士省割了波兰西部一大块，苏联与德国签署《苏德互不侵犯条约》干脆把波兰瓜分了。现在俄罗斯对亲西方波兰的态度就是对美国和西方国家的态度，美国要在波兰部署反导体系，俄罗斯坚决反对并不惜动武。

徐　焰：现在乌克兰问题激化，导致美国反应加剧。日本解禁集体自卫权，这恰恰是乌克兰问题刺激的。因为美国要加紧跟俄国在欧洲、远东争夺。美国没有能力在东西两个方向同时展开。所以奥巴马积极欢迎日本解禁，认为在远东的力量不足，要靠日本。

辛　旗：实际上美国是放虎出笼。

薛国安：因为美国也没有什么力量。

辛　旗：他认为中国是一只虎，在亚洲放日本出笼以后，一山不容二虎。

徐　焰：日本又重回"脱亚入欧"道路。

辛　旗：我认为与其叫"脱亚入欧"，不如叫"脱美制华"。日本要摆脱美国。进行所谓国家正常化，修改宪法解释，解禁集体自卫权，目的实际上针对美国。二战之后美军在日驻军其实是占领军。韩国也有美国驻军，但属于雇佣军，相当于保安队。在日本的美军基地是实实在在的占领军。因此，日本某种情况来讲不是一个主权国家，是次主权国家。从国际政治学角度，日本的这种策略可以叫"依美脱美"。其第一步就是针对中国，目的是摆脱美国。

薛国安：甲午战争时期，从国际战略角度考虑，清政府国际知识非常匮乏，政治也非常昏聩。当时中国也可以利用日俄，关键在于把握得当。中国可以挑起俄日之间的矛盾，当然也要付出一定的代价，但尽量可使代价减小。现在我们回过头来看甲午战争，不能单纯进行两国比较。

辛　旗：不能从纯技术、纯军事、纯细节的比较上去看待甲午战争。

徐　焰：要从国际政治、国内政治大背景，双方的军事制度、政治制度各方面来看，这样现代人也感到有用。从甲午战争看中国各方面制度的缺陷和中国变革的重要性，这样比较深刻。

五、要辩证历史地进行反思

薛国安：研究甲午战争也要辩证地分析日本。一方面了解日本为什么走到中国前面，从而达到以敌为师的目的。但另一方面，也不能一味的歌颂日本。日本脱亚入欧，保留了军国主义野蛮成份。中国讲"仁、义、礼、智、信"五常之道，日本的武士道恰恰缺了一个"仁"，他们只有"忍"。

辛　旗："仁"的概念日本早期也有，后来被偷换了。甲午战争实际上是促进了中国的近代化，我觉得起码有三个方面：第一，凝聚了中华民族的民族意识。虽然当时还没有"五族共和"的概念，但在"公车上书"以后，产生了民族意识。第二，逐渐具有了现代国家意识，而且迅速地建立起来。百日维新、戊戌变法，变革已经形成风潮，之后的清政府新政中也有体现。第三，还要反思一个最重要的问题，就是对我们五千年的文明产生了怀疑。

徐　焰：梁启超讲"吾国四千余年之大梦唤醒，始自甲午战败"。

辛　旗：梁启超拜康有为为师的时候，跟他谈了整整一夜。第二天，梁启超写日记的时候，认为与康有为一席之谈胜过所有过去读的圣贤书。梁启超突然发现有一个崭新的学问可救国、可立人、可思考他的人生，他立刻醒悟。梁启超以前很自负，是国学神童。

徐　焰：梁启超是中国最年轻的举人。

辛　旗："民族、国家、文化"这三点，现在对我们还有启示意义。从民族来讲，就是要有中华民族的意识，国家认同、民族认同。一些年来"藏独"势力猖獗、东突势力进行暴力活动，相当一部分原因是文化认同和民族认同上出现严重的缺失。

近代中国缺乏中华民族的观念，在被侵略时确实有很多人观望，尤其是南方，认为清王朝是满洲鞑虏建立的政权。所以我们现在反思甲午战争，其中特别重要一点就是要建立现代国家。新中国通过革命建立了政权，革命政权具有刚性和革命性，这是时代的特点。现在我们要深化改革，完善国家治理、社会管理，还处在一个现代化的过程，在一定意义上是完善人民民主专政之下法治化的现代国家的过程。"把权力关进制度的笼子里"，"打老虎"等说明我们管理、法律制度出了问题。这不是意识形态问题，是国家管理和治理问题。十八大提出社会治理，以及十八届四中全会的主题"依法治国"，就是讲的国家治理和管理的现代化。甲午战争给我们的启示之一就是如何建立民族国家，特别是现代国家观念。所以这场战争之后相当一段时间，中国仍处于水深火热、战乱频生，很少有知识分子沉下心来去思考治国文化问题，因为救亡图存是第一位的，启蒙改革还要等一段时间，还要在后来的历史进程中付出时代的代价。

徐　焰：其实还有一个启示，就是中日关系的启示。中国以日本为邻是不幸也是大幸，中国有这么一个邻居虽然是老受人欺负，但日本也刺激了中国的近代化。中国的几次近代化其实不是被日本打断了，而是被日本刺激而起。一次是中国的戊戌变法，甲午战争失败导致。第二次是中国的新民主主义革命，抗日战争建立新中国。

薛国安：这样就有了一个中国的民族主义近代觉醒。

辛　旗：日本实际上在甲午战争之前，宣传中已经开始与我们争华夏正统。当时为什么把我们改称"支那"，不称中国。在1200年前的唐朝，日本大量学习中国文化，到宋代灭亡中国本土文化被异族征服，尤其是日本当时主张所谓的"中国清朝之后，真正的中华文明已经没了"。反倒自称日本完整地保留了中华文明，认为自己是天照大神之地，历史上没有经历过任何外族直接统治，甚至连蒙古舰队那两次海上入侵也被"神风"阻止于日本列岛之外。实际上日本是两种文化混合，一个是引进西方文明之后的日本文化，还有一个保持中华文明的中国文化。

徐　焰：中国三次大进步：一次是甲午战争，甲午战争之前没有中国近代化，洋务运动收效甚微，结果到了甲午战争之后促进中国变法、资本主义工商业兴起。《马关条约》有一条允许外国人在中国投资设厂，中国人自然也可以投资设厂，这在之前都是不允许的。

辛　旗：甲午之前不开放私人做实业。

徐　焰：既然外国人可以投资，中国人也可以投资。《马关条约》虽然是不平等条约，但中国工商业恰是在此之后才可办工厂。

辛　旗：状元张謇就被称为"状元实业家"，主张"实业救国"，创办中国第一所纺织专业学校，一生创办20多个企业。

薛国安：这刺激了中国的工商业的发展。

辛　旗：还有一条反思。胡绳先生曾经写过《从鸦片战争到五四运动》，作为我们党史教材，也是当时比较通行的有很强的意识形态立场。但是反思这120年，有原则性的观点还是要坚持住，尤其是马克思主义的立场、观点和方法，包括辩证唯物主义和历史唯物主义。为什么要强调这个问题？因为这些人很多人认识上存在历史虚无主义。研究历史还是要回到大的社会背景，就是社会发展的过程，这个过程当中有阶级矛盾、阶级关系、帝国主义国家之间的关系，还包括各国自身民族主义、极端民族主义、民粹主义在里面的影响搅在一起。

徐　焰：所以观察研究历史的基本方法，还要坚持马列主义、毛泽东思想所赋予我们的辩证唯物主义和历史唯物主义观点，只有这样才不会走偏。我觉得这也是一条我们对历史的反思与总结。

薛国安：尽管马克思主义强调战争的历史功能，并不是说推动了历史进步的战争就是正义战争，因为人类社会不仅表现为自觉的进步，而且还大量地表现为不自觉的进步。马克思在谈到英国对印度的征服和奴役时说："如果亚洲的社会状况没有一个根本的革命，人类不能完成自己的使命。如果不能，那么，英国不管是干出了多大的罪行，它在造成这个革命的时候毕竟是充当了历史的不自觉的工具。"英国殖民者发动的战争虽然推动了历史的进步，但由于"完全是被极卑鄙的利益驱使的"，因而同样也是非正义的。恩格斯《暴力论》谈到奴隶制度的建立时，也表达了相同的观点："在当时的条件下，采用奴隶制是一个巨大的进步。人类是从野兽开始的，因此，为了摆脱野蛮状态，他们必须使用野蛮的、几乎是野兽般的手段，这毕竟是事实。"因此，马克思主义虽然强调"恶"的历史杠杆作用，但不是说"恶"推动了历史进步就是正义的。

徐　焰：咱们这几年出现理论虚无主义，反思甲午战争也出现一个简单的民族主义的观点是错误的。我们今天必须用历史唯物主义角度来看待甲午战争，你不能光讲日本当年如何凶恶、如何可恶，中国当年如何悲惨、如何正义，还是要用历史唯物主义角度，特别是清政府是一个非常腐朽的、非常无能的政权。中国败给日本虽然是一个悲剧，但是按马克思的讲法，日本帝国主义入侵是"推动历史进步不自觉的工具"。

薛国安：催生了一个新的制度、一种新的思想。

辛　旗：从这个角度来讲，日本在人类社会历史大的革命思潮发展当中是一个搅局者。马克思主义唯物史观判断，恰恰是黑格尔曾经讲过的历史进程中的动力，一些是恶的推动。中国古代也讲，"无外敌者，国恒亡"，也强调了生于忧患、死于安乐。所以今天我们的反思，既有从历史的角度，包括当时清朝的政治制度，近代化是怎么发展的这个角度辩证的去看；又有从大的时空，当年大航海时代，后来资本主义、国家主义改革时代，中国没有跟上历史脚步。同时，还有我们讲到哲学和文明的标准，怎么样看待谁是恶谁是善，而不是简单评价。往往有的时候恶表现的是丛林法则促进社会进步，但是反过头来我们要遏止这种恶的发展的时候，可能首先要具备跟恶对抗的本事。我们还要反思人类文明进步的根本，还要思考五千年中华文化对我们影响，既不能妄自尊大，更不能妄自菲薄。

专题一 中朝关系

"天朝礼治体系"的彻底坍塌

郭伟华

　　今年是甲午战争两个甲子的轮回,"前事不忘,后世之师",我们当然不能忘记 120 年前的甲午之祸。甲午不仅使中国这个"天朝上国"败于"蕞尔小邦",遭到前所未有屈辱,同时也使中国在东亚所主导的"天朝礼治体系"彻底坍塌。自1840 年鸦片战争以来,"天朝礼治体系"一直就处在西方列强争相侵占和瓜分的风雨飘摇当中。在此过程中,正在全世界大肆进行殖民地争夺与扩张的欧洲列强,包括后来崛起的美国,无疑是主要的"刽子手"。但在"天朝礼治体系"尚存一息、勉强维持之际,给它最后一击、抽掉它最后一根支点的却不是西方列强,而是来自东亚内部的日本。中日甲午战争,使"天朝上国"失去了最后一个"藩属国"朝鲜,标志着"天朝礼治体系"彻底坍塌。从 1840 年鸦片战争"天朝礼治体系"开始遭受外部压力,到 1894 年甲午战争,短短 50 多年就使这个在东亚运行了千年之久的地区体系分崩离析。为何"天朝礼治体系"是如此的脆弱和不堪? 其中固然是列强入侵的外部原因,但也有"天朝礼治体系"本身内在的问题。所以回顾甲午,我们还要以更宽的胸襟、更广的视角、更自省的眼光来看待和分

甲午沉思

析"天朝礼治体系",由此才会给我们带来更深的启迪。

"天朝礼治体系"是东亚国际体系的原始形态,也有学者称之为"朝贡体系"、"册封体系"、"藩属体系"等。在"天朝礼治体系"下,中国是"天朝上国",朝鲜、日本、琉球、安南等等外围国家则是中国的"藩属"。藩属在名义上尊中国为"天下共主",中国则在事实上"眷顾"外围藩属。为什么东亚国际体系的初始形态会是这样呢?对于这一点,历史学家给出了很多分析。比如相对封闭一体的地理环境、自给自足的农业生产方式、中国早熟的封建体制、绝对的实力优势等,其中最直接的因素则是来源于中国自身的政治理念。

中国自汉武帝刘彻"罢黜百家,独尊儒术"以后,被历代王朝秉承和实践的政治理念都是儒家思想。而儒家思想的前提观念认为,天地万物天生就有高低贵贱、尊卑不同的等级和位置。荀子说:"夫贵为天子,富有天下,是人情之所同欲也。然则从人之欲则势不能容,物不能赡。顾先王案为之制礼义以分之,使有贵贱之等,长幼之差,知愚、能不能之分,皆使人载其事而各得其宜,然后使悫禄多少厚薄之称,是夫群居和一之道也。"在等级观念下,儒家思想认为政治的主要功能是让每个人都按照自己的本分行事,用孔子的话说就是:"君君、臣臣、父父、子子。"如果每个人都安于你的等级和位置,各人干好各人的事,自然而然就可以实现万物"和谐"和世界"大同"。靠什么来保证每个人都安心本职工作呢?《资治通鉴》开篇第一句:"天子之职莫大于礼,礼莫大于分,分莫大于名。"只要保证使每个人都遵守"礼义正名",自然也就可以保证整个政治帝国的稳定。那又靠什么来保证每个人都"尊礼守名"呢?"克己复礼谓之仁",而"为仁由己,而由人乎哉"?

最终，自我修养的"仁"便成为支撑整个政治秩序的基石。通过这一链条，儒家思想从理论上将建构人与人之间秩序的政治问题，转化为个人道德修养的伦理问题。

以这样的政治理念反过来指导政治实践，无论在个人、家庭、国家、天下哪一个层次，自然都可以从个人修养出发，逐层外推建立起一套由里到外、层层一致的同心圆秩序体系，也就是实现"修、齐、治、平"，即《大学》所说："物格而后知至，知至而后意诚，意诚而后心正，心正而后身修，身修而后家齐，家齐而后国治，国治而后天下平。"既然身、家、国、天下都是按照同样的理念来实现修齐治平的，那么严格践行这套理念的中国，一旦具备了领土的广大、实力的强盛、文化的优越等客观条件，自然可以将这一理念进一步外推，构建以自己为圆心、万国和谐的国际秩序。

如何评价"天朝礼治体系"的政治效果？从历史呈现上看，可以说"天朝礼治体系"既不紧密，也不稳定。比如，作为东亚地区第二大国的日本，就从来没有停止过对"天朝礼治体系"的挑战心理和挑战行为。公元608年，日本"遣使朝拜"国书中出现了"日出处天子（即日本推古天皇）致日没处天子（即隋炀帝）"字句，隋炀帝"览之不悦"；663年，唐将刘仁轨在白江口大败日军，将日本势力逐出朝鲜半岛，从此日本开始向唐连续派遣"遣唐使"；894年，日本停止派遣遣唐使，结束了唐代200年间中日官方使节往返的局面。此后直到明初，中日之间基本没有官方往来；1281年元世祖第二次远征日本失败后，日本人转守为攻，开始从海上向中国大陆和朝鲜半岛武装劫掠，此后倭寇侵扰一直延续到中国明朝末年；1381年，朱元璋要求日本称臣入贡，日本怀良亲王进行了尖锐抨击：

甲午沉思

"臣闻之皇立极，五帝禅宗，惟中华之有主，岂夷狄而无君？乾坤浩荡，非一主之独权。宇宙宽洪，作诸邦以分守。盖天下者，乃天下之天下，非一人之天下……"；1592 年到 1598 年，丰臣秀吉两次入侵朝鲜，明朝被迫对朝鲜予以支援。此次日本对天朝礼治秩序的正面挑战，成为近代以后日本谋求东亚主导地位的滥觞。① 从中日关系的这个历史过程上，不难看出"天朝礼治体系"整体的松散性和脆弱性。

综合"天朝礼治体系"的形态、成因和效果，可以有以下几点启示：第一，在当时的西太平洋地区，除了朝鲜和琉球与中国相对紧密外，几乎没有国家需要借重"天朝礼治体系"来推动它的内部发展，从而决定了"天朝礼治体系"必然是松散的；第二，中国在历史上始终以"天朝上国"自居，本身既没信念，也没有意愿塑造"华夏和平"。中国只不过是以"天朝礼治"的名义，追求表面上的虚名和表面上的和平；第三，日本在东亚地区自古以来就有其独特性，瞄准中国，谋求东亚地区主导权可以说是日本的千年夙愿。有学者说："日本在很长的历史时期里对'华夷'秩序采取一种游离的态度，不是由于它距中华'绝远'，而恰恰是它与中国仅仅'一衣带水'的接近；不是由于它的社会诸系统同中国差异极大，而恰恰是它相当饱和地吸纳了中华文明，创造出一种几与中华文明同步的高水平的大和文明。"② 所以"天朝礼治体系"的坍塌，具体表现上是由于中国甲午战争中失败的历史偶然，而从"天朝礼治体系"自身的形态、成因和效果上看，又是它自身脆弱性在劫难逃的历史必然。

---

① 黄枝连《天朝礼治体系研究》，北京：中国人民大学出版社 1992 年版。
② 何芳川《"华夷秩序"论》，北京大学学报 1998 年 06 期。

解读《天津会议专条》

范永强

1884 年 12 月 4 日，朝鲜"开化党"人金玉均按照日本驻朝公使竹添进一郎制订的计划，引日军攻入王宫，挟持国王，企图组织一个由"开化党"人担任要职的亲日政权，史称"甲申政变"。事变后，清军应朝鲜之邀，击败了日军和"开化党"，解救了被挟持的朝鲜国王。

策动政变的阴谋虽未得逞，但日本政府却强迫朝鲜在 1885 年 1 月 9 日签订了《汉城条约》，不仅将日本公使的责任推得一干二净，而且还获得了在汉城的永久驻军权。一时间，日本国内的狂热分子大肆鼓噪，主张趁清政府陷于中法战争之际，派兵进驻朝鲜，将当时还驻扎在汉城的清军驱逐出境，以达到完全控制朝鲜的目的。更有甚者，日本驻天津领事原敬还提出，为此不惜与中国一战。虽然日本国内的主战声甚嚣尘上，但日本政府对时局还是有着清醒的认识。当时，日本每年的财政赤字高达 1000 万元左右，国内赋税沉重，民不聊生，政局动荡，加之当时日本的军事实力还赶不上清军，若贸然与中国开战，恐怕未战而国内已生变数。况且，还有俄国觊觎一侧，即使侥幸战打败清军，朝鲜也不一定就是日本的囊中之物。因此，日本政府决定暂时维持和局，先搞好战备，再伺机而动。

为此，日本政府摆出一副要与清政府和谈的架势。1885 年 2 月 28 日，日本派伊藤博文为全权大使，陆军中将西乡从道为副使，出使中国。这样一来，可借机试探一下清政府对日本在朝鲜所做所为的态度，更重要的是，此举可以麻痹清政府，掩盖其真实的战略意图。3 月 14 日，伊藤一行到达天津。此前清政府已任命李鸿章为全权大臣与日本使臣在天津商议朝鲜事宜，但傲慢的伊藤博文并未和李鸿章见面，而是在 21 日转道北京，在英国驻华代办欧格纳的斡旋下先与庆亲王奕劻等人展开了一轮会谈。欧格纳为保护英国在远东的利益，极力促成中日双方的和谈，并提出俄国才是两国应该共同防范的敌人，他也许并不知道，日本早已把中国当成它的假想敌。在会谈中，伊藤博文提出了日方的要求：处分驻朝鲜的清军将领，赔偿被害的日本在朝侨民，两国共同从朝鲜撤军。由于双方分歧过大，此次会谈并没有任何进展，无奈之下，伊藤博文第二天又返回了天津。4 月 3 日至 4 月 15 日，李鸿章与伊藤博文先后谈判 6 次，谈判的重点主要有两点：

第一，是处分清军将领和赔偿日侨的问题。处分清军将领无非是想将中日军队冲突的责任让清政府承担，本来事实非常清楚，日军占据朝鲜王宫先挑起事端，责任全在日方，而对于伤害日本侨民的问题，日方拿不出确凿的证据证明是清军造成的。对于中方指出的问题，日方本无道理，只得百般抵赖。事实上，清军远比日军伤亡惨重，许多朝鲜百姓也遭日军伤害，但对此一切赔偿，懦弱的清朝谈判代表竟只字未提。不仅如此，迂腐的李鸿章居然还接受了赔偿日本侨民的要求。清政府的软弱无能，表现得可谓淋漓尽致。

第二，是从朝鲜撤军的问题。"甲申政变"已经平息，撤军本是一个水到渠成的事，但日本并不甘心如此就范。本来朝鲜是中国的藩属国，中朝两国达成协议，一旦朝鲜有事中国第一时间出兵援助。而这样的权利，恰恰是心怀不轨的日本政府不愿看到的。就谈判过程中的国际形势变化对中国也十分有利，清军在对法作战上取得了一系列胜利，4月6日中法决定停战撤兵。谈判前，日方还寄希望于法国对清军的牵制能够加重日方谈判的筹码，而中国战胜的消息对伊藤博文来说无异于当头一棒。也许是胜利来得太突然，冲昏了李大臣的头脑，他竟然做出了这样的承诺：将来朝鲜若有变乱重大事件，中、日两国皆可派兵。这样一来，日本获得了和中国一样可以向朝鲜派兵的权利，昏庸老迈的大清朝就这样不明不白地丢掉了管控朝鲜的主动权。

至此，谈判似乎可以结束了。但狡猾的伊藤博文贪心不足，十几天的谈判下来，他已经摸透了眼前这位清朝谈判大员的脾气，于是他又耍起了新花招。4月15日，双方举行最后一次会谈，对条约中的撤兵条款进行敲定。此时，伊藤博文提出了处分驻朝清军将领的要求，并称是天皇的意思，甚至还以请美国出面"公断"相威胁。李鸿章没有一点思想准备，更害怕得罪美国，情急之下，语无伦次，竟答应就此事照会伊藤博文。此照会虽是李鸿章个人写就，但代表的是国家。在照会中虽没有承认清军将领的责任，但确做出了如果查有实证必将严惩的保证。而照会全文竟无一字提及"甲申政变"始作俑者竹添进一郎的责任问题，及中朝军民蒙受的伤害，等于向世界各国宣告"甲申政变"的罪魁祸首是中国，这种颠倒历史真相的情况竟然付之于大清朝外交文书，再一次向列强们暴露了清政府的软弱无能。

1885 年 4 月 18 日，中日《天津会议专条》正式签订，又称《朝鲜撤兵条约》。条约共 3 款：一是中、日两国军队在 4 个月内撤出朝鲜，二是中日两国不能派员在朝鲜练兵，三是朝鲜若有变乱重大事件，两国或一国要派兵，应先互行文知照。

这一条约从内容看上去是平等的，但其实只对中国有约束力，而对日本并没有多少影响。因为在 1882 年《济物浦条约》中，日朝约定日本保留如有必要不论何时出兵的特权，所以在执行中，日本可以或依据《济物浦条约》，或依据《天津会议专条》出兵朝鲜。日本正是利用了中国的不知情，骗取中国实质上放弃了对朝鲜的宗主权，并且让日本对朝鲜有了同样的发言权。对于日本来说，这个条约其最重要的成果，是它为日本全面控制朝鲜铺平了道路。

当时就有人痛心地指出，"甲午战争的情况已在这时约定了。"

风雨飘摇中的东亚体系

曹　菁

　　自秦汉 2000 多年来，中华帝国逐步形成了一个拥有宗藩结构的国家体系，而朝鲜无疑是这个体系中不可或缺的重要成员，但是，当时这样的关系往往只是礼仪性的。作为属国的朝鲜主要是受中国的册封、使用中国的历法年号，并向中国朝贡。事实上，中朝之间并不存在国际监护问题，或者可以说，这种名义上的隶属关系并不存在行政上的管辖权。同时，宗藩体系中的属国只要履行其属国义务，宗主国也就承担起保护的义务。这种保护分为两个方面：一方面，属国内部出现如叛乱或篡位等在内的问题时，中国要保证属国王室权力的正常交替，也就是会支持对中国朝贡的国王，帮助其恢复在国内的统治；而另一方面，中国还需要保护属国不受到外来侵略，除了保证自己不会侵犯属国之外，当其他国家侵略属国时，中国会出面干预，甚至派遣军队。早在明万历朝，日本的丰臣秀吉就曾武力入侵朝鲜，明军应朝鲜的要求，两次大规模入朝，援助朝鲜人民抗击日本侵略军。

　　明朝灭亡后，清王朝以武力征服了朝鲜，取代了明朝的宗主国地位，清王朝与朝鲜藩属关系得以延续和发展。这一时期的藩属关系的主要特点是：以册封为基点，朝鲜王位的承袭必须得到清朝的承认；两国在疆域上有界限；清朝军队可以调遣朝鲜军队，并有仲裁双方案件的权力；朝鲜发生灾荒时，清朝对朝鲜也有救济的责任；清朝的皇帝对朝鲜国王及其臣子有赏罚的权力等。其中最重要的依然是清朝对朝鲜的保护责任。

19世纪末的李氏朝鲜，内部派系林立，朝内的各派势力动摇和逐步肢解这个国家的权力，再加上外来势力的入侵和诸多不平等条约的签署，无疑使这个原本贫困的国家走向崩溃的边缘。一方面，权贵们的生活奢华无度，另一方面，人民求生乏术，民怨载道。"金樽美酒千人血，玉盘佳肴万姓膏。烛泪落时民泪落，歌声高处怨声高。"这首流传在东学教徒当中的歌谣，正是朝鲜当时社会生活的真实写照。

1894年，不满政府的激愤情绪，演变成公开的暴乱。在东学教领袖全琫准领导下，甲午农民起义爆发。农民军声势浩大，迅速从局部地域扩大到朝鲜南部，并在数月间发展到数万人。面对势如破竹的农民军和节节败退的朝鲜军队，朝鲜王室是否应该求助于一直有着保护自己义务的宗主国呢？在5月30日的廷臣会议讨论时，领敦宁府事金炳始却始终反对借兵，他向李熙进言说："匪徒虽难赦，然皆我民，将以我兵剿之。若借他国兵诛讨，我民心当如何？民心易涣散，宜审慎！"结果，会议无果而终。

5月31日，全州陷落的消息震动京城，李熙不得不派主战借兵的首辅闵泳骏紧急向袁世凯求助。李熙虽然倾向于借兵中国，但是又担心为此会给日本以借口出兵，局面将难以收拾。因为按照1885年的《天津会议专条》规定，中国向朝鲜派兵，日本也可以借口出兵朝鲜，这令李熙举棋不定，难以下定决心。

面对朝鲜的顾虑，袁世凯许诺说："朝鲜有危，吾岂不悉心护之乎？若有难处之端，吾当担当矣。"自己宗主国的许诺，无疑坚定了朝鲜借兵的决心。

朝鲜担心第三国日本出兵的顾虑不无道理。对于当时急于想要摆脱国内经济压力和实施对外扩张的日本来说，朝鲜是最能满足其战略需求的理想选择。明治政府成立之初，日本就确立了"征韩"政策。"征韩"战争绝非仅仅涉及到日朝间的问题，更涉及的是在列强争夺下的东亚局势，更何况朝鲜的后面还有一个庞大的中国。日本政坛对究竟采取什么样的方式"征韩"产生分歧，是直接使用武力还是采取"迂回"方式？鉴于自身实力还不足以与各列强抗衡，最终日本选择了"迂回"政策，具体措施之一就是派遣外务权大丞柳原前光出使中国，并与中国订约。"利用中朝宗属关系，首先由日本遣使至中国缔结修好条规，取得日中平等关系，则朝鲜既为中国藩属，其地位自然低于日本。如此朝鲜纵因不服而演成干戈相向，中国或将不致出兵援助，此乃迂回政策。"为此目的，日本极力推动《中日修好条规》的签订，争取与中国的平等地位以提高其国际地位，试图提出"皇帝与天皇并称"，"大清国与日本并列"，从而达到分割中朝"藩属关系"，最终有利于"征韩"。这样力图分离中朝关系的做法可谓煞费苦心，经过多年的悉心经营，此时日本的势力已经逐渐渗入朝鲜。

在得到袁世凯的许诺之后，闵泳骏立即在 6 月 1 日的廷臣会议中劝说李熙，得知袁世凯"必有涂抹之策"后，李熙对诸大臣说："此论（指反对借兵的主张）固好矣，来头事未可料，诸大臣之论亦以宜请援云。清馆照会促送可也。"就在同一天，袁世凯向李鸿章报告说，只要朝鲜向中国送出请援照会，就奏请朝廷派兵。6月3日，朝鲜政府请求清国派兵的正式公文送到，袁世凯立即电告李鸿章，李鸿章赞同派兵入朝的建议，并奏请皇帝。

鉴于朝鲜国王的权力是清朝所授，此番东学党起义在清廷的眼中，也就是朝鲜臣民的叛逆，也是对大清帝国权威的挑战，是绝对不允许的。

光绪帝当即下旨派兵援助朝鲜镇压东学党起义，同时下令"以期一鼓荡平，用慰绥靖藩服之意"。6月4日，清廷批准李鸿章派兵赴朝计划，李鸿章指令向朝鲜派遣援兵。6月6日，清政府行文通告知会日本，清政府将出兵朝鲜。

对当时的朝鲜王室来说，面临国内的政局动荡，向宗主国求助乃是合理之举。而清王朝应要求派兵朝鲜，这在"甲申政变"已有先例。出于保护藩属国的目的，清王朝的派兵是符合中朝双方利益的，但是，清廷却低估了邻国日本自明治维新以来扩张的野心。此时的日本，似乎已经迫不及待了。如果说日本最终以武力击碎了这一几千年来的东亚体系，那么日本试图获得与宗主国同等地位的外交努力无疑撼动的是这一庞大体系的根基，多年以来日本试图分裂中朝藩属关系的"迂回"政策，已经使这一体系处于风雨飘摇之中。可以说，清王朝履行其宗主国义务的"合理出兵"，给了一直在等待时机发动战争的日本一个极好的机会。日本借口保护其在朝鲜的公使馆以及侨民，随即也派兵进驻朝鲜，中日甲午战争的硝烟在此时已经燃起。

专题二　蓄谋已久

日本的民族特性和侵略思想研究

兰　天

值此甲午战争 120 周年之际，中国和日本的固有矛盾再次凸显。这种矛盾是超越战争创伤之外的，是地缘特征的冲突，是文化和民族性格的较量，本文试图客观地对千百年来日本的民族特性和侵略思想的特点和渊源进行总结，并与同时代的中华文明进行对照，为这一对矛盾庖丁解牛。

第一，日本文明的精髓是注重精神力量和进攻思想，产生环境与中华文明有根本不同。日本文明从一开始就和中华大陆的文明不同。中华文明的产生土壤是大河农耕文明，在西有大漠，东有大海的保护中，物产丰富，有广阔的战略纵深，自我认知没有比这更好的地方，其他都是蛮夷边邦，唯此是天朝上国。求和，求稳，无须开疆扩土，大一统就是万世基业，守成特点明显。日本文明的产生土壤却是富于冒险的海洋文明，资源匮乏的岛国，无战略纵深，发展空间受限，东有大洋，只有西边才有发展的空间，但西边又有强大的大陆文明的客观存在，无论大陆文明是否主动威胁，都成为岛国发展的障碍，使岛国时刻充满危机感和进取心。而在物质资源匮乏的背景下，神道教的传统使日本文明对精神力量有一种原始崇拜。物质匮乏精神补，注重精神的力量，为了生存而进攻和侵略的特性从日本民族诞生的那一刻起，就是一定的了。

第二，日本文明的特点是学习性强但没有原创性，产生机理与中华文明根本不同。中华文明是古老的文明，与世界上其他古老文明一样是独立产生的，具有原创性，自我发展，自成系统，自我更新，但历史的和传统的惯性较大，崛起和衰落的周期都较长。日本文明比起隔海相邻的中华文明，它要晚的多，从公元 57 年当时日本成百个小国之一的倭奴国使者拜见汉光武帝刘秀受"汉委奴国王"金印算起，到 894 年在菅原道真的建议下，持续 264 年的遣唐使被废为止，这一段时间主要是向中华强盛文明的学习阶段。19 世纪被美国叩关以后，通过明治维新，又全面地向西方学习。相比于中华文明，船小好调头。一个历史时期中的全面落后，是日本的国民特性具有强烈耻感文化的根源之一，全面落后形成的在向先进文明学习中的全面被打击，全面受辱，全面的自尊心坚持、全面的追赶和全面的报复。也正是因为全面落后，没有包袱，非常容易学习外来的一切，也敢于全面学习外来的一切。但这种积淀少的学习，优点是速成，缺点是没有原创性，少了核心动力，这在日本后来的经济和技术的发展上也有很好的例证。

第三，日本文明在学习外来文明的过程中更加坚守本土化。结合自身特点对其进行了狭隘和致命的取舍，影响中华文明最深的儒家文化的"仁、义、礼、智、信"，传到了日本就没有了最核心的"仁"，这是因为"仁"与日本文明中富于进取和侵略的核心价值观互相背离。在中华文明里，仁是大爱，是高于忠、义和孝的伦理观念，是广义的爱。日本人在学习中华文明中，将中华文明中最为重要的这一美德没有继承，被排斥在伦理道德之外，而又没有提出能够代替"仁"的美德。忠、义、孝等小爱，成为日本人的核心价值观，而这种价值观在天皇的神权思想的指引下，就是一种愚忠、愚义和愚孝。为了小爱可以牺牲大爱，没有大爱的约束下的小爱是狭隘的，是可以被利用的，是具有攻击性的，表现为谦恭隐忍和残暴狂虐的共存，不受控，极富侵略性。

总的来说，日本文明是世界几大独立产生的中心文明交叉产生的一个复合文明，在夹缝中求生存，一直都是外来文明的集散地和复合加工厂，没有形成能够支撑大国实力的核心文明。地缘特点决定了两千年来的成长特点：成长的空间小，成长的愿望大，不匹配；成长的愿望大，成长的能力小，不匹配。发动力足，但后劲不够。这种两头小、中间大的战略不匹配，使其整个文明状态高度动荡，容易走极端，经常冲得很高，又经常回到原点。

反思甲午，不能局限于甲午，2000年的中日交往史就是中日民族特性、文化传统和地缘特征的博弈史和战争史。日本文明的"小"与"狠"和中华文明的"大"与"仁"，只要双方的国民特性都没有大的改变，这一对固有矛盾就很难改变。日本的侵略传统不会变，中国的广阔仁义也不会变。日本文明在大陆强则"忍"，大陆弱则"刀"。中华文明在大陆强则"制"，大陆弱则"危"。全在攻守之势，力量对比上。所以中华传统要主变，改变守成之势，带日本随吾变，掌握战略主动权。以史为鉴，今日之略！

解读日本军制改革

肖 琳

19 世纪,以英、法、美为代表的西方工业国家,对东亚地区实行了猛烈的殖民征服运动。而处在同一地区的中日两国,为应对西方入侵,几乎在同一时期实施了近代军事变革,但最后结局却大相径庭。特别是 1894 年的中日甲午战争,成为历史的分水岭,日本从此一跃跻身为列强行列,而大清帝国却从此沦为备受凌辱的半殖民地半封建社会,国家统治濒临崩溃。为什么从相似的起点起步,却有着如此不同的结局?值得我们深入思考和探究的是,日本当年的军事制度改革则是其中的重要一环。

改革兵役制度,培养造就军事人才

日本真正意义上的近代军事改革始于 1868 年,是年,明治政府取代了抱残守缺的幕府政权,开始把"富国强兵"、"殖产兴业"、"雄飞海外"、"开拓万里波涛、布国威于四方"作为国家发展的最高国策。创建新的军事制度是明治政府军事改革的首要任务，从 1870 年开始，明治政府用极大的精力改造幕府时期的旧军制。

作为改革的突破口，首先从兵役制度的"除旧布新"入手，以国民义务兵役制来取代旧的武士世袭制度。1871 年公布《全国总体户籍法》作为实行征兵制的基础。1872 年 11 月颁布《征兵告谕》，取消封建武士的军事权，宣告了国民均有服兵役的权利和义务。1873 年正式颁布征兵令，并将陆军兵役分为现役、预备役和后备役三种，从而确立了全国统一的国民义务兵役制的法律地位。此后，又于 1879 年、1883 年和 1889 年对征兵制作了 3 次修改，使日本的近代兵役制度趋于完善。

此外，日本大力发展军事教育，通过近代军事教育，造就了一支近代化军官团队，提升了军事变革的层次。特别是明治维新后，日本不遗余力地培养军事干部，不断派员前往西方国家留学，并派高级军官前往欧美考察研究战略与军政。同时，为培养大批军事人才，加速军校的建立。木户孝允在 1869 年就建议说："取舍文明各国之规则，渐次振兴军事学校，实乃今日一大急务"。截止 1893 年，共创办 16 所陆军学校，数所海军学校。陆军学校以大阪兵学寮为最著，1874 年改为陆军士官学校，"培养教育步、骑、炮、工兵之士官"。海军兵学寮，1876 年改为海军兵学校，培养海军各兵种士官。1883 年设立陆军大学校，1889 年设立海军大学校，专门培养陆海军高级军事指挥人才。到甲午战争前，日本已经形成了军兵种学校门类齐全，军官培训系统化、专门化的近代军事教育体系。

甲午沉思

对领导指挥体制进行全面改造

明治政府还对旧的军事领导体制进行根本改造，按照欧美制度创立了新的中央军事领导体制和近代作战指挥体制。

1872 年，新政府撤销兵部省，分别设立了陆军省和海军省。1874 年陆军省官制明记"陆军卿由将官担任"，确立军部武官制。1878 年明治政府按照作战指挥体制的最新发展要求，模仿德国将参谋局改为参谋本部，并将其从陆军省中分离出来，成为独立的军事统帅机构，直属天皇，首先在陆军系统实行军政、军令分离的制度，规定参谋本部决定之军令事项，可交由陆军卿执行，政府机关的陆军省成为参谋本部的隶属机关，开启参谋本部干政之端。接着又确立了天皇对军队的领导权。1882 年由天皇颁发《军人敕谕》，建立以天皇为中心的军事制度。1889 年又颁布了《大日本宪法》，明文规定："天皇统帅陆海军"、"天皇决定陆海军的编制及常备兵数额"，在法律上确立了天皇对军队拥有至高无上的权利。

1893 年，在海军省之外设立海军军令部，厘清了海军系统内日常军政管理与战时军令指挥的关系。1894 年 5 月，日本为了适应近代大规模战争对组织指挥的需要，颁布了《战时大本营条例》，明确规定了以大本营为战时最高统帅部，统一指挥陆海军的作战。

完善和优化编制体制

作为军事制度改革的重要内容，明治政府按照新的国防和作战需要，积极推行体制编制和军事布局的近代化改造。在陆军方面，1871 年，将全国统一规划为东京、大阪、镇西、东北四大镇台（即军区）。1873 年扩大为 6 个镇台，并为每个镇台配备了由步、骑、炮、工兵和辎重 5 个兵种构成的、以团（联队）为基本作战单位的部队。在海军方面，1876—1889 年先后设立横须贺、吴港、佐世保镇守府（即海军军区，1901 年又增设舞鹤镇守府），并配置了相应的舰船、海岸炮等部队。通过设立陆军和海军军区，形成了体现近代国防理念且统一布局的新的国家防卫体制。

进入 19 世纪 80 年代后，日本军队的对外职能日趋凸显，军队建设思想也由侧重内线区域守备转向注重外线机动用兵，随之而来的是对体制编制的进一步改革。1888 年，仿照德国军制，将区域守备性质的镇台制度改为能够适应大规模机动作战的师团制。海军方面的体制编制改革也经历了类似的深化过程，在建立海军军区（镇守府）体制的初期，日本海军舰艇大都分散配备给各海军军区，形成一个个担任区域防卫任务的、非常备和没有稳定编制的小舰队。随着海军建设的发展和跨区域机动作战的需要，1885 年日本海军的编制序列里出现了常备舰队，1889 年发展为大型常备舰队，1894 年甲午战争前夕又组建了常备联合舰队，从而完成了日本海军体制编制上的近代化改造。

甲午沉思

以史为鉴，深化改革

与日本相比，中国近代以"洋务运动"为代表的军事变革，仅仅局限在技术层面，而没有聚焦于军事制度本质的变革。尽管随着武器装备的引进，也带来了军队编制体制的变化，但其在军事思想、编制体制、教育训练等方面仍然没有摆脱传统体制的束缚。

以世兵制、募兵制为代表的兵役制度陈腐落后。士兵受雇而来，缺乏荣誉感、爱国精神和民族观念，战斗意志薄弱，平时糜费耗饷，战时极易溃乱。错综复杂的军事管理和指挥系统较为混乱，军机处、兵部、总理衙门以及地方督抚等机构彼此牵掣，造成决策不定，指挥不灵。军队编制体制相对落后。各军大体上仍沿袭湘营旧制，以营为基本单位，营官以上设统领，分带数营，缺少中间过渡层，不利于基层军官的历练成长和各部队的协同。军事教育过于单调，军事学堂多是船舰修造、驾驶等技术院校。即便是指挥类学堂也以培养初级军官为主，没有顾及高级将领的培训，更没有形成从初级到高级多层次的军事教育体系。

甲午海战是对晚清以"洋务运动"为主要标志的改革的实际检验。两次鸦片战争的失败，使中华民族深切感受到来自海上"数千年未有之强敌"的威胁，面对这数千年未有之陆海大变局，一批有识之士开始谋划中国近代海军的发展。从林则徐、魏源的"师夷长技以制夷"，到曾国藩、左宗棠、李鸿章发起"军事自强"的"洋务运动"，特别是两次海防大讨论，增强了清政府大治水师、加强海防建设的紧迫感。1888 年北洋海军正式成军，中国拥有了一支亚洲一流的近代化海军。这支舰队在人才培养、装备建设、基地建设、制度建设、教育训练、战术技术等方面全面依靠和学习借鉴西方，建军治军有许多新的特点和宝贵经验，在捍卫国家主权、维护国家海洋利益、威慑遏制外敌入侵等方面发挥了重要的作用。

但是，"洋务运动"是不彻底的改革，是只改器物、不改制度的改革，是不触及腐朽统治阶级利益的改革，是半途而废的改革。这种失败改革的结果，必然首当其冲地影响北洋舰队，使这支生长在封建落后、腐朽没落、封闭保守制度和一穷二白工业科技基础上的舰队，存在严重的水土不服。同时，旧观念、旧体制、旧制度、旧军队的种种弊端与恶习也不可避免地束缚、影响着北洋舰队。

反观日本，明治维新实现了较为彻底的改革，日本为拓展其海外利益，举国节衣缩食建设海军。而实际上北洋舰队成军之时也是停止造舰、停止发展之时，日本利用这一宝贵时间以每年增建 2 艘主力战舰的速度赶了上来，到甲午海战爆发时，北洋舰队已全面落后于日本的联合舰队。从某种意义上说，北洋舰队的失败是洋务运动失败的必然结果，也是晚清政府改革失败的重要标志。

从甲午战争到抗日战争，中国最深刻的教训就是军事改革迟缓，缺乏应战准备。今天的日本，一旦突破和平宪法，就是最危险的战争信号。目前中国唯一的选择就是深化推进新军事制度改革，做好打赢战争的一切准备。

甲午沉思

日本赢在举国之力

吴敬军

能否动员民众支持战争，是取得战争胜利的关键。甲午战争前，日本国内正处于经济萧条的恐慌之中，民众的疾苦生活正在动摇明治维新政府及其改革的根基。为获得民众支持，以举全国之力赢得战争，日本政府及朝野人士进行了规模空前的国民动员。日本举国从思想上、物质上、人力上，均完成了与中国进行一场以"国运相赌"的战争准备。

大造舆论声势欺骗蒙蔽民众

为了从思想上蒙蔽民众，日本政府及朝野人士通过媒体和各种场合，大肆对民众进行"洗脑"教育。1894 年朝鲜"东学党"起义爆发后，清政府应朝鲜请求出兵帮助镇压。日本为寻找出兵借口，抛出了"朝鲜独立论"，主张对朝鲜实行内政改革，使朝鲜成为其保护国。为使"朝鲜独立论"成为广泛的社会舆论，日本政府及其官员们通过其御用媒体广为传播。一向坚持海军扩张反对论和非战论的《邮便报知新闻》首先传播了这一主张，该报纸在 6 月 6 日的社论中叫嚣，"我帝国必须援助朝鲜，并有坚决维护其国体之决心"，以保障朝鲜的独立。随后，《芸备日日新闻》、《北国新闻》、《富山日报》等各地报纸也纷纷以社论形式发表类似言论，强调"朝鲜独立"，主张对中国采取强硬政策。

为进一步发动民众，日本在广泛传播"朝鲜独立论"的同时，又大力宣传所谓的"义战论"，号召民众为"正义"而战。战前，日本新闻界统一口径，几乎一致叫嚷：日本与中国的战争是"正义"的战争，是"圣战"。《国民日报》高呼"义战即将开始"！《读卖新闻》称日本"首当正义"，"以显耀光荣，并宣扬国威"，并由此导致所谓中日战争是"文野之战"的论调。战争爆发后，日本著名启蒙思想家福泽谕吉发表题为"日清战争是文明和野蛮的战争"的文章，指出日本是以"世界文明的进步为目的"，这场战争"不是人与人、国与国之战，而是一场宗教战争"。《国民新闻》说，日本对中国的战争是"大日本以其文明之力战胜中国之野蛮并担负革新中国之天职"。《二六新报》则更以所谓亚洲最先进最优越国家的姿态称，国民"应将其视为 19 世纪末之一大事业，以此一空前绝后之一大义战，以文明国姿态战胜野蛮之国。此乃太平洋东北所开创之破天荒之举"。

为形成日本民众的优越感和对中国的蔑视感，媒体还恶毒散布中国"愚昧落后论"，妖魔化中国成为当时日本媒体的时尚，战争报道、小说及从军日志，大多为煽动民众而刻意对中国使用侮辱性言辞。《国民之友》杂志污蔑中国人是"具有山贼般天性的侵略者"。《中央新闻》说中国人"是可怕之人种"，"清国不仅是猪，而且是只笨猪"。宗教界的基督教团体也宣称："这次战争是大日本帝国前进的天职使然，是日本向世界披露自身民族优秀的良机。"

在政府和媒体的蛊惑宣传下，最初对战争毫无兴趣的日本民众盲目地接受了政府及媒体的舆论导向，被动员到了从出征士兵的送迎、凯旋士兵的欢迎，到参加祝捷会、阵亡者葬礼，以致到建立慰灵碑、战争纪念碑等这些民众从未曾经历过的有关国家、战争的仪式中。对中国极其蔑视的心态甚至表露于日常生活，黄海海战后，儿童在玩耍奔跑竞赛、相扑游戏时辱骂失败者是"支那"，即便在成年人之间，撒谎者也会被辱骂为"支那政府"，吹牛者会被嘲讽为"李鸿章"。

动员社会各界筹措战争经费

战前的日本经过近 30 年的发展，经济实力虽然有了很大提升，但政府的财政收入远远不能满足战争需要。为动员民众筹措战费，日本于战前在全国掀起了轰轰烈烈的"军资献纳运动"和"义捐运动"。

日本各家报纸首先进行了舆论动员。7 月 23 日，《每日新闻》以《慰劳在韩军人》为题撰文指出："请赠送适当之物，一慰悬军远征之心，二为表示对我军人敬爱之情。"《万朝报》29 日说"为使日本帝国之威武发扬于万国"，现在则是"义勇奉公之时"。《二六新闻》8 月 2 日强调："万一不幸，纵然全国成为焦土，我日本男儿国之面貌亦不可污。"各家报纸的煽动言论推动了"军资献纳运动"和"义捐运动"的开展。

首先响应并投入这场运动的是日本财界，基于推行"大陆政策"的考虑，日本财界主要首脑纷纷发表声明，表示坚决支持这场战争。战争刚刚爆发，财界代表人物福泽谕吉便表示："日本国民应无官民朝野之别，同心同力，服务于国事。"另一代表人物涩泽荣一呼吁："只有以勤俭济军费，方可保全我大日本帝国之权利。——愿4000万同胞奋起赞同之，以表忠君爱国之至诚。"除了口头表态，财界还成立了"报国会"，通过召开会议、发布广告、捐款捐物等方式，以实际行动动员财界、实业界支持侵略战争。"报国会"的行动得到了日本各界的支持，大日本水产发出募金广告，决定义卖罐头，将其收入捐给政府慰劳军人；大阪成立"青年报国义务队"，广向社会募捐；大阪的军火商将5600支枪全部捐献；各铁路公会、红十字会也达成协议，宣布战时免费为赴朝军人输送军需弹药。

为进一步筹措战费，日本政府还发布敕令募集军事公债。两次军事公债募集，第一次计划募集3000万日元，实际募集7694万日元；第二次计划5000万日元，实际达到9027万日元，均超额完成任务。而事实上，这种超额募集是在政府强制与民众自愿结合下进行的。为获得日本财界和实业界的支持，大藏大臣渡边国武先后将关西同盟银行和关东同盟银行的总办们请到大藏省，劝其认购军事公债，涩泽荣一也召集所有银行的负责人向其做了说明。对民众的募集则几乎是在政府的强制下完成的。政府将募集任务及完成指标分配各府县郡市町村，各级领导者要求民众以所谓"爱国"之心支持"义战"强行认购。特别对日本底层民众，各郡长、町村长更是采取劝诱并举的方式直接进行动员，甚至带有一定的胁迫性。爱知县幡豆郡川崎村尤为典型，该村村长说："本邦臣民于事变之际，应各尽其分以应募军事公债，此乃臣民之义务，若拒绝应募，绝非日本臣民。"在这种带有强制性的劝诱下，财界和实业界纷纷表态愿竭尽全力响应政府号召为国效力，民众也纷纷参与到这场规模宏大的募集中来，即便生活贫困也还是从口中省出十个八个梅干钱捐献给前线的士兵。这种全国范围的捐赠活动，一直持续到清日和谈才停止。

多种措施并举实施兵力动员

1873 年 1 月，日本颁布了《征兵令》，建立了以普遍义务为原则的国民义务兵役制。1883 年，又颁布修改征兵令，规定全国年满 17 周岁以上、40 周岁以下者均须服兵役，陆海军服现役后还要再服后备役 5 年。征兵制实施以后，处于备战扩军的需要，日本每年要从适龄青年中征集大量现役兵和补充预备兵员。由于许多人不愿服役，采用各种手段逃避兵役的现象时有发生，为此，1889 年 1 月，日本对《征兵令》进行了重大修改，对原来规定的免役条件加以严格的限制，加强对逃避兵役的取缔，"彻底实行严格的全民皆兵主义和普遍服役主义"。日本明治政府就是用这种强制手段，不顾人民的死活，让无数青年为日本军国主义充当炮灰。尽管如此，当年仍然有 9.97% 的应服役的青年通过逃亡失踪来躲避兵役。

1890 至 1894 年间，由于每年至少要征集十几万人，征兵工作变得愈加困难。为保证征兵数量，日本政府采取加强思想教育和征兵奖励办法等多种措施动员适龄青年入伍参战。以爱知县为例，为了铲除民众特别是适龄贫困者"视兵役如囚犯"的意识和逃避征兵的氛围，爱知县于 1890 年前创立了征兵慰劳会，开展了征兵奖励运动。每逢征兵时，政府"将主任、书记派往各町村，把相当年龄者召集于一定场所，诚恳而详尽地说明关于服役年限、家族扶助费、抚恤金、受爵位、被服津贴、被服用品、航海服役逐年加薪、晋级等法令"。在政府的"耐心"劝诱下，志愿参军者逐年增加。同时，政府承诺的恤兵待遇基本得到兑现，也在一定程度上解除了民众的后顾之忧。

　　政府对征兵工作的多管齐下，对征兵任务的完成起到了积极的推动作用，征兵难的现象得到了很大程度的改善，日本民众的参军支战热情逐步高涨，成为侵略战争的随波逐流者乃至推波助澜者。梁启超曾经在日本亲眼目睹了日本国民踊跃参军的场面："亲友宗族把送迎兵卒出入营房当作莫大的光荣"，"那光荣的程度，中国人中举人进士不过如此"。在这种狂热的战争氛围下，大量兵员被源源不断地输送到战争前线，基本满足了侵略朝鲜和中国战争的需要，保证了日本侵略战争的顺利进行。

甲午沉思

甲午战争中日本的战争动员准备

裴玉辉

　　甲午战争前 20 年间，清政府先后收复了新疆，解决了伊犁问题，打赢了中法战争，在朝鲜"甲申政变"中也赢得了主动，各地的"洋务运动"也搞得有声有色，1988 年还建成了号称亚洲第一的北洋水师，一切似乎都朝着向好的方向发展。能打胜仗，也能搞发展，清政府好像并不像人们认为的那么无能透顶。

　　战争爆发的前 10 年，清政府在对日关系中还是十分强势的，这种强势来自实力。清朝的国土面积 1000 多万平方公里，是日本 30 多倍；人口 4 亿多，为日本 10 余倍；清政府年财政收入 8000 多万两白银，潜在收入 3 亿多两，日本财政收入 7000 万两，无潜在财政收入。清朝陆、海军力量也远在日本之上。

　　但到 1894 年甲午战争爆发时，双方展示出的军事实力却完全不是这样。据有关统计资料，日本在甲午战争前有陆军常备军 63000 人，预备役 23 万人，支前民夫 15 万多人，其中派到中国和朝鲜作战的兵力是 17 万多。日本海军拥有军舰 31 艘，鱼雷艇 74 艘，总吨位已达 72000 吨。清陆军总数应有 100 余万，但有作战能力的仅有 35 万，不仅训练水平远逊日军，而且没有后备力量。北洋海军自 1888 年正式建军后，就再没有增添任何舰只，总吨位数为 41200 吨。整个战争中，清政府筹集军费不足 3000 万两白银。反观日本，整个战争中耗费约 8000 万两银子，军费预算达到 1.6 亿两左右，战争的结局从实力上就能看出高下了。

甲午战争前 10 年到底发生了什么，日本在战争动员准备中做了什么使得中日力量对比发生了如此剧烈的逆转？

日本进行战争动员的本领学自德国。第二次普法战争中，普鲁士通过全民动员形式进行的总体战完胜法国，日本敏锐地发现了这一战争形态的变化，建立了完善的战争动员制度。早在 1870 年，日本政府即公布了《征兵条例》。《条例》规定：人民不分阶级，男子身高 5 尺以上，年龄在 20～30 岁之间，均有服兵役的义务。日本借此实行了普遍义务兵役制，建立了完善的后备力量体系。

日本政府还学会了德国人交通动员的本事。日本从 1880 年开始改善并扩建铁路。甲午战争中，日本国内铁路线已达 3200 公里，陆海两军征用汽船 2.8 万吨，而清朝全国保有铁路才 300 公里。甲午战争期间，日本后备力量雄厚，集结、输送迅捷。反观清朝，虽有巨大的军力潜力，却难以形成有效的军事实力，缺少现代化的战争动员体制是重要原因。

日本自明治维新后，从教育入手开启民智，国民素质迅速提升。甲午战争之前，日本政府利用各种渠道和时机进行广泛的宣传动员，民众的民族主义情绪被调动起来。1886 年，北洋水师水兵在日本长崎嫖娼滋事，并与日警民互相殴杀数十人，李鸿章以开战相胁，迫使日政府退步。但此事激起日本军民的情绪，日本海军以击沉"定远"、"靖远"二舰为目标，就连日本的儿童也开始玩起捕捉"定远"、"靖远"的游戏。资料显示，甲午战争中日本娼妓捐献的银钱已相当于清政府户部答应为清军提供的军费。而清朝自太平天国、捻军等起义之后成惊弓之鸟，疯狂地对民众进行政治压迫，一般民众在甲午战争中普遍表现麻木，甚至有民众视日军为"王师"。

为整军备战，日本还进行了广泛的经济动员。日本各界在日本政府和新闻媒体的鼓动下，于甲午战争前掀起了一个以筹措战费为主要内容的"军资献纳运动"和"义捐运动"。日本财界所组织的"报国会"则是这场运动首倡者，其首脑人物高唱"日本国民应无官民朝野之别，同心同力，服务于国事"，竭尽全力为日本发动战争募集资金。日本政府在经济动员过程中，重视运用西方的现代经济和金融手段，其主要方法是发行公债进行战争融资。据日本学者著述，日本甲午战争的融资主要是依赖发行了 1.16 亿日元的政府公债，其中民间公募 9000 万，国库存款 2500 万。同样是缺乏资金，清政府主要采取敛税搜刮，拆东补西的挪款，而向汇丰银行的借款，非但没有迅速到账，清政府还偿付了高额利息。由于缺少经费，清军出现了虽有部队却难以调拔使用的情况，清朝统治阶层出于维护自身政权的一家私利，不愿也不敢与日本进行持久作战，终成甲午之屈辱。

甲午战争中，日本的胜利与其先进的动员制度密不可分。清政府并不孤独，10 年之后，沙皇俄国也被日本的全民性的动员体制打了个措手不及。

日本甲午战争前的舆论造势

张 明

1894 年 7 月 25 日，英国商船"高升号"被日本海军击沉。英国朝野震动，国内舆论一致声讨日本对国际公理的践踏，军方要求政府对日军事报复。清政府也坐等西方列强对日本采取实质的制裁措施，然而等来的却是"日舰击沉高升号是合理的，责任不在日本"，责任在清政府，应赔偿英国的损失。是什么促使原本对日不满的英国舆论改变了腔调？又是什么让许多欧美的媒体，包括那些原本同情中方的媒体倒向了日方？另外，在甲午战争爆发前，日本大部分民众支持国家对清战争热情已经空前高涨，居然将对华的侵略战争视为正义之战。在很多国人大呼"天理何在，公道何在"之时，我们不得不佩服的是，日本侵华作战的准备真可谓煞费苦心，全面周到，除了进行物力、人力、财力的战争动员准备之外，在思想灌输和舆论造势上，也早已悄然展开。

"征韩论"与"朝鲜独立论"
——为出兵朝鲜找到合适借口

实现"大陆政策"的一项重要战略途径，就是吞并朝鲜，并以此为跳板进而侵占中国。然而如何做到侵朝有名，日本国内朝野发生了很大的争论。当时占主流的思想便是所谓"征韩论"，即参议木户孝允最先在其1868年12月14日的日记中提出"征韩"构想。他在日记中写道："向朝鲜派遣使节，责其无礼，若其不服，则兴问罪之师，以伸张神州之威。"木户的这一观点使日本政府上层势力达成了共识，很快出兵朝鲜的鼓噪便甚嚣尘上。如佐田白茅在其给明治天皇的奏折中，认为征服朝鲜是"富国强兵之策"，而且"不惟一举而屠朝鲜，亦可大耀皇威于海外，岂可不神速伐之也"。但由于当时日本忌惮中朝藩属关系，并且不具备战胜中国的条件，不得不将其暂时搁置。

然而随着1875年9月江华岛事件和《修好条规》的签订，"征韩论"再度热络，逐渐演变成为"朝鲜独立论"，强调以"朝鲜独立"作为改革朝鲜和发动战争的借口。该理论的典型推崇者是日本驻朝鲜二等领事内田定槌。他从三个方面为"朝鲜独立"进行了阐释：一是朝鲜本为独立国家，所以成为清国的属国是清朝强加于朝鲜的；二是朝鲜必须成为日本的保护国的必要性，即朝鲜是日本的屏障和可以增进日本商民利益；三是日本如何使"朝鲜独立"并成为日本的保护国，即以武力征伐和按日本的意志进行"内政改革"。内田的主张不仅得到了日本高层的认可，更发展成为日本扩张的实施纲领。

朝鲜东学党起义为日本出兵朝鲜提供了绝佳的机会，日本借此时机进行舆论造势，各界媒体大肆宣传。《邮便报知新闻》是日本国内舆论界首先传播日本出兵是为了维护朝鲜独立主张的媒体，该报1894年6月6日在其社论中宣称：日本此次出兵朝鲜是因为"我帝国必须援助朝鲜，并有坚决维护其国体之决

心"，以保障朝鲜的独立。随后，日本的各地报纸纷纷以社论
形式发表类似言论，强调"朝鲜独立论"，并主张对中国采取
强硬政策。

别有用心的日本政客、思想家和媒体的不断煽动，在一定
程度上刺激了初步觉醒的日本民众的"国民意识"，日本多数
民众开始支持战争、参与战争，实现了"国民舆论的一致"。
许多豪商大族表示，"不参军也要尽国民之责"，纷纷捐筹巨款，
甚至一些娼妓也将多年积攒的储蓄自愿献给国家支援战争。据统
计，日本战前和战时分两次共募到 16721 万日元的公债用于战
争。民间各地及地方政府自发掀起征朝义勇军活动，相继组织了
义勇队、决死队、拔刀队等团体向政府请愿参加赴朝作战。

"脱亚论"与"兴亚论"
——宣扬侵略有理的歪理邪说

侵略朝鲜只是日本政府推行对外扩张政策的开端，将朝鲜
半岛作为其战略跳板，进攻中国才是主要目的，因此，在准备
侵略朝鲜的同时，日本政府就已经将舆论宣传的矛头对准了中
国。1885 年的中法战争，中国清政府在军事上取得胜利的情况
下却仍然同法国签订了屈辱条约，这一腐败卖国举动，加重刺
激了日本政府的侵华野心。一些自由民权运动的倡导者，这时
把国权置于民权之上成了国权主义者，亦即扩张主义者。其代
表人物福泽谕吉发表文章《脱亚论》，文中赤裸裸地宣扬了侵
华主张。他在该文中声称，日本经过明治维新，"国民精神"
已从亚洲落后状态中脱颖而出，"移至西欧文明"，而亚洲的主

甲午沉思

要国家中国仍处于落后地位，并在濒临被瓜分的危险境地。在这种形势下，日本"不可犹疑，与其坐等邻国之振兴而与之共同复兴东亚，不如脱离其行列，而与西洋各文明国家共进退。对待支那、朝鲜之办法，不必因其为邻国而稍有顾虑，只能按西洋人对待此类国家之办法对待之。"此书宣扬之内容与日本当时的国内形势和国民心理一拍即合，立即成为当时最为畅销书籍。

在对外宣传上，日本政府尽力掩饰其野心，想尽一切办法掩盖对亚洲国家的侵略政策，手段多样化。不仅在战略意图上蒙蔽亚洲国家，甚至得到了某些国家的同情与合作，同时以共同反对西方列强尤其是俄国的入侵为幌子，提出了所谓"兴亚论"，其中，以荒尾精炮制的一套侵略"理论"最具代表性。荒尾精在他的"兴亚策"中说，19世纪后半叶，欧洲各国势力汹涌东来，亚洲国家已大半沦亡，只剩下日本、朝鲜和中国，而其中只有日本完成了维新大业，正在向前发展。中国和朝鲜则极为贫弱老朽，在欧洲列强的攻势面前软弱无力，岌岌可危。在如此紧迫的形势下，日本应承担起亚洲救世主的角色，救朝鲜、扶中国，进而挽回东亚之衰运。

在宣传侵略有理的同时，为了进一步蒙蔽欺骗日本人民，日本政府又大力宣传所谓"义战论"的思想，目的是为军事侵略正名，让日本人民为"正义"而战。在战争之前，日本媒体就将对清之战报道成"声讨人类公敌"的"仁义之战"，是"正义"的战争，是"圣战"。《国民日报》于甲午战争前，高呼"义战即将开始"，《读卖新闻》发表文章称日本"首当正义"，"以显耀光荣，并宣扬国威"。在此论调的鼓动下，日本国民支持战争的热情空前高涨。

"文野之战论"
——获得国际社会理解与支持的杀手锏

由于欧美列强在华利益错综复杂，日本预料到侵略中国必遭各列强干涉，因此，如何使各列强不予以反对日本侵华，成为当时日本外交宣传的重要目标。针对这一战略目标，日本在对西方的舆论宣传上，特别注重强调日本已经是融入西方的文明国家，并极力掩盖真实目的，极力强调发动战争的正义性和必要性。

日本秘密聘请了美国《纽约论坛报》的记者豪斯作为国家宣传战的总指挥。豪斯很熟悉西方媒体的运作方式，在他的精心策划下，中国与日本分别代表着野蛮与文明的形象在西方媒体和民众中形成共识，日本成为帮助朝鲜驱赶清国的正义者。当时的纽约《先驱报》报道说，日本在朝鲜的作为将有利于整个世界，而日本一旦失败，将令朝鲜重回中国野蛮的统治。《纽约新闻报》也曾发表评论说："中国的战败将意味着数百万人从愚蒙、专制和独裁中得到解放。"亚特兰大《先进报》说，美国公众毫无疑问地同情日本，认为日本代表着亚洲的光荣与进步。

在整个过程中，日本为达到对国际舆论进行拉拢和利用的目的，除了使用大量金钱收买、蒙蔽欺骗等多种卑劣手段，同时还鼓动日本外交官自己写文章。驻美国公使栗野慎一郎专门组织在美日本外交人员和学者积极写稿，宣扬日本这么做的必要性、日本代表了文明进步、清国威胁论，等等。这种颠倒黑白的宣传，不仅左右了日本舆论，左右了世界舆论，甚至左右了许多中国老百姓，以至于出现了战争开始后中国老百姓"箪食壶浆以迎王师"、欢迎日军入城的尴尬场面。

　　然而，历史总是惊人的相似，安倍晋三上台后，日本国内右倾化明显，在修改武器三原则、解禁集体自卫权、突破和平宪法的道路上越走越快。在这一进程中舆论宣传这一法宝再次被日本祭出，不断宣传"中国威胁论"，炒作"火控雷达照射"、"中国军机干扰其侦察机"等，这种颠倒黑白、倒打一耙的伎俩虽为正义人士所不齿，但其在抹黑中国、获得国际同情的效果上却是不可忽视的，对此我们要积极应对，坚决回击日本的无端指责与污蔑，不可再无视掌握国际舆论的主动权的重要性。

专题三　漫不经心

从一场战争看一支军队
——北洋海军甲午惨败实属必然

金一南

实践是检验真理的唯一标准。军人的实践，军队的实践，从最根本上来说都是这两个字：战争。战争从来用血与火，对一支军队进而对一个国家做出严格检验。被甲午战争检验了的北洋海军，是一支什么样的军队呢？

一、一支在官僚倾轧中艰难成军的海军，
从始至终的窘迫绝不仅源于挪用经费

北洋海军是中国第一支现代化军队，它能够成军，主要受到三个事件的推动：1860 年的第二次鸦片战争，1874 年的台湾事件，1884 年的中法战争。

1860 年英法联军入侵北京火烧圆明园，是搭乘兵轮从天津海口登岸的。1874 年日军入侵台湾事件，清朝大臣文详描述："东洋一小国……仅购铁甲船二只，竟敢借端发难。"1884 年的中法战争，光绪皇帝称为"法国恃其船坚炮利，横行无忌"。

清军虽有陆上的胜利，结果却仍然是签约赔款。

三大事件，无不和海上力量的有无和强弱密切相关。在危机愈加深重的时刻，清廷终于发出了"造船不坚，制器不备，选将不精，筹费不广"的感叹和"惩前毖后，自以大治水师为主"的决断。1885年，总理海军事务衙门设立。1888年，北洋海军正式成军。

从1861年决定投巨资向英国购买一支新式舰队起，到北洋舰队成军的27年间，清廷为建设海军到底耗去了多少银两，至今无法精确统计。对一个既无明确的用款计划，又无严密的收支审计的封建王朝来说，是一笔太难弄清的糊涂账，但投入无疑是巨大的。前驻日本领事姚锡光在《东方兵事纪略》中说，北洋舰队"其俸饷并后路天津水师学堂及军械、支应各局经费，岁一百七十六万八千余两"，这还仅仅是人头费、行政开支等项，可见水师的开支的确惊人。有人统计，不算南洋海军和广东、福建水师，仅建成北洋海军就耗银3000万两。还有统计说，清廷支付的舰船购造费超过3000万两，再加舰船上各种装备器材的购置维持费、舰队官兵薪俸、舰队基地营造费及维持费、后路各造船修船局厂及官衙的开设维持费、海军人才的国内外教育培养、海军学堂的开办维持费等等，合而计之，清廷为海军的总投资约在1亿两上下，等于每年拿出300余万两白银用于海军建设，平均占其年财政收入的4%强，个别年份超过10%。

这样的数目与比例，在当时条件下不可谓不高，尤其这是在政局剧烈动荡、财政捉襟见肘的情况下完成如此巨大投入的。持续将近20年镇压太平军、捻军的战争，已使清廷"帑藏支绌"，财政上几乎山穷水尽。又有"倭逼于东，俄伺于西"，东面先打发日本、后打发法国不断地赔款，西面先平息回乱、后收复新疆不断地支款。在这种情况下折东墙补西墙，勉为其难地凑成对海军的投入，也算是挖空心思。道理不复杂，此时不论慈禧太后还是同治、光绪两任皇帝，皆意识到海防对维护统治越来越重要的意义。

但为什么自 1888 年北洋成军后，"添船购炮"的工作就停止了呢？慈禧曾称"惟念海军关系重大，回非寻常庶政可比"，几乎将海军视为身家性命，却突然又用海军经费去建颐和园了呢？

注意三个人物：醇亲王奕譞，北洋大臣李鸿章，帝师翁同龢。

首当其冲是慈禧旨派的总理海军事务大臣、醇亲王奕譞。此人在任上筹措款项，建立机构，确实做了一些事情。但从他入主海军之日，便带来了过多政治利害。

奕譞是光绪皇帝的生父，主持海军衙门，正值慈禧应撤帝归政、光绪亲政在即的关键时期。奕譞深知慈禧专权，亲睹即使慈禧亲生子同治帝，亦被长期作为"儿皇帝"对待的境况。同治病亡无子，两宫皇太后宣布醇亲王奕譞之子入承大统，奕譞竟然"警惧敬惟，碰头痛哭，昏迷伏地，掖之不能起"，可见对祸福的感受有多么深。多年来，他担心其子光绪永远只能做个儿皇帝，也担心自己不慎惹怒慈禧，召至更大祸患。他"谦卑谨慎，翼翼小心"，"深宫派办事宜，靡不殚心竭力"，甚至"前赏杏黄轿，至今不敢乘坐"，被慈禧评价为"其秉心忠赤，严畏殊常"。1886 年 6 月，慈禧做出试探，宣布"明年正月择皇帝亲政日期"。奕譞立即反应，两次率诸王大臣"请皇太后仍训政"，使慈禧"勉从之"，回报是慈禧"命醇亲王仍措

甲午沉思

理诸务"。奕譞十分清楚，不这样做不但光绪帝不能亲政，自己也可能"诸务""措理不成"。

这就是奕譞出任总理海军事务大臣的精神状态，其最大心愿并非海军建设，而是如何使光绪帝平安掌权，海军衙门不过是他完成这一夙愿的平台。

指派奕譞出掌海军之时，慈禧正遇烦恼。李鸿章日记载，1885 年 7 月 13 日"慈禧计修圆明园，估工银 2000 万两。户部尚书阎敬铭称无款可办。慈禧言改修三海，阎仍答无款。慈禧喝滚出"。慈禧要修园由来已久，1873 年同治帝刚刚亲政，即按慈禧的意思决定重修圆明园。当时奕譞两次上疏、廷辩，在同治皇帝前"面诤泣谏"，最终与恭亲王奕䜣等人一道，阻止了修园活动。

在其子被立为皇帝之后，最初坚决反对修园的奕譞，变为挖空心思挪用海军经费修园的始作俑者。清末政治舞台上，利益决定立场就是这样富于戏剧性。铁甲舰和颐和园是一对矛盾体，对慈禧来说却并不矛盾。危机时用铁甲舰来维护统治，承平时用颐和园来享受统治，一切都是天经地义。所以她既主张大办海军，多购舰船，又对阻止她修园的大臣"喝滚出"，给予痛斥。掌握数百万银饷的海军大臣奕譞，知道慈禧既要购舰，也要修园的两个心病。他也有两个心病：既要保己，也要保子。奕譞最终选择用海军经费作为协调利益的黏合剂：腾挪经费造一个园子，让慈禧住进去"颐养天年"，不但可巩固自己政治地位，还能让政权早日转移到光绪帝手中。人们指责慈禧以海军换取颐和园，却忽略了更加隐密的海军大臣奕譞的赌注：以海军经费换取光绪帝亲政，用满足慈禧心愿的方法，实现自己的心愿。若说奕譞早想如此，也不尽然。毕竟他一直记得"庚申之变，大辱国家"。在一份奏折中，他表露出挪用经费时反复权衡的矛盾："钦工紧要，需款益急，思维再三。"

思维再三之后定下的决心，更难改动，这个深陷官场利害的海军大臣，终于难以自拔。

奕𫍯开始挪款，前后表现十分矛盾，李鸿章加入挪款，矛盾表现得更加深刻。

李鸿章当年未处朝政中枢，却在反对修园上起了关键作用。他在直隶总督任上，抓捕受朝廷内务府指派筹集修园木材的奸商李光昭，严行审讯，以"诈传诏旨"判处李光昭斩监候，令朝野大哗。以此案为契机，清廷诸重臣联衔上疏，慈禧的第一次修园活动才被终止。随后李鸿章上奏"停内府不急之需，减地方浮滥之费，以裨军实而成远谋"，话虽婉转，也还是有些胆量的。为筹建海军李鸿章奔走数十年，凡海疆大略、海防分区、舰船配制、港口泊位、炮台船坞、官兵俸饷、经费筹措等事，无不参与谋。即使醇亲王奕𫍯以光绪皇帝生父身份入主海军衙门，要李鸿章"于存汇丰银行购买快船款内暂提银 30 万两，修三海工程"，他也推说"因购船尚不敷，请另指他处有著之款拨付"，予以婉拒。

但最终他还是加入了挪用海军经费的行列，甚至成为其中积极的筹措者。首先是对自身政治地位的忧虑，李鸿章多年兴办洋务，在朝中政敌甚多。恭亲王奕𫍉失势后，更失去支撑的台柱。与恭亲王多年不和的光绪生父醇亲王奕𫍯入主海军，且光绪帝亲政在即，李鸿章不得不开始新的政治算计。他很快摸透了奕𫍯那两个心病，从而做出了决择。在婉拒挪用汇丰银行买船款后不到一个月，李鸿章函"请奕𫍯在亲政撤帘后继续主持海军"，向醇亲王发出了明确的信号。五个月后因"南海工程款项不敷"，奕譞要李"称创建京师水师学堂或某事借洋款七八十万两"，李鸿章立即办理，从德国银行借款500万马克，约合银90余万两，超出奕譞提出的数目。总理海军事务大臣奕譞欲以海军经费换取光绪帝早日亲政，会办海军事务大臣李鸿章则欲借海军重新获得一片政治庇荫。1888年奕譞称万寿山工程用款不敷，要李鸿章以海军名义从各地筹款，李即分函两广总督张之洞、两江总督曾国荃、湖广总督裕禄、湖北巡抚奎斌、四川总督刘秉章、江西巡抚德馨等，从各地筹到260万两，以利息供慈禧修园，完全跌入了挪款修园的行列。

李鸿章加入挪款行列的第二个原因，是对形势的错误估计。其本是清廷中最具危机感的大臣，1874年率先指出，"泰西虽强，尚在七万里以外，日本则近在户闼，伺我虚实，诚为中国永远大患"；1881年又称，"今之所以谋创水师不遗余力者，大半为制驭日本起见"；目标不能说不明确，警惕性也不可谓不高。但随着"定远"、"镇远"两艘铁甲舰的到来及北洋海军成军，作为中国近代海军创始人，在一片夸赞声中李鸿章也开始飘飘然。1891、1894年两次校阅北洋海军，他感觉"就渤海门户而论，已有深固不可摇之势"，"整个北洋海防，北至辽沈，南至青济，二千里间一气联络，形势完固"。1894年7月大战爆发近在眼前，他仍然认为"海军就现有铁快各船……似渤海门户坚固，敌尚未敢轻窥。即不增一兵，不加一饷，臣办差可自信，断不致稍有疏虞"。早年对日本的高度警惕，变成了晚年的昏庸和麻木。1894年7月25日爆发丰岛海战，8月1日中日宣战，直至8月29日李鸿章仍奏报"海军力量以之攻人则不足，以之自守则有余"。战前水师提督丁汝昌要求配置速射炮，需银60万两，李鸿章声称无款。北洋舰队在黄海海战中战败，他才上奏说明海军款项分储各处情况："汇丰银行存银 107.29 万两，德华银行存银 44 万两，怡和洋行存银 55.96 万两，开平矿务局领存 52.75 万两，总计 260 万两。"无款的海军和藏款的李鸿章形成极其矛盾的对照。这个挖空心思为海军筹措经费的人，最终同样挖空心思"变通"挪用了海军经费。

到底有多少海军经费被挪用了，一直是笔糊涂账。传说是 3000 万两，显然夸大了。较为接近的数字有两种：1200 万至 1400 万两，600 万到 1000 万两。与其说慈禧挪用的，不如说奕𫍯、李鸿章等海军主持者拱手让出去的。当初筹建海军最力的人，后来腾挪海军经费最卖力。当初反对修园最卖力的人，后来别出心裁暂借、直拨、挪用、吃息筹资修园最卖力。

清末政治中这种极其矛盾复杂的现象，也出现在李鸿章的反对派、暗讽慈禧"以昆明（湖）易渤海"的帝师翁同龢身上。

翁同龢是甲午战争中激烈的主战派、光绪皇帝的师傅，对朝政影响不小。也恰恰是此人，和平时期异常坚定地克扣、停发海军经费。当时，颐和园工程用款最骤，翁同龢作为户部尚书，不去节简宫廷开支，反而将海军装备购置费停支两年，"所省价银解部充饷"，将这些钱用来缓解朝廷财政的紧张。翁同龢如此行事，既有多年与李鸿章深结的宿怨，更来自中央权贵对汉族封疆大吏的排斥。清朝末年，中央政权衰弱，地方官僚崛起，办洋务、兴局厂、练新军、求自强，李鸿章是其中集大成者。在翁同龢等一批权贵眼中，北洋水师是李鸿章的个人资本，削弱李鸿章，就要削弱这支舰队。所以限制北洋海军就是限制李鸿章，打击北洋海军就是打击李鸿章，便成为这些人的共识。"主战"与"主和"的争斗，不过是由承平延伸到战

甲午沉思

时的官僚倾轧。

斗来斗去，吃亏的只能是夹在中间的海军。

在没有认清那部庞杂腐朽的封建官僚机器之前，针对个人的结论往往是轻率的。奕譞、李鸿章、翁同龢三人，身份各异，观点各异，利害各异，却是晚清政治腐败的一个缩影。西方有人评论说：“此大机器……其诸组之轮，不依一共同之方向而旋转，乃各依其私独之方向而旋转。”结果是在内外利害纵横交织、官场福祸蝇营苟且的形势下，谁也不会将主要精力投入海军建设。外患未至，海军是政治角逐中的筹码；外患已至，方想起以海军为共同盾牌，却为时晚矣。一个政权将如此多的精力、财力用于内耗，是无法有效迎接外敌的强悍挑战的。

二、一支在歌舞升平中悄然断送的海军，
震惊中外的覆灭绝不仅归于船速炮速

危机面前的北洋海军能否一战？流行的说法是，自 1888 年后未添船购炮，北洋海军难以一战。难道真如清臣文廷式指责的那样，“北洋海军糜费千万却不能一战”？

先从软件方面看。首先，北洋海军建立之初参考西方各海军强国，制定了一套周密的规程，其中囊括船制、官制、饷制、仪制、军规、校阅、武备等等方面，组织规程完备，对各级官兵都有具体详尽严格的要求。其次，北洋舰队前期训练相当刻苦，监督甚严，“刻不自暇自逸，尝在厕中犹命打旗传令”，“日夜操练，士卒欲求离舰甚难，是琅精神所及，人无敢差错者”。此等严格的要求和训练，在文化素质上也使北洋官兵达

到了较高水准。

再从硬件上说。"定远"、"镇远"两艘铁甲舰，直到大战爆发前，仍然是亚洲最令人生畏的军舰。两舰是当时世界比较先进的铁甲堡式铁甲舰，各装 12 英寸大炮 4 门，装甲厚度达 14 寸。黄海大战中两舰"中数百弹，又被'松岛'之 13 寸大弹击中数次，而曾无一弹之钻入，死者亦不见其多"，皆证明它们是威力强大的海战利器。日本以此二舰为最大威胁，叹其为"东洋巨擘"，直到战时也未获得达到这样威力的军舰。

北洋舰队的装甲水平普遍超过日本舰队。日方统计资料记载黄海海战双方舰只装甲（包括铁甲舰半铁甲舰非铁甲舰）的情况：联合舰队 129 艘，北洋海军 608 艘。

火炮方面据日方记载，200 毫米以上大口径的火炮，日、中两舰队为 11 门对 21 门，中方记载此口径火炮北洋舰队有 26 门，小口径火炮北洋舰队也有 92 比 50 的优势，日方只在中口径火炮方面以 209 比 141 占优。因为中口径炮多为速射炮，所以日方在火炮射速方面的优势明显。又因为大、小口径火炮北洋舰队的优势同样不小，所以不能说火炮全部是日方占优。

再看船速的比较。平均船速日舰快 1.44 节，优势也并不很大。有人说北洋舰队 10 舰编一队，使高速舰只失速达 8 节，不利争取主动。其实日本舰队中也有航速很低的炮舰，舰队整体失速不在北洋舰队之下。

黄海大战前的北洋海军，从表面看软件硬件都具有相当实力，清廷正是出于此种自信，才在丰岛海战之后毅然对日宣战。

日本精心策划了这场战争，但碍于北洋海军的实力，它也没有必胜的把握。日本首相伊藤博文在丰岛海战后对同僚说："似有糊里糊涂进入（战争）海洋之感。"日本当时制定三种方案：甲，歼灭北洋舰队夺取制海权，即与清军在直隶平原决战；乙，未能歼灭对方舰队，不能独掌制海权，则只以陆军开进朝鲜；丙，海战失利，联合舰队损失沉重，制海权为北洋舰队夺得，则以陆军主力驻守日本，等待中国军队登陆来袭。

日本为胜利和失败都做好了准备，所以如此，是感觉到自己海军力量不足。

首先，日本海军的投入少于清朝海军。从 1868 年至 1894 年 3 月，日本政府共向海军拨款 9480 余万日元，约合白银 6000 多万两，只相当于同期清廷对海军投入的 60%。

其次，联合舰队组建仓促。1894 年 7 月 19 日丰岛海战前 6 天，日本海军联合舰队刚刚编成，主力战舰多是 1890 年以后下水，舰龄短，官兵受训时间也短。相比之下，北洋海军 1888 年成军，舰队合操训练已经 6 年，多数官兵在舰训练时间达 10 年以上，这是日本联合舰队无法比拟的。

其三，舰只混杂，有的战斗力甚弱。据日方统计，联合舰队 12 艘军舰参加黄海海战，共计 4.84 万吨；北洋海军 14 艘军舰参战，共计 3.5346 万吨（我方统计北洋舰队参战舰只 10 艘，未算开战后赶来增援的"平远"、"广乙"两舰及两艘鱼雷艇），日方在总吨位上只是貌似强大。如"西京丸"舰，战前刚由商船改装，排水量 4100 吨，仅一门 120 毫米火炮，且船体大大高出水面，极易被击中；又如"赤城"舰，排水量 622 吨，航速 10 节，与"西京丸"舰并称为"羁绊手足、老朽迟缓之二舰"；再如"比睿"舰，是一条全木结构的老舰，三根高耸的木桅杆使它看上去更像中世纪的海盗船。

大战之前的中日海军，总体看中方的优势还稍大一些。

但当战场不再是操演场时，平日训练的差异立即显现了。

　　面对逼近的敌舰，北洋舰队首先在布阵上陷入混乱。提督丁汝昌的"分段纵列、掎角鱼贯之阵"，到总兵刘步蟾传令后，变为"一字雁行阵"；随后针对日方阵列我方又发生龃龉，交战时的实际战斗队形成了"单行两翼雁行阵"；时间不长，"待日舰绕至背后时清军阵列始乱，此后即不复能整矣"。这种混乱致使今天很多人还在考证，北洋舰队到底用的什么阵形。

　　其次，还未进入有效射距，"定远"舰首先发炮，不但未击中目标，反而震塌主炮上的飞桥，丁汝昌从桥上摔下严重受伤，首炮就使北洋舰队失去了总指挥。黄海大海战持续4个多小时，北洋舰队"旗舰仅于开仗时升一旗令，此后遂无号令"，一直在失去统一指挥的状态下作战。刘步蟾、林泰曾二位总兵，无一人挺身而出替代丁汝昌指挥。战斗行将结束，才有"靖远"舰管带叶祖圭升旗代替旗舰，升起的也是一面收队旗，收拢残余舰只撤出战斗而已。

　　第三是作战效能低下，击之不中，中之不沉。激战中掉队的日舰"比睿号"冒险从我舰群中穿过，相距400百米，"来远"舰发射鱼雷不中，让其侥幸逃出。目标高大的"西京丸"舰经过北洋海军铁甲舰"定远"舰，本已成射击靶标，"定远"发4炮，2炮未中；"福龙号"鱼雷艇向其连发3枚鱼雷，也无一命中，又侥幸逃出。日方600余吨的"赤城"舰在炮火中蒸汽管破裂、舰长阵亡、弹药断绝、大樯摧折，居然也不沉，再侥幸逃出。李鸿章平日夸耀北洋海军"攻守多方，备极奇奥"、"发十六炮，中至十五"，在真枪实弹的战场上烟消云散。有资料统计，黄海海战日舰平均中弹11.17发，而北洋各舰平均中弹107.71发，对方火炮命中率高出我方9倍以上。

　　北洋舰队官兵作战异常英勇，其宁死不退、誓以军舰共存亡之气概，让外籍雇员都留下深刻印象。但对军人来说，胜利没有替代品。战场决定胜利，战场不能孕育胜利，很多东西仅凭战场上的豪壮不能获得。最辉煌的胜利，只能孕育在最琐碎枯燥、最清淡无味的承平。

多种资料证明，北洋海军在一片承平的环境中，军风严重毒化。

《北洋海军章程》规定："总兵以下各官，皆终年住船，不建衙，不建公馆。"实际情况是："自左右翼总兵以下，争挈眷陆居，军士去船以嬉"；水师最高指挥者丁汝昌，在海军公所所在地刘公岛盖铺屋，出租给各将领居住，以致"夜间住岸者，一船有半"。对这种情况，李鸿章睁只眼闭只眼。直到对日宣战前一日，他才急电丁汝昌，令"各船留火，官弁夜晚住船，不准回家"。

《章程》同样规定，不得酗酒聚赌，违者严惩，但"定远"舰水兵在管带室门口赌博，无人过问，连丁汝昌也侧身其间，"有某西人偶登其船，见海军提督正与巡兵团同坐斗竹牌也"。

清廷兵部的《处分则例》规定，"官员宿娼者革职"。但"每北洋封冻，海军岁例巡南洋，率淫赌于香港、上海"。威海之战后期，"来远"、"威远"被日军鱼雷艇夜袭击沉，"是夜'来远'管带邱宝仁、'威远'管带林颖启登岸逐声妓未归，擅弃职守，苟且偷生"。"靖远"舰在刘公岛港内中炮沉没，"管带叶祖圭已先离船在陆"。

"章程"规定的舰船保养也形同虚设，普遍将保养经费挪作他用。英国远东舰队司令斐利曼特谈过他的观感："中国水雷船排列海边，无人掌管，外则铁锈堆积，内则秽污狼藉；使或海波告警，业已无可驶用"。北洋舰队后期实行"行船公费管带包干"，节余归己，更使各船管带平时惜费应付，鲜于保养维修，结果战时后果严重。"致远"、"靖远"二舰截门橡皮年久破烂，一直未加整修，致使两舰中炮后速即沉没。

至于舰船不做训练而用于他途，已不是个别现象了，"南洋'元凯'、'超武'兵船，仅供大员往来差使，并不巡缉海面"。北洋则以军舰走私贩运，搭载旅客，为各衙门赚取银两。这种风气下，舰队内部投亲攀友，结党营私。海军大半闽人，水师提督、淮人丁汝昌"孤寄群闽人之上，遂为闽党所制，威令不行"。甚至在黄海之战后，"有若干命令，船员全体故意置之不理"，提督空有其名，闽党之首刘步蟾则被称为"实际上之提督者"。"粤人邓世昌，素忠勇，闽人素忌之"，"'致远'战酣，闽人相视不救"。这支新式军队的风气，很快与八旗绿营的腐败军风相差无二。

舰队腐败风气蔓延，训练中弄虚作假，欺上瞒下。每次演习打靶，都"预量码数，设置浮标，遵标行驶，码数已知，放固易中"。以威力强大的假象，博取官爵利禄的实惠。最后发展到大战之前，"定远"、"镇远"两艘铁甲舰主炮的战时用弹仅存3枚（定远1枚，镇远2枚），唯练习弹"库藏尚丰"。一年前李鸿章已知此事，"令制巨弹，备战斗舰用"，却一直无人落实。战争迫在眉睫，如此重大缺口，既不见定、镇二舰两位总兵刘步蟾、林泰曾向丁汝昌报告，也不见丁汝昌向李鸿章报告。直至北洋舰队全军覆灭，定、镇二舰主炮到底有几枚战时用弹，人人讳莫如深。如此巨大的疏忽，使北洋海军大口径火炮优势顿成乌有。不排除这种可能性：海战中二舰之主炮在绝大部分时间内，一直在用练习弹与敌舰作战。

军风腐败的结果，战时必然要付出高昂代价，力图隐瞒这一代价，就要谎报军情。

丰岛海战，"广乙"沉没，"济远"受伤，北洋海军首战失利。丁汝昌却报李鸿章，"风闻日本提督阵亡，'吉野'伤重，中途沉没"。

黄海海战丁汝昌跌伤、舰队失去指挥，是我方仓促开炮、震塌飞桥的结果，上报却成"日船排炮将'定远'望台打坏，丁脚夹于铁木之中，身不能动"；丁汝昌还向李鸿章报称，"敌忽以鱼雷快船直攻'定远'，尚未驶到，'致远'开足机轮驶出'定远'之前，即将来船攻沉。倭船以鱼雷轰击'致远'，旋亦沉没"，实则日方舰队中根本没有鱼雷快船，"致远"在沉没前也未曾"将来船攻沉"。

此战北洋海军损失"致远"、"经远"、"扬威"、"超勇"、"广甲"等 5 舰，日舰一艘未沉。李鸿章却电军机处："我失 4 船，日沉 3 船"；又奏："据海军提督丁汝昌呈称……此次据中外各将弁目击，攻沉倭船 3 艘。而采诸各国传闻，则被伤后沉者尚不止此数。内有一船系装马步兵千余，将由大孤山登岸袭我陆军后路，竟令全军俱覆。"一场我方损失严重的败仗，却被丁、李二人形容为"以寡击众，转败为功"；而且"若非'济远'、'广甲'相继逃循，牵乱全队，必可大获全胜"。清廷也以为"东沟之战，倭船伤重"，"沉倭船 3 只，余多受重伤"，给予大力褒奖。一时间除参战知情者外，上上下下跌进自我欣慰的虚假光环之中。不能战，以为能战；本已败，以为平，或以为胜，严重加剧了对局势的误判。

直至全军覆灭那一天，谎报军情未曾中止。1894 年 11 月，铁甲舰"镇远"返回威海时触礁，"伤机器舱，裂口 3 丈余，宽 5 尺"，舰长林泰曾深感责任重大，自杀身亡。这样一起严重事故，经丁汝昌、李鸿章层层奏报，变成"'镇远'擦伤"，"进港时为水雷浮鼓擦伤多处"。清廷真以为如此，下谕旨称："林泰曾胆小，为何派令当此重任？"

有的谎报军情，使作战计划都发生改变。1895年2月，左一鱼雷艇管带王平驾艇带头出逃，至烟台后先谎称丁汝昌令其率军冲出，再谎称威海已失。陆路援兵得讯，撤销了对威海的增援。陆路撤援，成为威海防卫战失败的直接原因。

越是艰难处境，越考验军风、军纪，北洋海军在威海围困战后期，军纪荡然无存。

首先是部分人员不告而别，"北洋海军医务人员，以文官不属于提督，临战先逃，洋员院长，反而服务至最后，相形之下殊为可耻"。

其次是有组织的大规模逃逸，1895年2月7日，日舰总攻刘公岛，北洋海军10艘鱼雷艇在管带王平、蔡廷干率领下结伙逃跑，"逃艇同时受我方各舰岸上之火炮，及日军舰炮之轰击"，最后"或弃艇登岸，或随艇搁浅，为日军所掳"。一支完整无损的鱼雷艇支队，在战争中毫无建树，就这样丢脸地毁灭了。

最后发展到集体投降，"刘公岛兵士水手聚党噪出，鸣枪过市，声言向提督觅生路"；"哨兵已不在岗位，弁卒多离营垒"；营务处道员牛昶炳请降，刘公岛炮台守将张文宣请降，严道洪请降，"各管带踵至，相对泣"。面对全军崩溃的局面，丁汝昌"乃令诸将候令，同时沉船，诸将不应；汝昌复议命诸舰突围出，亦不奉命。军士露刃挟汝昌，汝昌入舱仰药死"。官兵"恐取怒日人也"不肯沉船，使"镇远"、"济远"、"平远"等10艘舰船为日海军俘获。显赫一时的北洋舰队，就此全军覆灭。战前英国远东舰队司令评论北洋海军"观其外貌,大可一决雌雄于海国"。亲历战斗全过程的洋员泰莱事后说:"如大树然,虫蛀入根,观其外特一小孔耳,岂知腹已半腐。"

军风至此,军纪至此,不由不亡。

三、一支被人惋惜了100多年的海军,对其教训的挖掘往往又伴随着掩埋

中日甲午战争,是近代史以至现代史上,中国军队与入侵之外敌交战时武器装备差距最小的一次战争,它又是近代以至现代史上,中国军队败得最惨的一次战争。鸦片战争之后,国人皆知西方专恃坚船利炮,无坚船利炮要割地赔款。北洋成军,船不可谓不坚,炮不可谓不利,为什么反而更大规模地割地赔款?巨额军饷堆砌起来的海军不经一战,原因何在?

从失败一刻起,当事者就开始委过别人,洗刷自己。

丁汝昌曾向李鸿章报告说,"若非'济远'、'广甲'相继遁逃,牵乱全队,必可大获全胜",认为败战就因个别将领的怯懦逃跑。

李鸿章则间接诿过于清廷:"平时请款辄驳诘,临事而问兵船,兵船果可恃乎?"这是最早的经费不足失败论者。

清廷则将责难集中在李鸿章身上:"满朝文武,均议李鸿章应负陆海军战败之全责,并令拔去三眼花翎,褫夺黄马褂",以为李鸿章只知避战保船,导致战败。

这些观点直至今日仍在延续,不妨提出几种假设。

假设一,北洋水师皆有邓世昌之勇,如何?

自从战争与人类社会相伴以来，还没有哪一种力量像海军这样，尤其检验一支军队的整体实力。也没有哪一种兵器像军舰这样，每一个战斗动作的质量都是全体成员战斗动作质量的总合。同治年间，有人仔细观察过西方海军的训练："每船数百人，终日寂然无声。所派在船分段巡查者，持枪往来，足无停趾。不但无故无一登岸者，即在船亦无酣嬉高卧之人。枪炮、器械、绳索什物，不惜厚费，必新必坚，终日淬励，如待敌至。即炮子之光滑，亦如球如镜；大小合膛，皆以规算测量，故其炮能命中致远，无坚不摧。虽王子贵人，一经入伍，与齐民等，凡劳苦蠢笨事，皆习为之。桅高数丈，缘索以登，必行走如飞。尽各兵之所能，方为水师提督。行伍之中，从无一官一兵，可以幸进。"真正的战斗力，只有这样产生于严密的组织、严格的训练、严谨的作风形成的整体合力。一支平素疏于训练却精于应付，战时无论怎样英勇，也难整合成整体合力。

假设二，北洋水师经费充足，多添快船快炮，如何？

持这样想法的人，仍以为北洋舰队败于装备性能，败于经费不足。同是主力舰，只备有一两枚主炮实弹去作战的海军，给它再强的兵器也归于无用。同是鱼雷艇，我方管带王平、蔡廷干冒死率艇冲出港外争相逃命、丢脸地毁灭之时，日方艇长铃木贯太郎却冒死率艇冲入港内，创下了世界近代海战史上鱼雷艇首次成功夜袭军舰的战例，其中的差距，不是船速炮速能弥补的。单就军事来说，甲午海战中最令人铭心刻骨的结局，莫过于庞大的北洋海军舰队整体覆灭的同时，对方舰队竟然一艘未沉。就此一点，任何经费短绌方面的探索、船速炮速方面的考证，在残酷事实面前都成了苍白无力的开脱。

假设三，北洋水师多运用谋略，少去死打硬拼，又如何？

　　北洋海军从始至终都在失败地运用谋略，李鸿章"以夷制夷"的手法贯穿战争始终。外交上他殚精竭虑地疏通英、俄、德，妄图用它们箝制日本；在军事上更费尽心思，增援朝鲜的运兵船雇佣英轮"高升"号，以为日舰不敢开炮。北洋舰队总教习用汉纳根、马格禄，都并非海军出身，李鸿章考虑这样既争取英、德两大国关照，又不至将舰队指挥权落入外人之手，思虑、算计不可谓不深。但现代战争从头到尾是实力的较量，包括兵力、兵器，更包括人的勇气、意志、素质。以心术支撑的谋略哪怕再高再深，在实力冲撞面前不过是画饼充饥而已。

　　甲午之败，腐败使然。从慈禧、光绪到奕譞、李鸿章、翁同龢，再至丁汝昌、刘步蟾等人，可以算一下，在日本联合舰队开炮之前，有多少人参加了埋葬这支舰队的工作。他们有的是海军筹建者，为此上下呼吁，四处奔走；有的则是舰队指挥者和战斗参加者，最终随战舰的沉没而自杀身亡，有的至今仍然受到我们的尊敬。他们的悲剧何尝仅仅是他们个人的悲剧，在政治腐败、军纪废弛的社会环境中，一切都因循往复，形成一个互为因果的恶性循环锁链：政权建立了军队，又腐蚀着它；军队维护着政权，又瓦解了它。在这一过程中，它们互为牺牲品。

　　对当今的军人来说，一个再大不过的教训就是：武器本身并不是战斗力，哪怕是再先进的武器。任何武器的效用，必须通过人及其组织去实现。从这一点上来说，北洋海军的失败实属必然。

清廷战费筹措与甲午惨败

舒 健

"天朝上国"的可怜军费

甲午战争前夕，面对日本咄咄逼人的攻势，清廷感到情况紧急，遂命李鸿章迅速拿出办法。1894 年 6 月 30 日，李鸿章提出添募士兵、加强北洋舰队等方案，并请求户部拨款 200 万 ~ 300 万两，以做军费。应该说，李鸿章提出的款子数目并不算大。要知道，整个甲午战争清政府共耗费 5000 万 ~ 6000 万两银子，而日本在 6 月以后，就已经有条件地陆续支出了额度约为 4000 万两银子的预算外开支。

荒唐透顶的是，清政府一开始竟然仅仅拿出 18 万两银子以充军费。经过反复商议，户部最后也只答应负责筹措 150 万两，而这些钱只相当于甲午战争中日本娼妓为支援战争捐出的数目。即便这样，这笔钱直到战争爆发也未全部到位。

8 月 14 日，即战争爆发半个多月后，在严酷的战场态势逼迫下，户部才提出四条筹饷紧急措施，即：一、停止工程；二、核扣俸廉；三、预缴盐厘；四、酌提运本。9月23日，户部又提出另外四条筹饷措施，即：一、颜缎两库折价，着照成案再减一成，均案四成实银开放；二、典当各商捐输；三、茶叶糖斤加厘；四、土药行店捐输。上述措施，不仅见效慢，而且收效甚微，甚至不了了之。

最后，清政府只好向商人开刀，采用了一个新鲜名目叫"息借商款"，就是借钱付利息。过去筹集军费，都是让商人直接捐，这次有利息，一开始还出乎意料地收到了实效。但是，由于"息借商款"系首次由政府向民间募借资金，对于清政府是一个新鲜事物，从上奏光绪皇帝"息借商款"，到最后大规模付诸施行，前后就花去数月时间。在全国推广后，虽然有户部奏准施行统一的章程可供依循，但各地的具体情况仍不尽统一，需要采取不同的措施应对。可以看出，由于平时没有形成一系列规章制度，到战时才提出方案，上下协商，白白浪费了筹措经费的宝贵时间。

即便如此绞尽脑汁，整个战争中，清政府从政府到民间筹集到的军费也不超过3000万两银子。反观日本，整个战争中耗费约8000万两银子，但其军费预算高达2.5亿日元，折银1.6亿两左右。特别是在战争爆发时，中日同期筹集军费的比例约为1∶10。由于军费紧缺，前线各路将士人心浮动，后方受调清军延期开拔。更有甚者，一些将领为节约经费，把守军从已经设防的军事要地撤回。各地催款的电报如雪片般飞向北京，令清政府焦头烂额。

无奈之际，堂堂的"天朝上国"最后只好靠借外债来应战。其中主要是1894年11月、1895年2月先后两次向英国汇丰银行所借，分别为1000万两和1800多万两白银。

　　清王朝缺钱吗？甲午战争前，清政府年实际收入约银 7000 余万两，日本政府则年实际收入银 5000 多万两。表面上看，清政府年财政收入并不高日本多少，但据专家估计，中国国民年收入总量可达约银 30 多亿两，清政府潜在的年财政收入总额可达约银 3 亿多两，而日本却几乎没有什么潜在的财政收入可言。

　　还有，《马关条约》要求中国赔款 2 亿多两银子，其中的 8000 万两被要求在战争结束半年多的时间内就得付出。这些钱，清政府都拿了出来。那为什么当战争来临时，筹集军费却如此困难呢？

艰难背面写满落后与悲哀

　　清代前中期，各项财政收支均归中央支配，地方政府只是扮演"代办"角色。但是，在太平天国运动时期，清政府军费开支急剧膨胀，中央财政无款可拨，不得不让各省自己筹款，并将部分财权下放各省。从此，各省开始截留税收，隐匿地方收入，致使清政府在相当程度上丧失了对全国财政的控制能力。

　　曾国藩任两江总督时，就只列厘捐、盐厘等收入，而未列"土捐"等收入。至于厘金、杂捐的实收数量，各省隐匿虚报早已成为"潜规则"。因为有隐匿收入，所以各省无不有各种"小金库"，如一个山西的善后局，不明来历的余款达几十万两银子。而在甲午军费筹集过程中，地方疆吏却对中央政府命令置若罔闻、互相推诿，甚至时时叫嚷财政困难，给人的印象是地方财政都陷入了危机状态。

　　相对于地方督抚争相充实"小金库"不同，清政府的国库却空荡得可怜。据历史学家估计，甲午战前清政府年财政收入约占国民总收入的 3% 左右，而日本的这个数据却接近 20%。

这是因为，甲午战前中国的近代工业还刚刚创办，且多是官办企业，财政税收仍以农业税和人头税为主，主要的税源是地丁、漕粮、洋税、厘金、常税、盐税等 6 项。地丁和漕粮，按照清朝定制，不便更改。关税则被帝国主义控制，未经列强一致同意，想要更改关税税率难比登天。所以，清政府只能在厘金、盐课和常税中想办法，财税活动的空间十分有限。因此，在甲午战争前较长一段时间内，财政收入与潜在的财政规模之间的巨大差距，使清政府不能有效地集中全国的财力进行近代化国防建设，在战时也缺乏足够资金支持战争，由此对甲午战争的失败结局产生了重要影响。

缺乏近代金融机构与融资手段，也是令清政府面对巨额军费筹措只能望"银"兴叹的一大因素。日本在西学的过程中极为重视金融手段的借鉴，早在 1877 年，日本就尝试发行公债进行战争融资。甲午战争中，其募集的公债达 1 亿多日元，其中绝大部分是民间公募。1889 年，日本拥有的银行已达 218 家，类似银行的各种会社有 695 家，共有资本 3189 万日元。这些近代金融机构，使日本政府得以顺利地筹集到巨额的军费。

然而，甲午战前偌大的中国还没有一家银行，靠传统的典当业、票号和钱庄，无法迅速有效地把社会闲散的资金集中起来支持战争。虽然境外银行在华的分支机构已近 50 个，但全部控制在洋人手中。在军情紧急、军费不足的情况下，清政府不得不向洋人借款。"押款保台"、开铁路、内地开矿、兴商务工作，清政府开出了一系列优厚条件，以探询西方列强的态度，英、俄两国却都以"严守局外"为借口拒绝借款。虽然汇丰银行最后答应借款，但"乃乘隙独专其利"，提出了许多更为苛刻的条件挟制中国。所借的几百万英镑，不仅屡经反复而后定，而且短时间内给付不到 1/10，其余尚无定期，甚至不准清政府从其他银行另借。但此时的清政府已经是饥不择食，不论借款条件如何苛刻，只能委曲求全地答应了下来。

其实，很早就有英国商人说动李鸿章开设国家官方银行，但数次都因遭到顽固派的反对而流产。直到甲午战争过后两年，即 1897 年 5 月 27 日，"中国实业之父"盛宣怀才在清政府的批准下在上海设立中国人创办的第一家银行——中国通商银行。正如盛宣怀所言："有人言：日本有西法银行，故兵饷万万，皆借本国民债，无俟外求。中国地大民富而无银行，以官力借民债，虽数百万亦吃力。"

借民债、借外债如此吃力，清王朝的统治者们却依旧只关心自己的私利，没有多少人全心全意地对待这场关乎国家命运的战争，更有甚者趁机大发国难财。当时据户部奏称，甲午战争期间慈禧的万寿庆典，各衙门承办工程差务等项共需银 500 多万两银子，而在战争过程中，户部给前线的两次筹款却只有 250 万两，还不到庆典支出的 1/2。战争中，翁同龢与户部官员联名奏请"停止庆典寻常工程"，慈禧太后顾及舆论，不得不下旨停止部分庆典活动，于 9 月 24 日"发宫中撙节银 300 万两佐军饷，制钱万贯交直隶"。战争爆发后，前线的清军总指挥叶志超数次致电李鸿章，述说清军缺钱少粮的种种困难，请求朝廷速速拨款前往。但是，当日军占领叶志超防守的平壤后，却缴获金砖、金锭近 100 公斤，银锭 500 多公斤以及大量钱币，缴获的粮食足够攻打平壤的日军吃一个半月，各种物资总计价值达 1000 万两银子。如此只顾一己之私、罔顾国家利益的腐朽

甲午沉思

政治生态，无疑让清政府本已十分艰难的军费筹集"雪上加霜"。

历史的错误今天的镜鉴

据统计，美军在朝鲜战争中，平均每天消耗不到 1 亿美元；在越南战争中，平均每天消耗数亿美元；在海湾战争中，平均每天的消耗一跃而升到十几亿美元；到了伊拉克战争，美国总共花费了 1000 多亿美元，平均到每个美国家庭约为 3000 多美元。

可以看出，如今在信息化条件下，高额的战争消耗、高节奏的战争进程，使得军费筹措的任务变得更加紧迫而繁重。要想在短时间内将雄厚的综合国力、战争潜力，迅速转化为战争能力，我们唯有汲取甲午惨败的深刻教训，对军费筹集予以高度重视，在平时加强新型融资手段的研究和军费动员潜力培育，完善组织体系和法律法规制度，并在适当时候组织金融动员演练，以便战争来临时，能够快速反应、高效运转，用雄厚的资金为赢得战争胜利奠定坚实的物质基础。

如此，历史的错误才不会重演。

从战争动员角度反思甲午战败

徐 奎

　　战争动员，是国家为了应对战争，采取非常措施，统一调动人力、物力、财力适应战争需求的一系列活动。如果说，战争是人类历史舞台上一出波澜壮阔的大戏，战争动员就是为唱好这出大戏"搭台子"的，为战争提供人力、物力和精神力的支持和保障。战争动员这个台子搭不好，战争这出大戏也很难唱出彩头来。从战争动员的角度反思甲午战败，清政府也败在战争动员上。

败在动员准备严重不足

　　19世纪60年代，日本开始"明治维新"，快速发展的资本主义与封建的武士道精神结合在一起，产生了军国主义这个"怪胎"，极具侵略性和扩张性，挑战并战胜中国，成为当时日本的基本国策。在甲午战前几十年里，日本加紧整军备战，前后8次实施了《扩充军备案》。战前的几年，平均年度军费开支高达总收入的31%以上，1892年更是高达41%。为了建立强大的海军，1887 年日本天皇从皇室经费中挤出 30 万日元作为海军补助费。在天皇的感召下，全国富豪纷纷捐献，这不仅增加了军费，也极大地鼓舞了民心士气。日本仿效西方改革军制，成立了参谋本部，建立了近代化的兵役制度和后勤保障体系。到 1893 年，日本陆军达到 7 个师团，总人数 10 余万人；先进预备役制度的建立，也为日本军队战时扩充奠定了坚实的基础，其海军无论是装备还是兵员的素质，都赶上甚至可以说是部分超越中国。日本一方面扩军备战，一方面加强对国民的思想发动，政府及朝野人士通过新闻媒体和言论，对民众进行"洗脑"教育，宣传"中国威胁论"，号召为天皇进行"圣战"。到甲午战前，日本举国上下士气高昂，以赶超中国为目标，无论是思想上，还是物质上，基本完成了与中国进行一场以"国运相赌"的战争准备。

反观当时的中国，尽管一些有识之士，如两江总督沈葆桢、台湾巡抚刘铭传等人早就劝诫朝廷"倭人不可轻视"，但朝廷和大部分政要对日本的认识还停留在"蕞尔小邦"的阶段，"不以倭人为意"，"倭人为远患而非近忧"，对日本缺乏足够的警惕。在日本倾全国之力扩充军备，清政府反而放松了国防建设，满足于"以之攻人不足，以之自守有余"，以财政紧张为由，削减军费预算，北洋水师自 1888 年成军之后未增一舰，1891 年更是停止拨付海军的器械弹药经费。当日本皇室为发展海军节衣缩食的时候，清朝皇室却挪用军费大肆挥霍，为慈禧准备 60 大寿庆典。而对于当时中国社会来说，国民的民族意识、国家意识尚处于低级阶段，统治者处于混沌状态，民众更是一盘散沙。大清帝国就是在这样一种不清醒和极其被动的状态下，迎来了一场命运攸关的战争。

动员是力量的聚合，作战是力量的释放。如果没有动员工作做后盾，把作战所需要的各种力量调动、集聚起来，就不可能形成对敌优势，动员准备越充分，凝聚的力量越强大，赢得胜利才越有把握。当前，国家安全威胁综合复杂，战争威胁依然存在。甲午战争告诫我们，必须从实战需要出发，扎扎实实做好动员准备，为打赢战争提供坚强后盾。在搞好物质准备的同时，还要保持强烈的忧患意识，做好精神上的准备，强化全民的危机意识和国防观念，增强国家的凝聚力和向心力，提炼中华民族的"精、气、神"，打造人民军队的"精神刀锋"。

败在动员基础薄弱

战争既是军力的比拼，又是国力的竞赛。从国力上讲，甲午战争时期的中国并不是很差，当时中国人口是日本的10多倍，国土面积是日本的30余倍，国家财政收入也远超日本，1893年中国财政收入超出日本1000余万两金银。而且经过30多年的洋务运动，中国的军事工业初具规模，不仅总量远远超出日本，军事工业的生产能力也在日本之上。比如，日本1893年所有军工厂的机器动力总共2205马力，而江南制造局一厂在1891年便拥有4521马力。从国力角度来讲，中强日弱，按理说不当输，问题又在哪里？仔细分析，清朝的国力中存在着"结构性缺陷"，特别是战争所依赖的骨干性动员力量基础太过薄弱。

在交通运输基础方面，甲午战前，中国铁路不到400公里，而日本国内铁道达到3200公里，铁路网延伸到国内各主要城市。凭借完善的铁路交通运输网络，日本的部队和物资得以快速集结和部署。而清军兵力调动，除天津以及山海关一线有铁路可资利用，驻扎在其他地区的大部分兵力，只能依靠原始的畜力牵引、人力步行方式，沿着自然形成的官马大道行军。部队行动非常缓慢，往往缓不救急，贻误战机。比如，1894 年 7 月 28 日，李鸿章命令丰升阿的奉天盛字练军，沿陆路紧急增援牙山叶志超军。丰升阿部昼夜兼程，于 8 月 9 日才疲惫不堪地赶到平壤，此时牙山、成欢的清军已经败战多日。此外，清朝的海上运输业几乎被外国洋行垄断，战前向朝鲜增兵时，起初还能雇佣英美等国汽船公司的船队。当大东沟海战之后，制海权丧失，此后清军运兵和一切后方支援，只能依靠奉天至平壤间约千里的泥土官道。而当时日本有商轮 680 多艘，总吨位 11 万多吨，雄厚的海运资源，为日本向朝鲜的兵员和物资输送提供了极大的便利。整个战争中，日本动员征用了 130 多艘民船运送兵员和物资。

在军事工业基础方面，虽然清朝军事工业总量优于日本，但质量却是乏善可陈。中日双方几乎是同时开始向西方学习，建立近代化的军事工业的，但中日双方对待先进技术的态度却是截然不同，从而导致不同的结果。在清朝官吏眼中，只要拥有了和西方同样的军事器械，就自然有了强大的国防，为此，清朝坚持走购买与仿造之路。在洋务运动中，清政府盲目引进，不仅浪费了大量的资源，而且也导致部队武器装备杂乱，新旧混杂，给弹药补给、枪械维修带来极大困难。各兵工厂仿造生产的枪炮器械又是五花八门，不仅成本高昂，而且质量低劣，工艺不达标，许多枪炮无法安全射击，自制的弹丸即使可以发射却缺少精度。工厂生产效率低下、进度缓慢，仿造的武器尚未定型，西方军火市场又出现性能更好、价格更低的新装备。军方不愿意采购，又导致各军工企业滥制的枪炮弹药大量积压。日本也引进，但更注重对先进技术消化吸收，以此为基础大力发展本国的武器制造业。比如，日本当时生产的村田步枪与清军大量采购的毛瑟步枪在性能就不相上下；日本吸收欧美军用食品经验，研制出了符合日本人饮食习惯的牛肉、鱼肉罐头和蔬菜罐头，在甲午战争中就很受前线参战部队的欢迎。

动员基础是战时动员的骨干性力量和资源，是形成国家动员能力的关键因素。甲午战争警示我们，在相对和平时期，必须保持并建立与国家安全需求相适应的动员基础，这既是维护国家安全的战略基石，也是新形势下国防建设极其重要的战略任务。同时，真正核心技术是花钱买不来的，靠进口武器装备是靠不住的，走引进仿制的路子是走不远的。加强动员基础建设，必须坚定不移地走自主创新之路。

败在动员制度落后

落后就要挨打。这个落后，有器物层面的因素，也有制度方面的因素。李鸿章等人发起的洋务运动，企图救亡图存，但其最大弊端在于抱残守缺，"中国文武制度，事事远出西人之上，独火器万不能及"。清政府只重视器物的开发，不重视观念和制度的改变，最终也成为失败的重要根源，这一点也体现清政府当时动员制度的落后上。

战争动员决策制度。日本自明治维新以来，把革新军事制度作为军事改革的重要内容。1878 年，日本设立了参谋本部，专门执掌军令和制定作战方案，从而建立起了全新的作战指挥体制。为了发动战争，日军于 1894 年 6 月 5 日专门成立了"战时大本营"，全面负责日军作战和战时动员。当时中国的军事体制还是封建王朝的旧体制，战争决策就靠廷议，朝廷大员对于已经步入工业化时代的战争懵懂无知，根本没有近代化的动员意识和观念，更不可能建立符合战争要求的动员机构和制度，战时兵员扩充、交通运输自然是没有章法，对于民众的精神动员也是无从谈起。

兵役制度。兵役制度是一项国家基本的军事制度。日本明治维新后，就学习借鉴欧洲经验建立新兵役制。先是学法国，后来由于法国在普法战争中失败，日本转而效法德国。1873 年，日本仿效德国建立了以普遍义务为原则的国民义务兵役制，规定日本男性公民不论贫富贵贱、地位高低，都有为国服兵役的义务。1889 年，根据德国军事顾问麦克尔的建议，日本再次对义务兵役制进行了重大修改，废除了一切免役规定，强调"国民皆兵"，凡年满 17 岁至 40 岁的男性国民，都有义务承担国家的兵役。按此规定，日本兵役义务分为四类：一是现役，年满 20 岁者服现役 3 年；二是预备役，现役期满者服预备役 4 年；三是后备役，预备役期满者服后备役 5 年；四是国民兵役，年满 17 岁至年满 20 岁以及后备役期满至 40 岁者为国民兵役。这种符合军事发展潮流的兵役制度的建立，为日本战时快速动员奠定了坚实的基础。正是有先进的兵役制度支持，使日本在战前短期内就将陆军从平时 12 万人扩充到 24 万人，而且所补充的兵员大都经过军事训练，有良好的军事素质。

清朝先是实行世兵制，后来八旗军实在不争气，所以改制实行募兵制度。官兵服役大多是为了军饷，大多数兵勇来自没有特权的贫困阶层，从军成为躲避饥饿、解决温饱的一种特殊"职业"。募兵制度下的军队没有明确的年龄限制和服役期限，军中老中青混杂。由于战斗力低下，战时不得不大量招募新兵，这样又带来两个严重的后果：一方面，由于扩充部队太多，武器供应不上。据日本参谋本部掌握的情况，当时清军动员的部队中，只有60%的士兵装备有近代化的火器，其他人只扛着大刀长矛。另一方面，新募士兵的素质和战斗技术比老兵更差。由于战况紧急，新募部队往往并不经过临战训练即开赴前线。比如，当时旅顺口，清军守兵12000余人，其中9000多人都是刚刚招募的新兵。成军没几日，就遭遇战事，这样的部队又怎能打仗。由于招募的兵员大多为生计所迫，清军军纪混乱，加之承平日久，清军从将军到兵勇普遍胆小怯战。炮声一响，惊慌失措，如惊弓之鸟，蜂拥而退。如此乌合之众，又怎能与外来的坚船利炮抗衡。归根结底，就是兵役制度落后。正是有了甲午惨败，晚清政府才开始认识到兵役制度的重要性，才开始探索改革兵制，开练新军，近代动员的理念才开始传入中国。

战时勤务动员制度。甲午战争，日本陆军除了动员24万正规兵员，还招募了15万军夫随军出征。这些军夫伴随军队左右，担负向作战部队输送弹药、粮草等后勤保障任务，发挥了重要作用。战后，有史评家就指出"甲午战争是军夫的战争"。当时的清朝军队，也临时招募有类似的民夫，任务职能也大体相当，清军一击即溃，民夫自然四散而逃。日本的军夫，清朝的民夫，同属动员民间人力资源支援战争，但在战争中的效果却是截然不同。原因何在？其实，看一下日军对军夫的管理，不难看清个中原由：第一，日军将招募的军夫，作为军队的重要组成部分，纳入战斗序列。日军战时一个师团的编制约

18500 人，其中军夫占编制总数的 26.7%。第二，军夫的征募由专门的商社组织，军夫与商社签订雇佣合同，商社再与军方签订承包合同，由商社出面承揽军方战时的物资输送、武器搬运等后勤保障业务。无论是军队与商社，还是商社与军夫，都有严格的契约关系约束。第三，军夫薪水收入远高于现役士兵的津贴。有高薪吸引，军夫也算是当时的一个人气很旺的职业，受到日本青壮年的青睐。第四，当时日本国民普遍受到军国主义的狂热教育，大部分军夫来自于民众自发组织的义勇队、决死队、拔刀队等民间团体。军夫出征，也大有为国奉献、效忠天皇的因素。而清军雇佣的民夫，也仅仅只是简单的雇佣关系，其作用甚微也就不难理解了。

制度是决定事物发展的根本要素。中日甲午较量，其实也是新旧动员制度的一次剧烈碰撞和较量，日本的新制度打败了中国的老制度。当前，随着战争形态的转型和社会主义市场经济的发展，传统构筑于大规模机械化战争和计划经济体制基础上的动员制度，也面临着前所未有的挑战。因此，加快动员制度创新步伐，深入推进动员制度形态现代化，不仅是时代发展的迫切要求，也是甲午战争对我们的深刻启示。

败在不敢放手发动民众以支持战争

2000 多年前的《孙子兵法》就提出：上下同欲者胜，主张动员民众力量，争取民心归附，使民众与君主的意愿相一致，如此才能确保战争胜利。19 世纪德国的军事思想家克劳塞维茨也认为，民众力量既是战争的人力源泉、物力源泉，还是战争的精神源泉；尽最大努力动员可以动员的一切力量，是战争指导必须遵循的首要原则。战争实践也表明，能否动员争取民众对战争的支持，是赢得战争胜利的关键因素。

自清朝入主中原以来，满汉民族矛盾就一直存在，清廷对其政权的稳定性十分警惕，长期坚持愚民政策，"攘外必须安内"，"防民胜于防寇"。清朝统治者不会也不敢放手发动民众以支持战争，即便是对于辽东、山东半岛和台湾人民自发进行的抗击日本侵略的爱国行动，也是极尽阻挠和打压。愚民政策下的民众，在酷吏压榨下逆来顺受，只知有"家"，未知有"国"；国家是皇帝的，与己无关。民众对战事漠不关心，更不会支持战争。当时北方打仗，南方歌舞升平，广州的娼妓业就十分兴盛，甚至成为当地政府财政收入的重要来源。民众关心的只是生计，为了活命，沦陷区的老百姓成为日军募集民工的主要对象。比如，当日军占领金州城后，日军兵站发布民工招募告示，很快得到当地民众的踊跃响应，报名者争先恐后，络绎不绝。

与清政府形成鲜明对比的是，日本政府非常注重争取民众对战争的支援，日本在战前就完成了对民众的思想发动。开战后，日本媒体推波助澜，在国内掀起了战争狂潮，民众对战争的关心度激增。报界派遣战地记者跟随作战部队和军舰观察战斗实况，随时传递前线的最新战报。在政府和媒体的鼓噪下，国内掀起捐献热潮，民间团体和个人自愿捐出大量金钱财物，一些娼妓将多年积攒的储蓄自愿献给国家支援战争。为了处理捐献金和寄赠物品的事务，1894 年 7 月 14 日日本专门设立了陆军恤兵部。日本国会在野党立即停止了对执政党的攻击，出现了平静的政治休战和一致对外的团结局面。国会通过了相当于日本两年岁入额度的 1.5 亿日元临时军费预算，其中 1 亿日元额度以发行军事公债形式向社会筹集。社会名流福泽谕吉等人，在财阀和富豪中为募集公债奔走游说，政府先后两次组织的公债募集活动，均超额完成任务。第一次计划募集 3000 万日元，实际达到 7694 万日元；第二次计划 5000 万日元，实际达到 9027 万日元。民间各地及地方政府自发掀起征朝义勇军活动，相继组织了义勇队、决死队、拔刀队等团体，向政府请愿参加赴朝作战。日本动员全体国民的力量支援了战争，这也是日本获胜一个重要原因。战争中，日本大和民族内在的凝聚力震惊了西方社会，欧美人在赞美声中也开始警觉这一崛起的民族。

正如毛泽东后来指出的：兵民是胜利之本；战争伟力之最深厚的根源，存在民众之中。人民群众是历史的创造者。甲午战争的教训再次告诫我们，无论时代如何发展，战争技术形态如何变化，经济社会制度如何改变，唤起人民群众的战争意识，相信群众，依靠群众，争取人民群众对战争的支持，始终是赢得战争胜利的不二法门。

两个国家两种变革的检验场

郭伟华

　　1840 年英国率先用坚船利炮冲破了东亚藩篱，相对一体封闭的东亚自此开始遭受西方列强的瓜分和侵占。在西方的重压之下，东亚内部两个主要国家——中国和日本，都不约而同地出现了"自强"反应，但这两个国家却走了两种截然不同的变革道路。日本等于是"开门揖盗"，在"脱亚入欧"等理论的先导下，通过明治维新迅速完成"自上而下"的彻底变革，在短短的二三十年里大量吸收西方文明，快速完成近代化并加入到列强俱乐部。与日本的彻底变革相对应，中国虽有"师夷长技以制夷"、"中学为体，西学为用"等思想先导，也开启了轰轰烈烈的洋务运动，但在变革的道路上却是举步维艰，总体上仍是墨守成规、不思进取——这就是东亚地区两个国家的两种变革。

　　甲午战争不是中日两国之间的首次较量，从倭寇活动到丰臣秀吉入侵朝鲜，中日为争夺东亚主导权在历史上就曾有过多次冲突，日本始终不能在根本上撼动中国在东亚地区的主导地位。但甲午战争包括此前入侵琉球、台湾等，结果却完全逆转，为何？归根到底是中日两国在面对西方强权过程中完全不同的反应方式使然，甲午战争的战场不过是这两种反应方式针锋相对的检验场。检验场上的较量结果，刀锋剑影之间难免有这样那样的历史偶然，但检验场下的准备过程，却只有一步一个脚印、行与不行的历史必然。对这种必然，日本在甲午战争之前早已洞若观火。

1884 年，日本干涉朝鲜的甲申政变失败，使日本认识到，只有打败朝鲜背后的中国才能据有朝鲜。于是，在 1886 年日本伊藤内阁出现了对清"速战"和"缓战"两种意见。当时担任农商相的黑田清隆主张立即与中国开战，他说："中国自法战以后，于海陆各军力求整顿，若至三年后，我国势必不敌。"而首相伊藤博文坚决反对"速战"，主张"缓战"，他说："我国现当无事之时，每年出入国库尚短一千万元左右。若避与中国、朝鲜交战，款更不敷，此时万难冒昧。至云三年后中国必强，此事直可不必虑。中国以时文取文，以弓矢取武，所取非所用，稍为更变，则言官肆口参之，虽此时外面于水陆各军俱似整顿，以我看来，皆是空言。缘当法事甫定之后，似乎发奋有为，殊不知一二年后，则又因循苟安，诚如西洋人形容中国所说又'睡觉'矣！倘此时我与之战，是催其速强也。诸君不看中国自俄之役，始设电线，自法之役，始设海军。若平静一二年，言官必多参更变之事，谋国者又不敢举行矣。即中国执权大官，腹中经济，只有数千年之书，据为治国要典，此时只与之和好。我国速籥冗费，多建铁路，赶添海军，今年我国钞票已与银钱一样通行，三五年后，我国官商皆可充裕。彼时看中国情形，再行办理。"伊藤博文这里不仅评论了一个浑浑噩噩、反应迟缓的对手，更是表达了一个隐忍斗狠、蓄势待发的日本。对于日本来说，此时战端未开，对战争的胜负却胸有成竹。"蕞尔小邦"对"天朝上国"何来如此自信？两个国家两种变革的截然不同使然。

著名史学家黄连枝先生曾评价过日本，他说："日本始终有兴趣独当一面，在西太平洋地区以及整个太平洋地区建立一个宏观体系，用以规范国际活动。从倭寇的活动、丰臣秀吉的战争、朱印船贸易及明治维新以后的一系列侵略战争，都说明了这个千古不易之意图。但它的一连串失败又反映出，日本人不可能建立起'大和和平'。根本原因在于日本的政治地理以及它缺少建立霸权所需要的自然和人口资源，还有在文化上，它没有表现出'独创一格，自成一体'的能力与潜质。历史上它虽对佛教文明和中华文明有很广泛深刻的吸纳，却未见有新的开创和发展，而明治维新以来，亦未能摆脱西方资本主义文明的巢臼。"虽然如此，我也要看到日本明于学习强者的彻底、善于吸收先进的全面、勇于开创变革的果决，这是日本自身的特质，也是真实的日本。

较之日本，中国不仅有更为宏大的体量，也有更为宏大的胸襟，但中国的变革道路却走得异常艰难。美国著名的中国学者费正清曾有过分析，他说："传统的中国并非一成不变，也不是静止或毫无生气……制度和文化的持续性曾经产生了体现为气势磅礴和坚守既定方针的惯性，而非不动的惰性。两千年来政治生活中孔孟思想格局所造成的根深蒂固的惯性，说明了为什么中国近代反对那种思想格局的革命要走那么长的道路。"重型卡车较之小轿车必然难以转向，这是惯性使然，中国亦然。这是中国自身的特质，也是真实的中国。

分析战略较量的胜负不能把眼光仅仅放在较量场上瞬间的偶然。对比中日两国之长短，120年前中国的甲午之败，可以说中国既败于日本之长，又败于自己之短。从中国自身来说，中国外败于日本，内则败于自身的变革。扬己之长、克己之短是战略较量的永恒真谛，是任何一方抢占先机的必然遵循。如何在新的一轮战略竞争中把握先机，主动权实际仍在我们自己手中，关键在我们如何推进自身的变革。变革的进展如何，认识最真切的一是自己，二是对手。一旦你自己认识不到，对手会帮你认识到，但那时的代价必然是惨痛的。

从"自强运动"失败之因
看甲午战败之因

朱 戈

　　"自强运动"一词出自《易经》，由"天行健，君子以自强不息"而来。正如李鸿章所说，晚清处于千古未有之变局当中，"自强运动"之主要目的在于因应这一变局。1860年《北京条约》、《天津条约》签订后，晚清进入了一个"间隙和平期"，这让晚清政府有时间、有机会去思考自身存在的种种问题。从1861年开始，"自强"一词便在奏折、谕旨和士大夫的文章中经常出现，①"自强运动"由此肇始，一直持续到甲午战败。为什么甲午战争失败？我认为最直接的就是"自强运动"的失败。为什么"自强运动"失败？因为晚清政府已无法适应时代变革的要求，虽认识到"千年未有之变局"，但已回天乏术。

　　世界上任何一个国家的军队都打过败仗，但一场败仗被看作是国家的失败、民族的失败、全面的失败并不多见。能够出

---

　　① ［美］费正清《剑桥中国晚清史》，北京：中国社会科学出版社1978年版，第544页。

甲午沉思

现全面失败的国家，战前肯定处于内外大变革的时代，当政者要么对变革视而不见，要么对变革力不从心，要么认识到问题但改革乏术。可以说，改革的成败注定战争的胜负，晚清即属于此。甲午战争真正的败在于晚清政府几十年来面对内外困局已无法"自强"，国家就像一列失控的列车高速驶向断桥，注定堕入深渊的命运。考察甲午战败的原因，不妨将视线再往前推 20 年，从始于 1860 年"自强运动"的失败研究甲午惨败的原因。

一

中华民族以及中华文化有着悠久的历史，在中华文化数千年的形成与发展中创立了独具一格的文化体系和思想观念。1840 年以后，中国与西方的冲突不仅是军事、经济上的冲突，更是中西文化和思想观念碰撞的产物。"自我中心论"以及"天下观念"，是中国传统文化中重要的组成部分，在"自强运动"时期，此两种观念与整个运动的成败有着非常密切的联系。

"自我中心论"是由于中华文化长期处于对周边地区优势地位而形成的对于自身文化的自负。处于这种自负，中华文化不断地通过各种方式对周边地区文化进行影响，希望它们认同中国的中心地位。1840 年鸦片战争后，西方船坚炮利给时人最直观的冲击。"自强运动"由此表现出意志简单的目的：中国希望借西方之科技以充实军事力量，改革者所需要的乃是轮船与枪炮。① 由此，晚清政府将注意力集中在引进西方兵器、开设现代化的兵工厂以及军事学校上。但"自我中心论"使得当时的士大夫笃信中国传统文化的"优越性"，统治阶层无法意识到或不愿承认科学技术差距背后所代表的正是文化和理念的差距。晚清大学士倭仁对同文馆开设新科目的驳斥，充分显示出晚清士大夫的短视和刚愎自用。他在奏折中说："立国之道，尚礼仪不尚权谋；根本之图，在人心不在技艺。"② 倭仁认为从来都是异邦逢中华为师，现今要逢洋人为师简直就是奇耻大辱。曾国藩、李鸿章、左宗棠和沈葆桢等晚清洋务大臣在论述"师夷"问题时，文化、理念与技艺的分离也清晰可见，仍然站在一种道、礼层面上来认识世界，将数学、物理等实用科学与诡异的术数相提并论。发现问题才能解决问题，前者是后者的基础和前提，前提错误就会差之毫厘，谬之千里。"自强运动"从认识问题这个首要环节就出纰漏，就算此后的改革举措再好也是南辕北辙。这也就难怪晚清有处理外交事务的机构，却没有纵横捭阖的外交战略；有主管教育的部门，却没有近代化的教育理念；有貌似强大的海陆军，却没有近代军事思想和行之有效的指挥体制。

"天下观念"是近代以前中国世界观的核心思想，它是天理观念在政治上的体现。天下观念强调"华夷之辨"，强调天下一统，从体制上和观念上杜绝平等处理独立的政治实体之间

---

① ［美］黄仁宇《中国大历史》，上海：生活·读书·新知三联书店 2003 年版，第 254 页。

② ［美］费正清《剑桥中国晚清史》，北京：中国社会科学出版社 1978 年版，第 584 页。

关系的可能。① 长期以来，中国处理与周边政治实体关系时都将自身摆在高于其他政治实体的地位上，以"朝贡体制"来维系与周边国家的关系。鸦片战争以后，出于"国力衰微"，清政府不得不承认以"平等"的态度处理与西方列强的关系，并在北京设立总理各国事务衙门。但从观念上，绝大部分人认为现今的"平等相待"只是一种迫于压力的妥协之策，待以后时机成熟就可恢复"外夷进贡"的局面。可见，清朝虽国力不济，但仍不自觉地就将自己放在高于他国的位置上，从骨子里鄙视西方的事物，何谈心甘情愿地效法西方。"天下观念"的另一重要影响在于中国人民族意识欠缺，清政府始终将与西方国家冲突的性质定义为"边衅"，而边衅一般是指在边关和蛮族的冲突，根本没有意识到这是不同国家、不同民族之间的冲突。与此同时，缺乏民族意识使统治阶层在危难时无法积聚民众的危机意识、忧患意识以及对于危机的全局认识。战争来临时，往往村村各自为战，城城各自为战，几乎不能形成以一整体对外的形势，也难怪甲午战败后有以李鸿章一人敌日本全国的说法。对于"自强运动"而言，缺乏统一的意志，使得整个改革各行其是，难以形成合力，东西相互掣肘、南北各行其道，就算是有那么几个眼光长远之士大声疾呼，能换回的也只是纷繁的杂音。

二

"自强运动"恰逢晚清"辛酉政变"，自一开始就与错综复

---

① 李扬帆《走出晚清——涉外人物及中国的世界观念之研究》，北京：北京大学出版社 2005 年版，第 365 页。

杂的"朝局"密切相关。慈禧在"辛酉政变"后对"反对派"强力整肃，官员人人自危。"自强运动"的本质在于革新，革新就要否定"常例"、违背"祖制"，难免落人口实，成为政治对手的打击目标。当时扑朔迷离的政局随时都可能危及官员政治前途甚至身家性命，谨小慎微、因循守旧成为官员自保的重要选择，遇事宁可无所作为，何谈变革。再以李鸿章与翁同龢之间的矛盾为例。李与翁的恩怨来自两个方面。一方面，始于李鸿章还在曾国藩府中任幕僚之时，曾国藩参劾翁同龢的哥哥翁同书，所上奏折乃李鸿章起草并为曾国藩采纳。正是由于这一奏折，翁同书被革职流放并客死他乡。作为弟弟的翁同龢对此事一直耿耿于怀，伺机报复。另一方面，是清朝建立以来就存在的满汉之争。李作为汉族大臣的代表，握有实权又有北洋海军撑腰。对此，以翁为代表的满族中央权贵深感威胁，极力排斥。因此，在翁升任户部尚书后，对李鸿章的北洋海军在资金上的种种要求都处心积虑地给以限制，使北洋海军十几年未购进一艘新舰，甚至连炮弹也出现短缺状况。翁为此可达到两个目的，一是解心头之恨，二是通过限制北洋海军发展削弱李的权势，使其不至威胁满族权贵地位。反观李鸿章，在海军建设经费已是不足情况下，为维护自身政治地位，赢得对部分满族大臣斗争的优势，对慈禧挪用海军建设款项修园不仅不加以劝阻，反逢迎上意，挖空心思挪用海军经费。古语有云，"君子误国，尤甚小人。"两个位列中枢的大臣以个人得失和好恶作为处理国家事务的度量衡，"自强运动"在新旧势力、新旧思想的斗争中本已举步维艰，再加上这部封建腐朽的官僚机器作祟，"自强运动"结果不难预料。

　　清朝晚期所谓同年之谊、师生之谊、满汉有别的观念对封

甲午沉思

建官僚体系运作影响颇为显著，导致政府内党派林立、满汉倾轧，在内政与外交政策制定与实施过程中各方针锋相对互不相让，常常为反对而反对。同时，慈禧在满汉之间、中央权贵与封疆大吏之间大玩所谓"平衡术"，给不少机会主义分子左右逢源的机会，使清政府对内对外政策左右摇摆，"自强运动"更无法一以贯之。

三

　　改革的关键在人才，人才的出现在制度。"学而优则仕"是古代中国读书人最具影响力的座右铭，科举制度自隋唐创立以来，历朝历代均将其作为选拔官员的根本制度，是封建政治制度最重要的组成部分。在古代，绝大多数饱读诗书之人都力图通过科举考试而进入官僚阶层甚至入阁拜相以光宗耀祖，可以说做官是当时读书人最大的理想与目标。科举考试以八股文为载体，以四书五经等古典著作为内容，考试的方式以策论为主，要求考生在答题之时引经据典代古人说话。整个考试制度决定了考生从很小就必须熟读古典著作甚至倒背如流，十年寒窗造就的中国读书人对古典思想的了解与认识颇为深刻，但是对于新兴事务的接触甚少，使得中国读书人整体都显得保守和因循守旧，对创新理念和新型事务强烈排斥。"自强运动"顺应时局要求革新，而出自科场的清朝官吏却封闭守旧，引用孔孟之道为"国门洞开"强加辩护，视自然科学为术数加以摒弃，在与日本的谈判中仍然引用诸如"大信不约"的古语拒绝与"蕞儿小邦"签订条约。科举制度造就的官吏是农业文明的产物，与工业文明完全脱节。"自强运动"的发起者与推动者都出自这个阶层，整个运动的局限性无可避免。

科举制度对于"自强运动"的影响除了上述文化层次上的，还有一层就是体制上的。科举考试的考试科目通常只与道德和政治有关，而与实用科学技术没有关联。"自强运动"中很重要的是引进西学，西学的精辟之处就在于天文算学。李鸿章、左宗棠等都意识到西学对于无论是军事、外交还是商业"自强"的重要性，并大力兴办教授西学的新式学校。但由于科举制度，新办学校在招生问题上面临很大困难，政府没有或者很少为出自新学的学生设置职位以鼓励学生学习。李鸿章曾在 1864 年向总理衙门建议在科举考试中增设新科，给有专长技术的考生一个应试高级功名的机会，但这个建议无果而终。[①]这就导致勉强进入西学学堂的学生对天文算学的重视程度也不高，这些学生仍然用大多数时间去研习四书五经等古典名著以准备科考，而只有在学有余力之时才会涉足数学、物理、化学等学科的学习。

① ［美］费正清《剑桥中国晚清史》，北京：中国社会科学出版社 1978 年版，第 582 页。

论叶志超

孙屹缘

　　孙子指出："将者，国之辅也，辅周则国必强，辅隙则国必弱。"① 直隶提督叶志超，在甲午战争中率部逃跑，成为中国战争史上典型的反面教材。就这样一位将领，为何还被朝廷任命为平壤各军总统，担负起朝鲜半岛陆路与日作战的总指挥？

　　叶志超原为淮军军官，早年跟随刘铭传镇压捻军起义，积功至总兵，赐号额图浑巴图鲁。叶志超因镇压捻军有功，得到李鸿章的赏识，选留北洋水师，其后在光绪初年，代理正定镇总兵，率练军守新城，后移防山海关。李鸿章向朝廷推荐其功绩优秀，又有智慧韬略，朝廷授予其实职。光绪十五年（1889年），叶志超被擢升为直隶提督；十七年（1891年），奉檄率军镇压热河金丹道教起义，赏穿黄马褂。从叶志超的经历中可以看出，他以军功起家，是一名久经沙场、功勋卓著的战将，但在朝鲜战场上，他却判若两人。

　　甲午战争爆发前，清军驻守朝鲜西海岸的牙山。日军为取得朝鲜陆战的首场胜利，决定围攻牙山。由于牙山易攻难守，

_____

① 《孙子兵法·谋攻篇》。

清军移师防守距牙山东北 50 里的成欢。不料这一战略转移，却成了叶志超逃跑的开始。清军在成欢与日军激战，不但未得到叶志超兵力的支援，他反而率先向北撤逃。逃跑中为了防止与日军遭遇，选择远离汉城的朝鲜东部山区，历时近一个月才到达平壤。其间清军因饥疫减员严重，叶志超非但不报实情，反而向李鸿章谎报沿途多败日军，最后还得到了朝廷的奖赏，并提升叶志超为平壤各军的总指挥。

平壤是座山城，自古以来易守难攻。隋唐时期，隋军和唐军多次败于平壤城下。中日平壤之战，可谓甲午战争在朝鲜半岛的大决战。当时驻守平壤的清军共 35 营，15000 余人；进攻平壤的日军约 16000 余人，双方兵力旗鼓相当。1894 年 9 月 15 日，战斗在三个战场同时展开：其一为大同江南岸（船桥里）战场，其二为玄武门外战场，其三为城西南战场。

在大同江南岸战场，日军第 9 混成旅团在大岛义昌少将的指挥下，首先向大同江南岸清军发起进攻。清军分兵抗拒，重创日军第 9 旅团。玄武门为日军主攻方向，由立见尚文少将的第 10 旅团（又称朔宁支队）和佐藤正大佐的第 18 联队（又称元山支队）担任主攻。高州镇总兵左宝贵登玄武门指挥，激战中，左宝贵中炮牺牲，其部下三位营官也先后阵亡，当天午后 2 时玄武门被日军攻陷。日军向城内推进，遭到清军的奋力抵抗，只得退守玄武门。在城西南战场，野津道贯亲率日本第 5 师团本队，于晨 7 时从平壤西南用炮火掩护步兵冲锋，清军马队进行反击。至中午，野津道贯见难以得手，下令暂停攻击，退回驻地。此时，军总统（总指挥）叶志超贪生怕死，在战局胶着的情况下，竟于午后 4 时树白旗停止抵抗，并下令全军撤退。

　　从以上史料可以看出，清军在平壤占居地利人和，所守三个方向除北门以外，其余两个方向均未失利。正是在日军攻城胜负难料的情况下，叶志超却选择了投降逃跑。对于这其中的原因，有的学者对此进行了探讨。1989年《安徽史学》第三期撰文《实事求是地评价平壤之役中的叶志超》认为："清军在平壤的败绩，根本原因在于清政府备战不足，仓促应战。叶志超在危险之际，力疾受命，努力组织平壤防务，在给敌人一定打击后，撤出平壤，是尽到了军人保卫祖国的责任。过去的研究，强人所难，对他责备过多，这是不公正的。"1994年，新编《肥西县志》"叶志超传"也记载道："16日，日军分路猛攻平壤，清军分路出战"，"奉军阵地崩溃，日军乘机突入玄武门"，"部将江自康擅自撤退，平壤北门已难再守。如日军合围，清军将会全军覆没。叶志超与诸将商议后，下令乘夜出平壤，向北撤退。17日，北洋舰队在大东沟海战中失败，清军后路更为危险。叶志超率军突出重围，急行军回到国内"。这些研究，一反过去对叶志超平壤之役的评价。

　　毫无疑问，平壤之战导致清廷失去整个朝鲜，失去了抵御日本的天然屏障，同时首战失利，打击了清廷军队的士气，叶志超作为平壤之战的指挥者，无可置疑负有主要责任。但是，叶志超究竟是一名"逃将"还是一名见机行事、保存有生力量的卓越军事将领呢？在其后的战争中，清军其他将领回答了这一问题。

　　在甲午战争第二阶段（从1894年9月17日至11月22日）的战役战斗中，鸭绿江江防之战和金旅之战是两场重要的大战。鸭绿江江防之战开始于10月24日，当时部署在鸭绿江北岸的清军共约28000人，宋庆为诸军总统。日军进攻部队共30000

人，双方兵力不相上下。但是，在不到 3 天内，清朝重兵近 3 万竟全线崩溃。金旅之战也开始于 10 月 24 日，至 11 月 7 日，日军分三路向大连湾进攻，大连守将赵怀业闻风溃逃，日军不战而得大连湾。当时旅顺地区清军有七统领，道员龚照玙为前敌营务处总办，有"隐帅"之称，共辖 33 个营，约 13000 人。11 月 19 日，黄仕林、赵怀业、卫汝成三统领也先后潜逃。21 日，日军向旅顺口发起总攻，次日，号称"东亚第一要塞"的旅顺陷于日军手中，日军在此制造了旅顺大屠杀惨案。旅顺口失陷后，日本海军在渤海湾获得重要的根据地，从此北洋门户洞开，战局更是急转直下。

由此可见，在清军中的像叶志超这样的将帅不止一个，而像左宝贵这样的优秀将领也不乏其人，但却得不到重用。当朝廷任命叶志超为平壤各军总统时，"一军皆惊"，大大挫伤了清军的士气。叶志超担当此任后，不亲自组织侦察获取情报，反而依靠天津的电报通报决策。这对一位身居前线的将帅来说，不能不说是一件怪事。战场敌情不明，其战守部署自然不切实际。特别当听说日军来袭时，他便惊惶失措，率先逃跑。为什么像叶志超这样的败将却得到任命？

首先，清军用人制度的缺陷造成了一批庸将。清军随着八旗和绿营的败落，八旗制度渐渐退出历史舞台，以曾国藩为首的湘军和以李鸿章为首的淮军便成为清廷的主要靠山。它们在镇压农民起义的战争中立下了头功，也涌现了一大批像叶志超这样的将领。但在其后的清军建设中，随着湘军的解散，淮军骨干力量就成为清军提拔的主要对象，自然这与李鸿章对清军的绝对掌控有关。此时，清军的用人制度，以荐举为主，叶志超正是得到李鸿章的推荐才得以提拔。叶志超战败之后，朝廷

"夺志超职，鸿章请留营效力，弗许"。① 由此可见，李鸿章这种不讲原则的求情，完全基于个人的好恶。归根结底，还是他的淮军情结在作怪，这就造成了清军中集团利益大行其道，大量优秀的将帅得不到提拔重用局面的出现。在此之下，李鸿章却多次感叹军中"后继乏才"，实际上不在于军中有无人才，而在于军中的淮军将领渐渐老去，无人再提拔，这不能不说是清军人事制度的重大缺陷，造成了甲午战争中"庸将"辈出的窘境。

其次，将帅个人的战斗精神的丧失，是类似叶志超这样的将领在甲午战争中判若两人的重要原因。叶志超入朝作战，已年过半百，这与他在镇压捻军时的精、气、神相比，已不能同日而语。这从他当时入朝的心态就可以看出："二十年，朝鲜乞师，鸿章令选练军千五百，率太原总兵聂士成顿牙山。志超迟留不进，鸿章责之，不得已启行。"② 叶志超入朝，是在不得已的情况下勉强成行。如果他与聂士成、左宝贵一样，有一种拼死作战的决心，朝鲜的战局决不会败得如此之快。可见，当一名将帅丧失了战斗精神，即使他过去立过战功，也不能弥补其精神上的重大缺陷，其后他指挥作战的能力也会大打折扣，未战先败的结局也将成为必然。

再次，叶志超在甲午战争中的败绩，不是个别现象，清廷整体的颓势和腐败已波及到社会的方方面面。为整修颐和园为慈禧太后祝寿，政府官员可私自挪用海军经费。在战场上，像叶志超这样的统帅，可胆大妄为地虚报军功，求得奖赏。更为

① 赵尔巽《清史稿》，卷四百六十二，列传二百四十九。
② 赵尔巽《清史稿》，卷四百六十二，列传二百四十九。

严重的是，见敌就跑的他，在战局稍稍稳定的情况下，却不忘"日置酒高会"，进行享乐。而他的部下，却要对其监视，以防逃跑。古人说，千军易得，一将难求。任命一个不愿打仗的将领率兵打仗，要想求得战争的胜利谈何容易。

在甲午战争过去 120 年后的今天，在新的历史条件下我们反思这场战争，就像面对一个多棱镜，虽然看到的反射光各不同，但每一条所折射的信息，都将引起我们的深思。

心无忧患，国恒亡

李冬伟

　　岁逢甲午，国殇难抑。120 年前的那个甲午，战争的失败带给我们的不仅是深重的历史灾难，更是空前的民族屈辱。从物质的掠夺到精神的羞辱，甲午战败一方面宣告了清政府苦心经营数十年的"洋务运动"彻底失败，另一方面也使中国社会彻底失去了通过"自上而下"的改良追赶西方的可能，中华民族由此陷入了"精华已竭，膏血俱尽，坐而垂毙"的亡国灭种危局。

　　战争失败的原因复杂多样，但有一个原因是无论如何也不应该被忽视的——情报失误。清政府在情报工作上的失误充斥着甲午战争的整个进程：从战争开始前的威胁判断和力量对比，到战争开始以后敌方兵力的部署配置，乃至战争结束时的谈判交锋，清政府招招滞后，处处被动。因为情报工作的失误，上至清政府的核心领导层无法料敌机先，做出正确的战略决策；下至战争和战役指挥者无法掌握日军动向和实力，做到有的放矢。相反，由于自己保密不力，加之日本情报工作细致缜密，清军一举一动皆在敌人掌握之中。情报工作的优劣、得失、高下，直接导致了甲午战争对日单向透明的战场态势。最终，浑浑噩噩、糊里糊涂的清政府迎来的只能是失败和耻辱。

从情报的角度来看，清政府的失误之处表现在以下几个方面。

一、战争威胁判断失误，导致战争准备不足。早在 1855 年，日本改革派思想家吉田松阴就曾主张："一旦军舰大炮稍微充实，便当开拓虾夷，晓谕琉球，使之会同朝觐；责难朝鲜，使之纳币进贡；割南满之地，收台湾、吕宋之岛，占领整个中国，君临印度。"吉田的这一思想对其弟子——高杉晋作、木户孝允、伊藤博文和山县有朋等产生了深远影响。明治维新开始后，日本逐步确定了对外侵略扩张的大陆政策。田中义一在奏折中称："明治大帝遗策是第一期征服台湾，第二期征服朝鲜，第三期征服满蒙，第四期征服支那，第五期征服世界。"1887 年，日本政府正式制定《清国征讨方略》，决定在 1892 年前完成对华作战的准备。日本的侵略野心虽然得到了清政府一些有识之士的重视，但由于缺乏最基本的对日情报搜集，大部分朝廷政要并未认识到明治维新之后日本发生的巨大变化，对日本的认识仍停留在"蕞尔小邦"的阶段。清政府国防重臣李鸿章深信以清政府现有力量足以抑制日本的野心，进而认为"倭人为远患而非近忧"。这就不难理解，为何在日本倾全国之力扩军备战时，清政府反而削减军费预算放松国防建设，自 1888 年北洋舰队成军后，北洋舰队再未增添一艘新舰。此外，清政府还以财政紧张为由，于 1891 年停止拨付海军的器械弹药经费。中国就是在这样一种不清醒的状态下，迎来了一场命运攸关的战争。相较之下，日本早在开战之前就充分做好了各种战争准备。例如，由于没有必胜的把握，开战之前，日本大本营制定了三种作战方案，充分考虑了战争演变的各种可能。方案一：歼灭北洋舰队夺取制海权，则与清军在直隶平原决战；方案二：未能歼灭对方舰队，不能独掌制海权，则只以陆军开进朝鲜；方案三：海战失利，联合舰队损失沉重，制海权为北洋舰队夺得，则以陆军主力驻守日本，等待中国军队登陆来袭。这三套方案皆围绕决定战争胜负的核心——"制海权"而进行，并充分考虑了各种情况下日本的应对之策，准备不可谓不充分。

二、战争爆发后，既不"知彼"也不"知己"，导致战场节节败退。两千多年前中国古代兵圣孙子就曾说过："知彼知己者，百战不殆；不知彼而知己，一胜一负；不知彼不知己，每战必殆。"甲午战争时期，清政府在对日情报搜集几无斩获的情况下，甚至都无法做到对己方军事行动和作战情报的准确掌握。清军中一些官僚为了自身利益而谎报军情，致使清政府无法准确掌握己方战场态势。例如，叶志超在成欢之战后，谎报战况，清政府因此而盲目乐观，于8月1日对日宣战。因为战场畏敌，1894年7月28日，清军骑探把逼近朝鲜素沙场的日军大岛义昌混成旅团4千余人夸大为"众约3万"，致使战争统率无法做出正确的决策指挥。与清政府截然相反，日本早在战争开始前数十年就已秘密开展对华情报搜集工作，不断向中国派遣各类间谍，并在中国建立了诸如东洋学馆、日清贸易研究所、乐善堂等间谍机构。这些日本间谍穿着中国服装，操持流利汉语，假扮成游学者、商贩、僧人、农民、船夫、乞丐等各种身份的中国人，侦察搜集政治、军事、经济、文化、地理和风土人情等情报。1892年，日清贸易研究所编印出版《清国通商总览》，全书3卷2300余页，被誉为当时"向全世界介绍中国及中国人实际情况之最好文献"。战争爆发后，日本利用战前做好的情报布局，取得了三大项关系战争胜负的重要成果：一是侦察获得了清政府军机处的相关情报，二是搞到了"高升"号运兵船向朝鲜运兵的具体日期，三是弄清了北洋舰队 14 艘军舰开赴朝鲜的具体日程。情报的失误和匮乏，使得清政府从战争伊始就陷于被动，只能疲于应对。

三、情报利用效率低下，反情报意识淡薄。清政府情报工作的失误不仅表现在情报搜集方面，还表现在情报利用效率不高、充满随意性等方面。这使得清政府即使获得了一些重要的情报，也常常因为被夹杂在纷至沓来的电报中而得不到重视，无法发挥应有的情报效用。在丰岛海战之前，北洋舰队得到"倭舰将要来截"的情报后，丁汝昌电请李鸿章"率我海军大队继发接应"，以防日舰偷袭。然而，李鸿章由于盲目迷信日本会遵守"万国公例"，认为日本不会偷袭中国的护航舰船和运兵船，没有采信"倭舰将要来截"的情报。最终，日本不宣而战，中国舰船"济远"号和"广乙"号在丰岛海战中惨遭日本偷袭。1895 年 1 月 15 日，山东登来青道刘含芳获知日军登陆相关情报后，便电告李鸿章："闻日兵将由成山登陆。"然而，李鸿章将此情上报朝廷后却没有受到应有重视，没有做出任何防备。1 月 20 日，日军顺利在成山登陆，致使北洋舰队腹背受敌，最终难逃失败的厄运。除去重要情报难以发挥应有作用之外，清政府从上到下都十分缺乏反情报意识。在上层，清政府统治者战前"上骄下慢"，认为日本的"大陆浪人"和间谍都是"鸡鸣狗盗之徒"。战争开始后，清军将领反情报、反侦察意识淡薄，基本没有采取任何有效行动遏制日军的侦察活动，任由日军侦察。例如，日军在成山登陆前，派出间谍轻易就获取了清军在威海、成山的防卫部署；日军侦察土城子和旅顺后路炮台时，清军明知日军从土城子、水师营而来，却无法采取有效的反情报措施阻止日军情报侦察。

清政府在情报领域的失败，注定了清军在战场上的失败。与日本相比，清政府情报的失败不仅在于情报侦察手段的落后，也不止于人员素质的低下，更重要的是情报意识的缺乏。如果说侦察手段的落后使清政府较难侦获有价值的情报，人员素质的低下使得有价值情报难以发挥应有的作用，那么情报意识的缺乏则使得清政府上下不知情报为何物，漠视情报在战争过程中的作用。手段落后是技术落后的结果，素质低下是教育低下的结果，意识缺乏则是精神萎靡的结果。技术落后可以通过学习追赶，教育低下可以通过变革提升，精神萎靡则只能进行自我觉醒。然而，清王朝一直在沉睡，即使在经历过两次鸦片战争、中法战争，签订《南京条约》、《望厦条约》、《天津条约》和《北京条约》等诸多不平等条约之后，清王朝仍然没有觉醒。直到甲午战争爆发前，面对日本明显的扩张意图和侵略举动，清政府依然盲目自大，自信满满。1879年，李鸿章对力主干涉日本在琉球废藩置县的丁汝昌说："日本国帑不足，国债繁大，旧族因废藩而思乱，向有所闻。察其军费，清国之兵力应之乃绰绰有余。"1886年长崎发生水兵骚乱事件后，李鸿章"一时怒起"，对日本驻天津领事波多野说："现今就开战争亦非难事，在贵国之我兵船船体铳炮坚硬，可自由开战！"

精神深处的懈怠和萎靡使得清政府身处危境却不自知，全无忧患意识，最终只能在臆想的"天朝上国"中等待死亡。心无忧患，国恒亡。甲午战争带来的教训是深刻的，也是痛苦的，然而这些教训却早在两千多年前就已被司马穰苴明白指出：

"故国虽大，好战必亡；天下虽安，忘战必危。"清王朝如何会在古代先贤警世恒言的教诲之下重蹈"生于忧患，死于安乐"的历史覆辙，这也许更值得当下长期身处和平环境的国人进行深入思考。

从"联日"到"防日"

张　明

李鸿章长期主持清政府近代洋务及外交工作。甲午战争之前他对日本的判断极大地影响了清廷对日本的外交走向和战争准备。

李鸿章究竟在何时开始接触日本人已经无从考证，但应该是清廷中较早开始关注日本的。早在 1863 年（同治二年）李鸿章在其致曾国藩信中谈到其对日本的看法。李鸿章当时敏锐地察觉到，日本虽为一个小国，但在采用西式舰船武器后，居然能与打败过中国的英、法等国相抗衡。李鸿章以此说明变计图强的重要性，激励清政府加紧变革。但其对日关系上还有两个基本判断：一是从长远看日本将是中国的威胁，二是从近期看日本与英、法等西方国家是相互对立的国家，而西方列强又是中国数千年来未有之强敌。敌人的敌人应该可以拉为朋友的理念在李鸿章内心深处泛起一丝涟漪，中国应实行"联日"的政策。

1870 年李鸿章出任直隶总督兼任北洋通商大臣，历史将其推向前台，使其有机会实施他的战略构想。宛如宿命的注定，其第一个外交对象，恰恰就是与中国一衣带水的东邻——日本。

1870 年日本派柳原前光前来中国欲建立现代外交关系，李鸿章以"可联为外援，勿使西人倚为外府"为由积极主张"联合"日本。李鸿章针对清廷的顾虑，提出日本离我们太近，如果笼络过来可以为我所用，如果拒绝它必然会视我为仇敌。李的战略意图是，一方面希望用条约的形式和日本"联合"，以防止日本对中国的非分之想，防止在清廷的掖肘之地再树一强敌，同时也防止日本倒向西方阵营侵略中国。然而日本来华签约并非真的为友好，其真实目的有二：一是谋得与清帝同等地位，进而以上国身份与朝鲜交涉。二是期待援引"利益均沾"原则，① 希望不通过战争就能获得西方列强在华的不平等条约中获得的利益。李鸿章据理力争，积极斡旋，终于双方签订了第一个较为平等的中日《修好条约》。虽然形式上以法律名义达到了避免侵略中国，联合互助，但随着清王朝的国力日衰，这种想法更多的是一厢情愿。就在李鸿章沉浸在缔约成功的气氛中时，日本政府却因为缔约没有达到先前期望的利益而要求与清政府改约，并开始进行入侵台湾、琉球的军事准备。

此时的李鸿章过于相信日本政府，过于迷信国际公法和条约的约束力，在对日的战略判断上出现较大的失误。1874 年日本以渔民被杀为由出兵台湾，当日本即将出兵台湾的情报送到李鸿章手中之时，李却按常理衡量日本，觉得各国出兵一定会事先下战书的，何况日本刚与中国正式缔结了友好和约，怎么会因为一个台湾少数部族杀害几个琉球人不先行沟通就大动干戈呢？当日军登陆台湾之实被确认后，李鸿章对日本的野心才

---

① "利益均沾"原则：一国与华签订条约获得的特权，清政府本着一视同仁的态度，其他列强也可获得相应的待遇。

开始警觉。他建议清廷加强东南海防，调集万名清军赴台，加强台湾的军事实力，但却迟迟不愿放弃对日幻想。他指示沈葆桢只管扎营操练，千万不要主动挑衅。在日军进攻受挫、骑虎难下的时候，北京的总理衙门却在李鸿章的影响下与大久保利通签订《北京专条》。《北京专条》是一项十分屈辱的条约，该约承认高山族人所杀琉球船民为"日本国属民"，承认日本出兵侵台为"保民义举"，等于默认了琉球为日本的领地，还以抚恤被害难民、留用日本所修道路房屋等名义付给日本白银50万两。当时日本的近代化刚刚起步，国内混乱，羽翼未丰，假如中国放开与之一战，琉球问题、朝鲜问题乃至近代中日关系的走向，当不是今天的情景，然而历史没有假设。

清政府和李鸿章的妥协退让没有换来日本的积极配合，反而更加刺激了日本对外扩张的野心。1879年（明治十二年），日本趁法国入侵越南、沙皇俄国重兵压境图占伊犁之际，废琉球王室，改琉球国为冲绳县。此时李鸿章已从日本人一而再再而三的落井下石与得势不让人的霸道中，清醒地认识到日本的侵略性，并认定日本终究为中国之患，"联日"幻想彻底破灭。此后，李鸿章真正开始为防范日本进行军事准备，向西方大量购买先进舰艇，中国的海防建设从此进入一个新的阶段。

另外，李鸿章自琉球案开始意识到，朝鲜必将是日本下一个侵略目标。于是从维护中朝宗藩关系，尤其是中国的国防安全出发，李鸿章采取一系列措施防范日本对朝鲜的侵占与渗透。首要的就是在其积极劝说下朝鲜政府与英、美、德、法签订通商条约，利用西方势力在朝鲜形成制衡俄、日的均势局面。但李想通过外交手段压住日本，确实是完全低估了日本的野心和胆量。

  1882 年朝鲜发生反日反封建的"壬午兵变",日本趁机出兵强迫朝鲜签订了《济物浦条约》。通过此条约日本不仅扩大了在朝鲜的经济侵略和政治影响,更重要的是日本通过此条约获得了和清政府一样的在朝鲜驻兵的权利。1883 年中法战争爆发,当 1884 年战局对清政府不利的时候,日本趁机唆使朝鲜的开化党发动"甲申政变",企图通过开化党的政变加强在朝鲜的势力。李鸿章对日本的野心早有防范,他一方面电令驻日公使设法平息日本的干涉,一面向总理衙门上书陈述朝鲜地缘战略地位对清政府的重要性,主张出兵朝鲜平定政变,防止日本在朝鲜的扩张。而此次清政府上下也表现出了较高的决策和执行效率,快速出兵平息了的政变,未造成事态的扩大。但日本还是与朝鲜签署了《日韩汉城条约》,并在随后的与清政府的谈判中,软磨硬泡签订了《天津条约》,为后来的出兵朝鲜提供了法律依据。

  在政治外交层面防范日本的同时,李鸿章经过多年的苦心经营,在军事准备上取得巨大进展。1890 年北洋海军的"八大远"(定远、镇远、济远、致远、靖远、经远、来远、平远)的主力格局正式形成。再加上原有的"超勇"、"扬威"两艘撞击巡洋舰和各式炮艇、练习船、鱼雷艇,李鸿章终于经营出了一支亚洲第一的舰队。同时,威海、旅顺、大连的海防工程和海军后勤保障设施也已相对完善。可以说,当时的李鸿章手中握有如此实力的王牌,对日博弈上自然多了几分把握。为进一步威慑日本,1892 年 6 月,李鸿章命北洋海军提督丁汝昌率铁甲舰"定远"号、"镇远"号等 6 艘军舰访问日本,再次炫耀铁甲巨舰的威容。然而此次访问极大地刺激了日本发展海军的决心,日本上至天皇下至普通民众,纷纷捐钱造舰,打造一支抗衡北洋水师的舰队。而反观清政府在海军建设上则止步不前，至甲午战争爆发前，日本海上实力已经超过大清。

综上所述，甲午战争前李鸿章在对日本的认识和判断上，由初期的想"联合"逐渐演变为"防范"。当日本出兵台湾、吞并琉球后，李鸿章认识到了日本的野心，加紧了对日的军事准备。应该说，李鸿章在当时的条件下对日本的威胁判断是较为清醒的，而且是难能可贵的，为当时中国防范日本、加强海防建设，提供了重要的依据和指导。然而威胁的判断仅是制定战略的前提，由于种种原因，甲午战争前清政府一直未能制定出明确的对日战略，并在现实的对日博弈中屡屡失策，贻误战机。剑不如人，剑法也不如人，外强中干的清王朝军队如摧枯拉朽之势，败于"蕞尔小国"也就不足为奇了。

甲午战前中日装备技术引进比较研究

张有凤　高建伟

　　中日两国的军事近代化，都是在 19 世纪下半叶，遭受西方军事侵略的情况下被迫起步的，两国也因此开始探索通过引进西方先进装备技术从而实现强兵之路。但是仅仅在 40 年之后，日本在甲午战争中战胜了清朝，一跃成为东亚霸主，而中国则陷入半殖民地半封建的泥潭。同样是引进西方的装备技术，由于两国采取了不同的自强道路，随之产生了截然相反的效果。深入研究比较中日两国装备技术引进的异同点，总结其经验教训，对当前我国军队现代化改革具有重要的理论和现实意义。

一、甲午战前中日装备技术引进战略之异同

　　装备技术引进战略的核心是对装备技术引进目标及道路的选择。中日在装备技术引进目标及道路选择上存在很大的差异，这也是导致后来甲午海战不同结局的重要原因之一。

甲午沉思

（一）在装备技术引进指导思想上

清朝洋务派发起的洋务运动是在"中体西用"的框架下进行的，其核心指导思想是"师夷长技以制夷"，即希望通过学习西方的技术来达到制服敌人的目的。他们认为，只要拥有了和西方同样的军事装备，军事实力就自然变得强大。如李鸿章看到西方"轮船电报之速，瞬息千里，军器机事之精，功力百倍"，就急切地希望通过购买西方的武器装备达到"自强"，以维护清政府的统治。可见，清朝的洋务派仅仅看到了西方入侵者的"船坚炮利"，将注意力仅放在武器装备的改进上。反观日本，其对军事变革着眼点的认识则要深刻得多，一开始就将其定位在对军事制度的调整上。在改革军事制度的基础上，提出学习西方先进技术，"迅速建设现代化海军"的主张，如日本学习西方建立了完备的征兵制度，对指挥体制、编制体制等方面进行改革。德国"铁血宰相"俾斯麦曾分别接待过中国和日本两个代表团，他深刻地指出，中国和日本的竞争，日本必胜，中国必败。原因是，日本到欧洲来的人，讨论各种学术，讲究政治原理，谋回国做根本的改造。

（二）在装备技术引进战略目标的定位上

清朝筹办海防的主要目的是"自强"、"御侮"、"欲与洋人争衡"，旨在通过购买和仿造的捷径达到强兵，"以利禄驱众"来带动向西方引进大量装备，维护王朝的封建统治。在战略上缺少引进消化吸收创新的思想观念，因此到甲午战争前几十年里，并未真正掌握欧洲先进的武器装备技术。而日本，虽然国家财力单薄，但是明治政府在购买欧美各国的近代化装备技术过程中，从长远利益出发，以提高本国自主创新能力为核心，立足于发展本国的武器工业，努力实现国产化。19 世纪末，日本在许多科技领域内，已经成为能与西方列强比肩的后起之秀，可见，日本独立创新的能力远远强于清朝。事实证明，没有正确的装备技术引进战略目标，最终的引进必然归于失败。

（三）在装备技术引进道路的选择上

装备发展道路一般分为依赖国外型、完全独立型和两条腿走路型。甲午战争前，清政府的装备发展道路属于依赖国外型，其装备技术引进走得是购买和仿制的道路，没有将自主创新与技术引进结合起来，与之配套的人才储备、技术储备以及先进工艺、管理方法的引进也没有跟上。尽管洋务派也曾经先后创设福州船政局和江南制造局，分别向法国、美国购买机器，聘请外国的工程人员前往指导，企图自行制造新式的轮船和枪炮，可是结果并不理想。由于国内工业基础薄弱，形势紧迫，自制的装备不但造价昂贵，而且质量也不过关，无法与洋人制造相比，最后仍须向外国采购。而日本则不同，他们将装备技术引进与自主创新结合起来，在后期，则更加注重引进的装备技术与国内的军工生产能力相适应、相衔接，以实现在最短时间内实现国产化和自主生产能力。

二、甲午战前中日装备技术引进体制机制之异同

装备技术引进体制机制顺畅与否是决定装备技术引进成败

的关键。中日两国在装备技术引进体制机制上存在很大的差异，从而导致装备技术的引进产生不同效果，对战争的结局具有重要的影响。

（一）在装备技术引进领导组织体系上

近代中国海军装备建设一开始并不由中央政府整体筹划，而是由沿海的江浙闽粤四省分别负责。直到中法战争之后，清政府才在中央成立一个海军衙门，来领导全国的海军事务，但海军衙门基本上是中国旧式封建衙门管理的延续。衙门中的清朝贵族，从大臣到章京，无一人专职办理海军事务（全部为兼职），无隶属关系、职能不明确，无一人出身海军或精通海军，海军专业知识和业务指导能力十分匮乏。而负责北洋海军建设的李鸿章是直隶总督，外兼北洋大臣督办海防事务，但从不曾入军机中枢，根本无法领导海军装备的全面建设。各派系从自身利益出发，通过多种渠道，盲目引进，浪费了大量的资源，购买的武器装备的国别、种类、规格繁多且新旧混杂，给战斗行动、弹药补给、装备维修等带来极大困难。而日本成立的海军省，军政军令职能划分明确，建立了精干高效的装备技术引进体制，能够统筹规划装备技术引进的重点项目和长远目标，同时，负责装备采办的人员专业技术精通，对装备的现状及发展趋势较为了解，避免了采办的随意性，在节约国家钱财的基础上，还能够将最先进的技术引进国内，大大提高了装备技术引进的效益。

（二）在装备技术引进管理体制上

清朝实际上采用的仍是军民分离的技术引进体制，其装备技术引进的主体是"官督商办"的官办企业，这些官办企业分属不同利益集团，垄断着几乎全部的装备技术引进。"官督商办"主张扶持与控制并举，其实质就是官办，引进装备只有政府的推动力，而没有民族企业的牵引力，导致装备引进缺乏持续性，同时加剧了引进装备的急功近利行为。洋务运动期间，民族企业发展踌躇不前，其重要的原因是官办企业的垄断，民族企业无法参与到平等的军工生产中来。而日本采用寓军于民的技术引进体制，建立了以民企为主要力量的技术引进吸收和再创新体系。在技术引进中，民企是投入资金和研究开发、技术引进吸收和改良的主力，在政府的扶植下，建立起以私营民企为主的军事工业，不设立专门从事武器装备生产兵工厂。比如在"金刚"号舰船建造过程中，川崎造船厂、长崎造船厂都派出了工程技术人员赴英学习，随后"榛名"号和"雾岛"号的建造演变成了一场"竞赛活动"。

（三）在装备技术引进机制上

在向西方学习的过程中，建立本土同外来文化的兼容机制显得非常重要。清朝在技术引进上，并没有建立与国内生产能力相适应的消化吸收再创新的衔接机制。当时，中国的军工企业尚未形成独立体系，基础薄弱，且多属于官办企业，缺乏创新性，因此，很难实现对技术引进后的消化吸收再创新，其仿造的武器装备质量低劣，很难在实战中发挥作用。大东沟海战期间，清朝海军基地和军舰弹药舱里大多是天津机械局生产的带有质量缺陷的开花弹，以及不能爆炸的实心弹。而日本却逐步建立了一套与技术引进相适应的国内自主创新的生产体系，虽然没有像"定远"、"镇远"那样排水量7000多吨级的军舰，但日本参战舰艇中 1000 吨以上的军舰共计 21 艘，日本国内建造的占 10 艘，国产化比例接近一半，其中的"西京丸"号代用巡洋舰系日本自造商船改装而成，排水量达 4100 吨。

三、甲午战前中日装备技术引进内容措施之异同

甲午海战前，中日两国在装备技术引进的政策制度上也存在较大的差异，中国的政策制度较之日本明显缺乏活力，因此，导致中国在装备技术引进创新发展上便大大落后于日本。

（一）在装备技术引进内容上

在装备技术引进内容上，清朝遵循"中体西用"的思想，仅限于对西方武器装备的购买和仿制，没有从根本上学习和引进西方的军事思想、军事制度和作战理念，因此即使拥有先进的装备技术在旧的封建体制框架下并没有形成强大的战斗力，在具体引进过程，注重单个武器装备的引进，而没有成体系、系列、成配套的引进装备，导致武器装备没有形成整体作战能力。而日本提出的"和魂洋才"思想，既能保持民族原有的一些精神准则和道德规范，又能在"洋才"的规范下，大力汲取西方政治、经济、思想文化方面适合日本需要的技术设备和制度、政策，以推进日本近代变革的全面发展。在具体引进内容上，不是只限于单个装备，而是以形成自主创新能力为核心，有针对性地引进装备，使其装备技术引进与国内工业生产能力相适应，从而实现装备生产的国产化。

（二）在装备技术引进措施上

清朝在引进装备技术时，主要采取以下几种措施：一是引进主战装备。如在洋务运动的军事改革中，李鸿章提出引进"制器之器"；二是引进装备技术人才。李鸿章提出要引进"制器之人"，在洋务企业中和军队中聘用洋技师和洋监督。三是设立兵工企业仿制西方武器。洋务运动期间，中国开设了近30个兵工企业，这些企业主要是仿造西方的武器装备。以上措施在装备引进技术上起到了积极作用，但对促进国内装备技术自主创新能力上作用有限。而日本在引进措施上，一是立足于本国现有资源和材料，利用引进技术实现国产化。例如，日本借鉴意大利青铜式火炮技术，利用国内丰富的铜材制造七厘米山野炮，并在两年半的时间完成了全军野战炮兵部队的装备更新。二是注重技术引进的消化吸收再创新。1893年，日本火药技师在德国人制造出的"苦味酸"炸药的基础上进行创新，成功制作出实用意义上的"苦味酸"炮弹，可对舰艇表面造成极大损伤和破坏。三是重视装备技术人才的培养。明治维新期间，日本，采取"走出去"和"请进来"的方法，培养了一大批装备技术人才。

（三）在装备技术引进制度上

在装备技术引进决策制度上，清朝首先要经过总理衙门讨论，其次出百官会议合议，最后汇报给慈禧太后定夺，这样一个决策往往拖延几个月才能做出。如1874年开始的"海防"大讨论持续了将近6年，致使中国近代海军发展受到严重影响。

而日本，由国务院（内阁）商议并决定国家政治、军事、经济等方面的计划和规划，统一领导实施具体的方针政策，确保了各项工作落实到位，避免了各方势力的争吵和内耗，提高了决策的实效性。在企业的管理制度上，清廷在创办闽沪船厂时，推行了一套奇特的调拨制度，即国家调走船厂自己制造的军舰而不给予补贴，而且还规定各厂不得私自接造民船盈利，这种落后的计划调拨制度使造船成本居高不下，造成国产造船工业逐渐萎缩。而日本则以民营企业为主体，在政策、税收、财政补贴上，采取很多优惠措施，并从制度上加以保证，如日本积极鼓励地方企业参与军工生产与竞争，给予地方企业一定的财政补贴和税收优惠，营造公平的竞争氛围，建立技术引进竞争机制，努力提高民营企业的主动性和创造性，以实现装备技术引进的创新发展。

专题四　大国博弈

打"狡狯外交牌"运筹日俄英关系

杜富祥

国运的沉浮离不开外交的角力。中日甲午战争爆发前夕，面对英俄在远东对峙的复杂情势，日本为实施其既定的侵略计划，玩弄狡狯手段，极力周旋于英俄两国之间。外务大臣陆奥宗光等人谎话连篇、左右逢源，费尽心机运筹日英俄三角关系，开展其预谋战争的"陆奥外交"。

打"朝鲜独立牌"，借谎言稳住俄国

日俄间存在根本利益冲突，关系极为微妙。日本视俄国为最大假想敌，甚至有与之较量一番的冲动。然而，出于现实考量，日本选择避强击弱的策略，决定先将侵略矛头指向中国，而对俄国采取"隐忍"态度，通过外交渠道稳住俄政府。

1894 年 6 月，日本向朝鲜调兵遣将，俄政府对此深感不安。为掩藏真实企图，陆奥宗光向俄驻日公使希特罗渥保证：日本派兵只为保护在朝侨民以及日本公使馆、领事馆人员生命和财产安全。同时，陆奥宗光尽其诬蔑之能事，诱导俄外交人员将视线转向中国。陆奥宗光宣称，清军不会满足于对朝鲜暴动的镇压，而可能留驻朝鲜，控制朝鲜，因此日本要派兵监视清军行动。

然而，随着日本陆续增兵入朝，俄国忧虑之感有增无减，抱怨日本在做出重要决定时未预先通报俄方。对此，陆奥宗光挖空心思地转移话题，将话锋转向中国。他向希特罗渥指出，清政府"背信弃义"，仍想维持对朝鲜的"宗主权"。他还言不由衷地表示，日本并不想占有朝鲜，并准备随时与清军同时撤军。希特罗渥信以为真，向国内汇报称：即使没有第三方面的调停，战争或者也可避免。于是，陆奥宗光凭借谎言在日本出兵朝鲜问题上暂时稳住了俄国。

6月底，鉴于日本一再拒绝与中国同时从朝鲜撤军，俄国再度向日本施压。为此，陆奥宗光和伊藤博文向俄外交人员"唱双簧"。陆奥宗光坚称朝鲜骚乱并未平息，伊藤博文则强调，日本旨在帮助朝鲜实际脱离中国而独立，只要朝鲜政府保证实施必要改革，清政府保证不再干涉朝鲜，日军和清军将同时撤离。此外，针对俄罗斯欲插足朝鲜的野心，日方投其所好，故意宣称其目标旨在除去中国"宗主权"这一障碍。"朝鲜独立牌"正中俄方下怀，俄方再度相信日方的弥天大谎。

在日本驻朝公使向朝鲜政府提出限期改革内政案之后，俄方对日本虚假的口头承诺越来越怀疑，并向日本政府提出"任何让与，如果违背独立的朝鲜政府所签订的条约，均为无效"。陆奥宗光故伎重施，继续以谎言应付俄方的警告，陆奥宗光承诺"日本的要求并不违背朝鲜的独立"。在中日甲午战争爆发前夕，日本反复利用"朝鲜独立牌"稳住了俄方。

打"俄国牌","将英国政府拉向我们一边"

为维护英国在远东地区的既得利益，英国对雄心勃勃的俄国一直格外警惕，可谓"谈俄色变"。中日甲午战争之前，出于"防俄"的考虑，英国政府也曾尽力调停中日冲突，避免俄国南下冲击或挑战英国的利益。但陆奥宗光利用打"俄国牌"的外交策略搅乱了英国的调停努力，并竭尽所能"将英国政府拉向我们一边"。"将英国政府拉向我们一边"，反映了当时日本外交策略思想的基本观点。实际上，日英俄三角关系并非等边状态，日俄存在根本利益冲突，关系相对疏远。而日英有着共同的利益，关系相对接近。但日方认为，为发动侵略战争，日英关系接近还远远不够，必须"将英国政府拉向我们一边"。

6月13日，英外交大臣金伯利约见日驻英公使青木周藏，认为日军久驻朝鲜易生纠葛。陆奥宗光透过青木回应称：若无须驻兵，日本将立即撤军，但目前尚未收到贼军溃败的确切消息。不久，纷至沓来的报告表明日本正积极备战，陆奥宗光的谎言不攻自破，于是，金伯利通过驻日代理公使巴健特向日方提出"善意的"警告：日方固执己见的态度可能会导致严重的后果，引起与清政府的激烈冲突，只会让俄国坐收渔人之利。陆奥宗光假惺惺回应称：由于清政府拒绝日方建议，日方无法再做任何努力，但若清政府提出在"朝鲜独立"的基础上谈判，并保证朝鲜政治安定，日本愿意予以考虑。陆奥宗光的花言巧语果然奏效，英国政府反过来劝说清政府保持调和态度。

实际上，为使英国的远东政策向日本倾斜，陆奥宗光采取釜底抽薪的策略，动作频频。一方面，针对英国政界的"恐俄心理"，极力渲染俄国的干涉势头。陆奥宗光看准了英方的"惧俄"心理，在"防俄"问题上大做文章。他指示青木周藏到英外交部劝诱，大肆渲染"阻止俄国人南犯"的问题，鼓吹只有让日本参加保护朝鲜，才能以军事实力阻挡俄国的南犯。另一方面，利用"狡狯手段"争取英国对日本的同情，甚至以贿赂之手法收买英国官员和媒体，以制造有利于日本的舆论氛围。日本种种狡狯的行为促使英国舆论倒向日方，动摇了英政府调停中日冲突的决心。而对于英国尔后提出的中日在朝鲜划区占领的建议，日本政府却找各种借口一拖再拖，不予回应。英国的远东政策在一张张"谎言牌"的影响下最终向日本倾斜。

回顾陆奥宗光等人运筹日俄英关系的动作，我们不难发现，"陆奥外交"最大的特点就是"两面三刀、欺哄蒙骗"。日本从外务大臣到驻外公使都是谎言家和阴谋家，他们以狡狯手段展开凌厉的外交攻势，在日俄英三角关系中"应付自如"。当然，这种狡狯手段对我们当前的外交工作而言并不可取。但反观中俄英三角关系，清王朝在外交政策上并没有统一而周密的计划，也未能从战略的高度运筹大国外交关系，时而求英、时而求俄，摇摆不定、步履维艰，反而失去可以借重的外交支持。当然，我们也应清醒认识到，任何时候，指望外国或国际组织斡旋，或充当裁判，主持公道，维护重大利益，是非常不现实的，只有强国强军才能有效维护自身利益，打击侵略者的嚣张气焰。

透视甲午战争中 "北极熊" 的战略野心

赵春英

　　恩格斯曾经一针见血地指出："我认为，中日战争是把日本作为工具的俄国政府挑拨起来的。"我们在叹服恩格斯深邃的洞察力和精准的判断力的同时，尝试从不同角度剖析沙皇俄国挑起事端，纵容日本政府发动侵略战争的企图，以史为鉴，以明今事。

一、西进受挫，东进扩张，觊觎东北亚的 出海口和领土

　　俄国是横跨欧亚大陆的国家，虽然它 80% 领土处于亚洲，但政治、经济、文化、人口重心却在欧洲，所以俄国对欧洲向来有着特殊的情结，融入西方社会是俄国一直梦寐以求的目标，特别是在每一个历史变动时期，每一个关键变革时刻，每一个重大转折时候，总会以欧洲为参照系来思考国家的命运和战略选择。

　　然而现实却是，西方列强始终不断对其打压遏制，东方亚洲诸国也一直对其严以防范，用"在东西夹缝中求生存"来形容俄国的生存、发展环境，一点也不为过。一方面，在不同历史时期，特别是近现代，以西班牙、葡萄牙、荷兰和英国、法国、德国等列强为主导的西方国家，始终对俄国这只"北极熊"视为异己力量，对它有着极强的戒备心理和排斥行为，俄国以自己的方式回归欧洲的进程始终面临着巨大的困难。另一方面，东北亚各国在强大的"天朝"庇护下，高度戒备俄国的东进企图，加之西伯利亚和远东地区地广人稀，气候恶劣，铁路等交通基础设施建设尚未完成，在某种程度上限制了俄国在亚洲的发展。此外，俄罗斯民族对东方各民族在心理上始终抱有一种优越感，一种不屑与东方"劣等民族"为伍的心态一直普遍存在。

　　在中世纪时期，俄国推进西进战略，侵占了欧洲大片疆域，并趁西方列强进行海外扩张时，在陆权扩张上取得了丰硕成果，但控制出海口始终是俄国对外战略的首要目标。此后，俄国西进扩张由于受到日耳曼等民族的强势阻击，向波罗的海扩张受到芬兰等国的搏命抵抗，向南扩张受到英美等海权国家的遏制而深受挫折，打通大西洋、北冰洋和印度洋战略通道的企图难以实现。俄国在这种情况下，选择了欧亚主义路线，企图利用西伯利亚平原地势的特点，从乌拉尔山脉一路向东，武力打通通向太平洋的战略通道。特别是在 1750 年以后，随着"天朝"的衰败，俄国大举东进，强行闯入"天朝"势力范围，武力胁迫"天朝"签订了 104 个不平等条约。其中，1689 年至 1883 年，沙俄先后逼迫清政府签订了《尼布楚条约》、《恰克图条约》、《瑷珲条约》、《北京条约》、《伊犁条约》、《科布多塔尔巴哈台界约》等等，霸占中国及其藩属 400 余万平方公里领土。

甲午战争后，俄国又瓜分了帕米尔高原 10000 余平方公里的中国领土，强行租用旅顺、大连港口，唆使唐努乌梁海独立，主导外蒙古"公投"独立，染指朝鲜内部事务，还将中国东出太平洋的深水天然港口、西进中亚的丝绸之路、北上西伯利亚的开发通道等战略要冲牢牢扼守在自己手中。

列宁指出："许多世纪以来，沙皇政府一直想夺取亚洲大部分地区，一贯推行这种政策，并且利用列强之间的一切矛盾和冲突来达到这个目的。"可以说，俄国东进战略是一以贯之的，每次实施都打破了东北亚长期以来形成的力量格局，并将大块油滋滋的"肥肉"纳入囊中，这其中大大损害了中国的利益，使"天朝"处处受制于人，游离于东北亚重要政治、军事力量的圈子之外。

二、审时度势，趁虚而入，强化对东北亚
地区事务的主导权

自秦汉以来至鸦片战争，中华帝国是一个拥有宗藩结构的国家体系。历朝都有不少的属国和藩邦，到明清时期，朝鲜、安南、琉球、缅甸、浩罕汗国、老挝、不丹等周围的大部分邻国都与"天朝"建立了宗藩关系，周边藩属的生存和安全，与"天朝"有着密切的关系，可谓"辅车相依，唇亡齿寒"。在这一时期，"天朝"在东北亚是真正意义上的"中央之国"，拥有绝对的地区主导权，俄国虽有东进之意，但无扩张之力。

鸦片战争至甲午战争期间，日益衰败的"天朝"无力顾及

藩属国的安全，以英国为首的西方列强在打开中国长期闭锁的大门之后，开始侵略和吞并"天朝"周边国家，英国成为当时在中国获得侵略权益最多、势力范围最大的国家。与此同时，俄国也不甘示弱，积极向远东地区扩张势力，以谋求瓜分在东北亚的战略利益。这一时期，日本、俄国和英国取代中国，成为在东北亚地区事务中起主导作用的国家。

1894年7月，正当日本借口朝鲜问题蓄意对中国发动侵略战争之时，俄国政府通过驻日公使向日本政府递交了一份外交文书，纵容日本侵略"天朝"，居心叵测地企图从中获利，实现本国东进的战略目标。甲午战争刚一爆发，俄国就密切注视着战局的发展，伺机而动。当战争即将结束时，沙皇政府于1895年2月和4月召开了两次大臣特别会议，商讨欲与日本公开对抗，以免日本走得太远、赢得太多，但因准备不足等原因，最终仍然未敢贸然出手。

甲午战争后，俄国一方面加紧对中国东北地区的侵略，另一方面摆出一副欲与日本决一雌雄的架势。同时，俄国还与德国、法国结成同盟，来对抗英日同盟，以保护其在东北亚的特殊利益。俄国还联合欧洲诸强，以日本破坏远东均势为由，强迫日本将辽东半岛管辖权归还清政府，并开始操纵"天朝"，允许其修筑"中东铁路"，为吞并全东北奠定基础，而此时的清政府对俄国心存感激之情，心甘情愿与俄国签订了秘密条约，将建造穿越中国东北、直抵海参崴的"中东铁路"的特许权授予给"华俄道胜"银行。这家银行名义上是中俄共管的私营公司，但实际上却为俄国政府所拥有，归俄国政府管理，这为掠夺中国东北的财富埋下了伏笔。此外，俄国还积极拉拢清政府，企图把"天朝"政府绑到自己对日作战的战车上。在这一时期，俄国在东北亚的势力达到了空前之盛。

直到日俄战争失败以后，俄国才暂时调整了侵略方针，收缩了其在东北亚的阵地，主要经营北满。这一时期，东北亚地区事务的主导权主要掌握在日本手上，虽然俄国在东北亚的影响力有所削弱，但对"天朝"的威胁仍然巨大。

如果说日本是甲午战争的最大受益者，那么俄国就是名副其实的二号得利国，它像一根"鱼刺"深深地插入"天朝"的咽喉，吞不下、吐不出。

三、内压外联，诱胁并举，掠夺东北亚 地区的资源财富

甲午战争前，俄国虽然强占了"天朝"部分疆土，但很少染指"天朝"的内部事务。甲午战争后，俄国不但完成了对东北亚政治、经济、军事、外交等方面的强力渗透，还通过内压外联等手段，与英国、日本等西方国家一起瓜分东北亚的经济利益，大肆掠夺"天朝"及其藩属的财富。

甲午战争前后，俄国侵占了中国外兴安岭、黑龙江、日本海、鄂霍茨克海等辽阔富饶的土地。在这片原属中国的美丽疆土上，自然资源极其丰富。仅以外东北为例，1840 年只占"天朝"疆域的8%，但其拥有的自然资源却占全国30%以上，天然气、石油和铜、锌、铅、铋、银、镉、金、铟及其他有色金属、稀有金属储量巨大，极易开发，还有大面积的森林资源、丰富的淡水资源以及稀有的野生动物，特别是"海参崴"这一天然的深水港口，对于今天出入太平洋来说，其战略地位极其

重要。

俄国对于强占的中国东北地区，穷极手段攫取自然资源，把一片富饶的黑土地搞得满目疮痍。此外，甲午战争后，沙俄政府利用"华俄道胜"银行，采用种种手段驱逐东北官贴和地方私贴，扰乱东北经济秩序。"天朝"为抵制卢布入侵，铸造了小银元并发行官贴，可终因国势不振而失败，卢布在东北肆虐，最终成为东北地区主要流通货币，这是沙俄掠夺东北财富的重要手段。

总之，俄国把日本作为工具，暗中协助对"天朝"发动甲午战争，给中、朝人民带来巨大的灾难，而俄国则充分利用这场侵略战争，坐收渔人之利，猎取了对中国垂涎久已的战略利益，以此巩固和提高了本国在东北亚战略格局中的地位和影响力。

论甲午战争爆发前英国
远东政策的转变

张　健

　　甲午战争爆发前，西方列强在远东都有着或多或少的政治、经济和外交利益。作为远东地区的霸主——英国，自进入 19 世纪下半叶以来，正不断受到来自俄、美、德、奥、法等列强的政治渗透、贸易竞争和利益瓜分，英政府对于历来崇尚武装入侵，疯狂掠夺土地的"世仇"沙皇俄国更是防范有加。1894 年 6 月，日本在"大陆政策"的指引下，抓住清政府派兵入朝平叛的契机，迅速向朝鲜出兵，并利用一切机会不断挑起事端，力图发动战争。面对日益紧张的朝鲜局势，英国政府从维护本国利益，阻止俄国乘机插足远东的角度出发，一方面接受李鸿章的调停请求，另一方面却被日本阳奉阴违和蒙混的手段所迷惑，其调停政策也在不断转变。

一、调停初期，采取"劝日避免冲突，
以维护现状"政策

　　1894 年 6 月上旬，日军长期滞留朝鲜拒不退兵，且仍在不断增兵，深知清军军力有限的李鸿章病急乱投医，积极请求列强出面加以干预。对于清政府的请求最为积极的当属沙皇俄国驻华公使喀西尼，在他的积极倡导下俄国政府多次对日发出"中日双方应保持克制，两军先撤兵，再商议朝鲜改革"的照会，同时还提议尽快召开"俄、中、日"三国会议，以商讨退兵事宜。面对俄国的种种举措，英国开始坐不住了，为了防止俄国借机南下，形成与英抗衡的局面，英国外交大臣金伯利多次告诫日本政府："英国对于任何侵犯它自己在中国的利益或朝鲜的完整或独立的行动，十分肯定是不能容忍的"；英国欢迎在朝鲜实行改革，但是它"不能对朝鲜的涉外规章的任何重大变化置诸不问，也不同意把朝鲜国王的任何领土让与日本"。可见，甲午战争爆发前，英国对于地大物博的中国的战争潜力以及战争动员能力还是比较有信心的。正如时任中国海关总税务司的英国人赫德所说："如果战争能拖长下来，中国的资源、人力和它经得起磨难的本领，必能胜过日本的勇猛和它的训练、组织能力。"所以在调停初期，英国对于依托清军抵御俄国南下入侵，捍卫英国在远东的既得利益是有信心的。所以这一时期英国贯彻的是传统的远东政策，即支持清政府，劝日避免冲突，以平息事端达到维护现状的目的。

二、调停中期，采取"牺牲中国利益，换取暂时和平"政策

　　英国长期奉行"利己主义"和"实用主义"政策，其整个调停方针都紧紧围绕着"全力阻止俄国插手远东事物"来制定。当看到清政府面对日本在军事上和外交上的步步紧逼只能一味退让、方寸大乱时，便开始将日本视为其在远东地区防御俄国的战略伙伴，其制定的调停方针也开始逐步向日本倾斜。首先，英国倡议由"五国联合调停"来取代俄国提出的"中日俄三国联席会议"。乍看起来"五国联合调停"是支持中国的，但实际上该计划在出台以前，英国早已与日本通气并商量过多次，日本对于此计划的底细更是了如指掌。其次，在"五国联合调停"不了了之后，英国又抛出"在朝鲜建立中间地带"方案，其真正目的是希冀中日两军分别占领朝鲜的北部和南部，以防止俄国乘虚而入，坐收渔翁之利。但对于这一方案，已铁了心要开战的日本似乎并不领情，一拖再拖，不作答复，最终也只能无疾而终。这两次调停方案尽管到最后都失败了，但仍不难看出面对日本不容小觑的军事实力和充分细致的备战过程，英国政府已经在调停策略上做出调整，制定了"强迫中国尽早对日妥协，以满足日本的侵略要求，从而换取朝鲜半岛和平"的政策。

三、调停后期，采取"与日进行利益交换，默许日本发动战争"政策

英国在中日之间进行调停的过程，也是对双方军事实力重新进行评估和认识的过程。随着调停的不断深入，英国情报部门发现清海军虽在舰船吨位和大炮数量上优于日本，但从指挥员的战略决策能力、武器装备现代化程度、军队训练水平、官兵士气和作战战术纪律等诸多方面，与日军相比都差距甚大。清陆军和日陆军从各个方面相比也都完全处于劣势，如果两军一旦开战，清军获胜的可能性极低。同时日本也在拉拢英国方面做了许多努力，不仅极力渲染日本拒俄涉足远东事务的坚决态度，以博取英国好感，还采用贿赂等各种手段收买英国官员和媒体，以制造有利于日本的政治氛围和舆论。在对当时形势做出综合判断后，英国得出日军发动战争已经无法避免，双方开战只是时间问题的结论，为维护自身在远东的诸多利益，便决定牺牲中国，在得到日本关于保证上海中立区及其周边航道安全的承诺后，便默许了日本挑起战争的行动。

英国制定远东政策的根本点，就是维护英国在远东的既得利益和优势地位，尽一切努力防止俄国南下与其分庭抗礼。无论它起初支持清政府，反对日本挑起侵华战争，以后支持日本提出的媾和条件，还是最后牺牲中国，默许日本发动战争，都不违背其远东政策的根本点。可见，英国远东政策的转变，是出于战略和策略上的需要，其根本目的是不变的。

美国在东亚纵容日本的初步尝试

王忠奎

甲午战前的世界：欧美列强咄咄逼人，
疯狂抢夺殖民地

从 19 世纪下半叶开始，世界资本主义从自由资本主义向帝国主义过渡，这一过渡正如列宁所说，"是同分割世界的斗争的尖锐化联系着的"。自由资本主义发展的顶点大约在 19 世纪六七十年代，正是在这个时期以后，开始了夺取殖民地的高潮，分割世界领土的斗争达到了极其尖锐的程度，这样一种全球性的经济和政治大气候必然影响着太平洋地区和东亚的形势。

从各国在世界工业产量总额中所占的比重看，1870 年，英、美、德、法四国分别为 32%、23%、13% 和 10%，但 20 年后的 1890 年，分别变为 18%、31%、16% 和 7%。美国取代了英国的工业霸主地位，德国进一步紧逼英国。各国在世界经济中作用和比重的改变，使得列强争夺市场的矛盾日益尖锐，瓜分市场和原料产地的斗争越来越激烈。

从 1860 到 1880 年，英国加紧夺取殖民地。在这 20 年间，它占有的殖民地面积从 250 万平方英里猛增至 770 万平方英里，法国由 20 万平方英里增至 70 万平方英里，而德国则几乎是空白。正如列宁所说："在 19 世纪末，特别是自 19 世纪 80 年代以来，各资本主义国家拼命争夺殖民地，是外交史和对外政策上众所周知的事实。"

甲午战前的东亚：日本抓住机遇跻身刀俎，其他国家惨遭鱼肉

19 世纪是欧美列强主宰世界的时代，在这些殖民国家和广大的殖民地国家之间还存在着许多半殖民地国家。19 世纪中叶，中国和日本均属于此类。当时，两国几乎同时走到了一个决定国家前途命运的十字路口上，既可能进一步沉沦下去，变为殖民地，也可能赶上历史潮流，搭上近代化的末班车。日本近代化的起步与中国几乎同时（大约在 19 世纪 60 年代），在此之前，它也是一个闭关锁国的封建国家，也受到西方资本主义势力入侵的威胁，面临着两种文明、两种制度的撞击，所处的地位与中国差不多。但当时西方列强的侵略矛头主要不是指向它，而是指向地大物博、人口众多的中国，西方列强几乎没有对日本发动什么大规模入侵。1853 年美、俄舰队的"叩关"之举和 1854 年"日美神奈川条约"的签订，虽然都是在军事威胁下完成的，却都没经历一次真正的战争。1864 年 9 月，英、美、荷、法四国联合舰队炮击下关，史称"下关战争"，但联军登陆后，长州藩迅即屈服求和，战争规模很小。再从整

个东亚的形势看，19 世纪五六十年代，中国爆发了震动亚洲和世界的太平天国运动，分散了欧美列强给日本的压力。正如英国驻日公使发回本国的报告中所说："我们对日本的纲领必须慎重行事。这就是说，我们在中国已从太平天国人民革命中吃过苦头……这一切必须铭刻在心。"此外，列强在东亚的利害冲突使英美都感到扶植和利用日本来牵制沙俄，为自己火中取栗是合算的。显然，历史的机遇向日本露出了微笑，而日本则及时抓住了这个机遇，通过开展"明治维新"，使自己走上了一条富强之路。相反，中国惨遭欧美列强的入侵、瓜分、掠夺、奴役。同时，位于中国周边的国家，例如尼泊尔、缅甸、越南、琉球和朝鲜，均与中国有着悠久的经济、文化联系，在资本主义势力入侵之前，它们与清政府都保持着宗藩关系。在外国资本主义侵略势力的严重威胁时，朝贡体系土崩瓦解，各国陷入殖民地半殖民地的深渊。

甲午战前的美国：迫切要求海外扩张，
积极参与东亚争夺

内战结束之后，美国经济迅猛发展，对海外市场的需求与日俱增。美国垄断资产阶级为了扩大海外市场，同时也为了解决国内社会矛盾，竭力推行海外扩张政策。

与此同时，"新天定命运"扩张思潮在美国甚嚣尘上。其内容流派纷繁芜杂，包括社会达尔文主义、种族优越论、边疆学说、海上实力论等等。各种"学者型"扩张主义理论家从不同的"学术"角度，论证美国应该向外扩张。以约翰·菲斯克为首的社会达尔文主义者以"物竞天择，适者生存"的原则，为美国垄断资本及其扩张主义政策张目。"边疆学说"代表人物特纳认为，国内边疆既然已不复存在，从而宣告"美国历史的第一阶段已经结束"。美国历史的新的一页应该是向海外扩张，寻求海外边疆，这是美国西进运动的必然结果。艾尔弗雷德·马汉指出，一个国家的强大仰仗于一支有效的强大的海军。要发展海军，就得有海上加油站和海军基地，因此，美国还需获得殖民地。在马汉眼里，殖民地是"国内产品的销售地和商业与海运的苗床"。所以，马汉认为，不论"愿意与否"，美国"现在必须'向外看'，这个国家的日益增长的产品要求它这样做"。

内政特别是经济因素决定了美国要向海外扩张，扩张主义理论家又适时地提供了重要的宣传依据，19 世纪末美国义无反顾地加入到了帝国主义列强的竞技场。

美国的如意算盘：怂恿日本为自己火中取栗，坐收渔翁之利

甲午战争之前，美国力图在东亚扮演更加积极的角色。到 19 世纪 90 年代，美国已跃居世界工业强国的头把交椅，但它的经济实力与在东亚获得的殖民利益份额却不相称，作为一桌筵席上迟到的客人，在东亚特别是中国分一杯羹的急迫心情显而易见。但是因为当时各国在中国的势力范围已经大致瓜分完毕，美国提出"门户开放"政策，不求独占，只求分羹，同时极力怂恿日本出头向中国、俄国、英国发难，为自己火中取栗，

从而坐收渔翁之利。

首先，承认日本崛起，化解日本东进对美国产生的压力。

1850 年，加利福尼亚成为美国的第 31 个州，美国从单纯的大陆国家变为陆海兼备的国家，因而更加重视太平洋方向的海外扩张。随着上海逐渐取代广州而成为中国的外贸中心，日本对于美国的重要性逐步上升，中美航线上的日本列岛成为美国舰船的必经之地。在当时的技术条件下，要横渡太平洋，加煤站必不可少，日本于是与夏威夷一起成为美国觊觎的对象。

1854 年美国人佩里打开了日本大门，迫使日本先后签订了《神奈川条约》和《日美友好通商条约》，开放江户等多个港口，给予美国治外法权。此后，日本与荷兰、俄国、英国、法国也签订了类似条约，日本逐步陷入半殖民地深渊。但是，1868 年日本开始实行明治维新，走上了帝国主义扩张道路。

夏威夷位于太平洋中部，地理位置十分独特，东西方的文化和南北半球的文明交汇于此，享有"世界十字路口"的美誉。作为太平洋上的中继站和补给基地，夏威夷引起了美日两国的激烈争夺。1842 年，美国承认夏威夷王国。1849 年，两国缔结通商条约，随后美国开始谋求兼并夏威夷。日本在暂时无力吞并的情况下希望夏威夷保持独立，双方矛盾上升。1871 年，日本与夏威夷王国建立外交关系，缔结友好条约。1884 年，日本政府批准向夏威夷移民，至 1890 年，夏威夷的日本移民已达 12360 人，占夏威夷总人口的 13%。同期美国移民仅 1928 人。两年后的 1893 年，日本移民达到 10 万人，是同期美国移民的 10 倍。1893 年 1 月，在美国驻夏威夷公使和美国海军陆战队参与下，当地美国移民推翻夏威夷女王，建立新政府，请求并入美国。2 月，日本即派"浪速"舰抵檀香山与日本

"金刚"舰会合以表达对美国的不满。11 月 17 日，日本再派
"浪速"舰前往夏威夷，告知日本驻檀香山总领事"不承认任
何可能成立的政府"。这场夏威夷危机随着甲午战争爆发暂时
缓解，但也迫使美国直到 1898 年才正式吞并夏威夷。

面对日本的崛起，美国开始考虑对日关系。要想化解并利
用与日本在东太平洋夏威夷问题上的这种深刻矛盾，就要考虑
用其他利益与日本进行交换。为此，美国的东亚政策在 19 世纪
70 年代发生了历史性转折，美国抛弃欧洲伙伴，单独奉行亲日
政策。1878 年，美国不顾欧洲国家的反对，与日本签订一项条
约，允许日本享有很大程度的关税自主权。1880 年，美国再次
不顾英国反对，表示有意在日本取消治外法权。这样，通过逐
步给日本松绑，日本逐渐成为与其他列强平起平坐的正常国家。
同时，美国极力怂恿日本向南和向西扩张，牺牲英国和中国、
俄国的利益，从而减轻日本在夏威夷问题上对美国的压力。另
外，1899 年美国占领菲律宾之前，美国在亚洲没有一个像样的
基地，再加上当时美国海军的实力仍在发展之中，因此这一时
期美国的对日政策就是纵容日本"应该让战争顺着自己的道路
走下去"。纵容和利用日本为美国充当东亚战略"清道夫"，这
是美国对日外交政策的基本特点，一直持续到太平洋战争爆发。
因此，在 1894 年日本对华发动侵略战争之前，美国表面宣称中
立，但实质上偏袒日本。不但拒绝干涉日本，还有意向日本派
出军事顾问，甚至利用驻华使馆的外交特权，窝藏包庇日本间
谍，提供军事情报等。

**其次，利用日本扩张，削弱英国、俄国等列强在东亚的影
响力。**

进入 19 世纪，美国的亚洲政策建立在使用武力和与其他大

国合作这两个原则基础上，但随着日本明治维新之后在东亚的崛起，美国一改所奉行的东亚政策，转而采取亲日政策，试图通过美日合作削弱英俄等国在东亚的影响力。美国的东亚政策"看好的是日本的未来，而不是中国或朝鲜的前途"。因此，当中日围绕朝鲜问题的矛盾升级以后，美国一再拒绝英国的联合调停建议。

1891 年俄国宣布开始兴建从莫斯科直达符拉迪沃斯托克（海参崴）的西伯利亚铁路，美国、英国这些试图扩大在华势力的国家如坐针毡。美国时任海军助理部长西奥多·罗斯福向麦金莱总统汇报时警告："俄国对美国的亚洲利益的威胁日甚一日。"美国对日政策是遏制日本向东太平洋扩张，支持日本战胜中国后再从俄国那里获取利益，其要义在于把日本改造为美国在亚洲的打手，同时又是美国阻挡亚洲强国力量进入东太平洋的"防波堤"。另外，据苏联学者研究，19 世纪 90 年代，美国在中国满洲市场上就已经取得统治地位，在主要商品输入方面将其他竞争者抛在后面。例如 1891 至 1892 年，美国输入满洲的主要纺织品品种就比英国多 9 倍，美国输入满洲的煤油比俄国多 1.5 倍。因此，为抵制俄国势力在中国东北的扩张，美国国务卿在调停中日甲午战争过程中，就曾劝说清政府放弃亲俄的外交政策，提醒清政府俄国是中国的主要威胁，建议中国实行亲日政策，指出："清国暗中委托欧洲诸国，尤其俄国，使其对日清间之谈判进行干涉，借以削减日本之要求。依据本官之浅见，俄国并非得以作为清国之友邦而向之求教之国家。清国可惧怕之国家，并非日本而是俄国。"同时，美国国务卿也一再建议日本警惕俄国的野心，不要与俄国进行交易，指出："如日本与俄国达成协议，虽当前无何危害，但俄国野心甚大，令人难以相信。"

再次，期冀假手日本，彻底废除中朝宗藩关系，进一步打开中国大门。

美国始终认为中国与朝鲜的宗藩关系阻碍了美国向东亚的扩张。1882 年，美方代表薛斐尔与李鸿章商订《朝美修好通商条约》时，拒绝将有关中朝宗藩关系内容写入条约。1883 年，美国新任驻华公使杨约翰与李鸿章会谈时，也反对中国继续维持与朝鲜的宗藩关系。截至 1886 年，朝鲜先后与英国、法国、意大利和德国签订条约，欧洲列强都承认中国对朝鲜的宗主权，由他们驻北京的外交代表同时负责朝鲜事务。而美国出于对中朝宗藩关系的反感，选派的驻朝公使与驻华公使同级。总之，在判断是朝鲜独立还是保留中国宗主权两者之间哪一种情况最符合美国利益问题上，当时的美国政府诚如丹涅特在《美国人在东亚》一书中所分析的那样，显然倾向朝鲜独立，认为："在中国庇荫下的朝鲜，料定会拒阻而不会鼓励对外贸易和内政改革。"甲午战争爆发后，恭亲王曾请求美国驻华公使田贝调解停战，田贝公开对清政府维持与朝鲜的宗藩关系表达强烈不满，认为这是中日爆发战争的一个重要原因，因而要求把清政府书面同意承认朝鲜完全独立作为他同意调停的条件。

同时，美国希望通过假日本之手进一步打开中国的大门。尽管自鸦片战争以来，通过一系列不平等条约，包括美国在内的列强获得了开放通商口岸、传教、领事裁判权和最惠国待遇等一系列特权，但中国大门并没有完全洞开，清朝政府仍未允许外国完全自由贸易和在华进行投资。因此，美国政府认为有必要通过日本之手，进一步削弱清朝政府，为美国扩大对华贸易和投资扫除障碍。1894 年 10 月 23 日，美国驻华公使田贝建议美国政府不要接受清政府的和谈请求，明确表示在中国军队被日本逐出朝鲜之后即结束战争不符合美国的利益，应让战争继续进行，直到中国败北再进行干涉。为实现在中国开矿、修建铁路等投资活动，担任李鸿章英文秘书的美国人毕德格和美国商人威尔逊在甲午战争爆发后，甚至直接运动美国前国务卿科士达、美国驻日参赞史蒂芬斯和美国驻华公使田贝等鼓动日本政府攻占北京，推翻清朝政府，日、美联手拥戴李鸿章为中国新的统治者，他们的一个重要理由便是清朝政府拒绝改革，妨碍中国市场的发展，阻止修建铁路，允许欧洲人控制中国，影响美国的商业利益和影响力。当时美国国内舆论也公开表示，希望借日本之手，进一步打开中国的门户，认为中日战争"一旦结束，东方贸易对于美国将具有日益增长的重大意义"。此外，美国人认为中国被日本打败还可为扩大美国在华传教事业提供方便，《世界传教评论》杂志中的一篇文章就认为，中国战败将会"为基督教势力进入中国开辟了一条捷径"。

甲午沉思

不靠谱的"中立":
甲午战争中的美国

王忠奎

1894—1895 年的中日甲午战争是近代东亚国际关系史上的一个转折点。在这场改变东亚局势的战争中,美国的表现似乎没有英、俄、德、法等国家突出,始终声称奉行"中立"政策,实际上却发挥了其他列强不曾起到的作用。美国在中日甲午战争期间的外交斡旋活动,标榜自己将遵循"不偏不倚"的"中立",赢得清政府信任的同时,却牺牲中国的利益,满足日本侵华的野心,这段时期美国的外交活动是其以后亚洲政策的初步探索与尝试。

战争之前,"中立"的偏袒

长期以来,朝鲜一直是宗藩体制内与中国关系最为密切的国家,美国一直试图破除中朝宗藩关系,彻底打开朝鲜门户,因而支持日本的立场。美国认为,自 1876 年日本与朝鲜签订《江华条约》以来,清政府已经被迫逐渐放弃了一些作为朝鲜宗主国的权益。相反，由于日本效仿西方进行资产阶级改良运动，1868 年成功进行明治维新，从某种意义上讲，日本成为西方国家在亚洲利益诉求的代言人。因此，日本促使朝鲜向世界开放，促使清政府放弃对朝鲜宗主权，保护朝鲜领土和权益等，日本在朝鲜半岛上承担了更多的责任和道义。基于这样的观点，在 1894 年六七月间，美国赞许日本在朝鲜半岛采取的行动，对清政府拒绝日本"共同改革朝鲜内政"的行为却颇有微词："中国拒绝了日本关于改组朝鲜政府的建议，并且自以为是地说：'它虽然对半岛有宗主权，却不愿意干涉属国内政'，鉴于前十年的历史，这种说法殊令人可笑。"

对于因中日两国出兵朝鲜所引发的紧张局面，美国驻朝鲜、中国和日本的外交官从一开始就予以密切关注。美国驻朝公使西尔将朝鲜出现的紧张局面归咎中国，声称："造成目前困难局面的错误很显然都是由于中国人的行动，他们将军队派到朝鲜。如果中国没有这样做，日本派来的军队可能就会少许多，或者不会派遣任何军队。"由此可见，关于中日两国有分歧的朝鲜宗主国问题，美国政府在情感上明显偏向和支持日本。尽管美国在情感上支持日本，却在政治立场上保持"中立"。美国国务卿葛礼山致电驻朝公使西尔，强调在朝鲜中日两军的对峙中，美国应该密切关注两国军队的新动向，但必须坚守"中立国"之原则立场，不可干涉其中。同时，葛礼山又分别致电驻华公使田贝、驻日公使谭恩：美国应该利用与两国良好的外交关系，疏解两国之间的紧张局势，寻找调解的办法。但是随着日本在朝鲜与清军作战时表现出来的军国主义和扩张主义，与同时期美国国内的扩张主义有相似之处，颇得美国赞赏。因此，在朝鲜宗主国立场问题上，美国"孤立主义"传统的外交并非

甲午沉思

是绝对的"不偏不倚"的"中立"，美国在政治立场上保持相对"中立"，在情感上偏向和支持日本。

战争伊始，力争"单独调停权"

关于调停，美国政府一方面以保持中立为由，拒绝与欧洲国家联合调停。1894年10月6日，英国照会美、俄、法、德，建议由各国共同调停甲午战争，但美国并无意参加列国调停，"不能如所请与各国共同调停"。后又多次强调不能参加英国的联合调停，明确美国严守"中立"、不加入英国等西方国家联合调停的立场。美国对清政府屡次提出的调停请求，也明确表示"（已）令驻东京美使通于日本"，"告倭政府，劝早退兵，勿干韩政"，"除此以外爱莫能助"。美国看到在战争中"日本正迅速跻身于东亚的领导地位"，"持有开启东方的钥匙"，而日本在亚洲"不亚于（美国）一个盟友"，美国需要日本这样的国家担当美国在远东侵略的"清道夫"。因此，美国应清政府之请，对日本进行"劝告"，只是虚晃一枪而已。然而，值得指出的是，美国一方面以奉行所谓的"中立"政策和日本不会发动战争为理由，拒绝在中日间进行斡旋，另一方面却对日本提出的战争爆发后由美国代为保护在华日本人的请求慨然应允。这只能说明美国政府其实已知战争不可避免，并乐于看到中日交战。

另一方面，美国又力图出面单独调停，操纵和谈。美国之所以不参与英国、俄国等西方国家的联合调停，就是为了争取中日甲午战争单独调停的权利。加之当时日本占有上风，此时出面调停对美国有利。因此，答应依据《天津条约》的相关条款，调停两国之间的战事。但美国一再声称："美国不能参与其他国家的联合调停，美国只能是唯一的调停者。"需要指出的是，美国决定出面单独调停中日战争，表面是响应清政府的请求，但实际上更大程度是为日本减轻来自俄国和英国等欧洲国家的外交压力。获得清政府的默许之后，11月4日，美国确定调停的原则："中日战事不损害美国在亚洲的政策，我们将秉持公正、友好的中立态度。"6日，美国向清政府表示："随时可在双方都体面的条件下出面调停，以结束日下的对峙战争。"同时美国也照会日本政府："美国总统对日本一向怀有最深笃的善意，若为东方和平，在不损害中日两国双方名誉下尽力调停时，日本政府是否同意？"日本意识到由于本国的军需供给等原因，不可能无限期地延长战争，随即表示在停战或谈判时机成熟的时候，美国可以充当中日两国交换意见的中介。

美国这种一边倒的单独调停，除了为清政府和日本政府转达信息外，对清朝政府没有提供什么实质性的帮助，反而在许多方面帮了日本政府的忙，缓解了日本来自欧洲国家联合调解的压力，为日本继续按计划发动战争、实现侵略要求，提供了一个有利的国际背景。

战争期间，保护日本"间谍侨民"

甲午战争期间，中美之间围绕日本间谍问题进行多次交涉，美国偏袒日本的态度尤为明显。战争硝烟烽起，中日两国相当关注侨民保护事宜。按照国际惯例，两个国家外交关系破裂，发生战争，可委托第三国代为保护侨民之合法权益。1894 年 8 月 1 日，中日正式宣战，双方都委托美国代为保护侨民。美国偏袒在华日本侨民，对所保护的"日本人"并无严格的定义和区分，致使日本奸细乘虚而入，违背国际法公约，引发了中美之间一系列的日本间谍案的交涉。

首先是日本间谍石川伍一案。1894 年 8 月 4 日，日本间谍石川伍一在天津被捕。美国宣称，"遇有日本人改装在内地作奸细者"，即"将其解交就近海口，逐其回国，使之不得与内地华民交接"，即"已足以惩罚其作奸细之罪"。暗示清政府对日本奸细最重的责罚只能是驱逐出境，因为日本间谍"于中国防泄军纪似亦无大碍"。显然，美国以日本间谍对清政府军事备战危害性不大为借口，要求从轻处罚日本间谍，"本仁慈之心，不因两国失和，于日本人民恨恶而深绝之可也"。清政府当即予以反驳，宣称在中日战争已经正式开始的情况下，"战守机宜，关系慎重"，"日本奸细改装髻发，混迹各处，刺听军情，实与战事大有关碍"。因此，美国提出处理日本奸细的建议，"实不足以惩其作奸之罪，亦与公法不符"。8 月 29 日，美国驻华大使田贝直接致电李鸿章，否认石川伍一是日本间谍："据日本国家称：石川伍一并非奸细，应请中堂开放，送交驻津领事转饬回国。"但清政府已然掌握了石川伍一的确凿罪证，9 月 20 日，石川伍一被解往校场依法枪决。

其次是上海法租界引渡两名日本间谍的交涉。8 月 13 日，江海关道在上海法租界同福客栈"查有形迹可疑人两名"，并从他们身上搜出关东地图、驻军情况和将领衔名以及暗写字据等。法领事以"倭人现归美保护"，将两名日本奸细"径交美署管押"。清政府"查沪关所拿华装倭人二名，既经搜出图据，确系奸细，不在保护之列，按照公法应由中国讯明办理。美保倭民奸细，自不得一律办理，请商饬速交严究"。并要求美驻华公使田贝，迅速转饬其驻上海领事，"速将该倭人二名即交上海道审办"。清政府要求引渡两名日本奸细。然而，田贝宣称未接到总领事关于此案件的详细报告，拖延不决。清政府一方面积极与美驻华公使、领事交涉，另一方面，通过驻美公使杨儒向美国政府施加压力。美国政府明确表示："美国公使不能作为另一个国家的官方代表行事，此种官方关系乃美国宪法所不允许。"同时电令"田贝等人速交奸细"。在清政府多次努力交涉之下，9月1日，田贝才电饬驻上海领事，将两名日本间谍引渡给清政府上海当局。

　　尽管在上述日本间谍案的交涉中，美国驻华外交官的努力都以失败告终，但美国驻华公使田贝还是成功帮助一个名为川烟丈之助的日本间谍逃避清政府的拘捕，安然返回日本。中日开战后，美国受两国的委托，代为保护中日两国在对方国家的侨民，这本符合正常的国际法惯例。然而，美国在保护侨民时，将保护侨民的对象扩大到在华日本间谍，并对其违背战时公法的间谍行为偏袒和庇护，这就暴露了其袒护日本的立场。在日本间谍案问题上，尽管美国政府的立场与驻华外交官有所区别，基本信守了中立政策，但这并不足以整体上否定甲午战争期间美国政府的亲日立场。由此可见，美国标榜的"不偏不倚"的"中立"并非"绝对"中立，而是披着"中立"的外衣偏袒日本，怂恿日本为自己火中取栗。

　　总之，美国所谓的"中立"、"不持立场"从来不靠谱，在胜负局势还不明朗的局势下，借着"中立"、"不持立场"的外衣，占领客观公正、不偏不倚的道德高地，实际上是为自己谋得比"选边站"、"持立场"更大的利益。一旦胜负形势明朗，美国就会毫不犹豫地抛弃"中立"立场，站在获胜一方，为自己谋得战胜国的地位和利益，这在两次世界大战中已经体现得十分清楚。在甲午战争中，美国表面声称中立，实际却偏袒日本。战前一再拒绝中、朝两国的调停请求和英国的联合调停建议，默认或怂恿日本发动战争。战争期间，美国外交官作为中日两国侨民的战时保护人，一再超越国际法合理范围，曲意保护在华日本间谍。作为中日两国的唯一调停者，美国一方面拒绝与欧洲国家联合调停，为日本继续发动战争减轻国际压力，另一方面又单方面劝说清朝政府接受日本的各项侵略要求，帮助日本实现发动战争的目的。美国偏袒日本的原因，主要是希望借日本之手废除中朝宗藩关系，进一步打开中国大门，同时利用日本削弱英国、俄国等在东亚的影响力。

"公理"之下为何"公论"难觅

——浅析甲午战争中日国际法运用对比

范永强

战争，从来就不是国家间实力的简单比拼，而是受军事、法律、舆论等诸多因素的影响，有时军力之外的较量甚至能够决定战局的成败。甲午战争中，中日两国对国际法的不同理解和运用，成为了左右历史走向的重要一环。

1894年7月25日，在朝鲜西海岸附近的丰岛海域，日本海军突然对中国军舰"济远"号等发动进攻，这就是著名的甲午丰岛海战。日舰在袭击"济远"号之后，又击沉了载有中国士兵的英国商船"高升"号。除200多人获救外，船上871名清军官兵和包括5名英国人在内的62名船员全部葬身海底。

清政府按照国际通行规则，请国际社会主持正义。7月30日，总理衙门照会各国，揭露日本破坏国际法的侵略行径，希望英国干预此事。英国社会对此事非常气愤，舆论哗然，一致谴责日本粗暴践踏国际公法，不宣而战，攻击中立国船只，军方则要求政府对日进行军事报复。而此时的李鸿章暗自窃喜，认为日本就此得罪英国，中国将获得一个强大的同盟者。他有这样的"自信"还源于英国是当时中国最大的贸易伙伴，占到中国进出口总额的 70% 以上。同年 11 月 10 日，驻上海的英国海事裁判所做出最后裁定：日本在此事件中不需要承担任何责任，"高升"号的赔偿责任由中国政府承担。

这是一个让人匪夷所思的结果。在这 3 个多月的时间里，究竟发生了什么，让英国对日本的态度来了一个 180 度的大转变？

虽然日本当局策划了丰岛的海上袭击，却并未料到发生击沉英国商船的事件。当听到这个消息后，外务大臣陆奥宗光非常担心因此遭到列强干预，尤其担心引起英国的报复。他急忙指示日本驻英公使青木周藏向英国明确表态，日本将严格按照国际法办事，一旦确定责任在于日本海军，则日本将立即承担所有责任，陆奥宗光本人还亲自向英国驻日公使巴健特重申此点。

与清政府坐等英国派兵参战的态度不同，在安抚英国政府的同时，日本政府利用对国际法的充分理解和运用，采取了一系列措施变被动为主动。首先，日本外交部法制局加紧做好"调查"工作。法制局是一个专门研究国际法的机构，清政府的总理衙门中并没有这样一个机构。法制局对日舰指挥官进行调查询问后形成的报告进行了篡改：一是诬称是中国军舰首先发起攻击，二是谎称事后才知道击沉的运输船是英国商船"高升"号，三是把丰岛海战与击沉"高升"号拉到一起，以达到混淆视听的目的。就是这样一份所谓的《关于高升号事件之报告书》，成为了随后英国组织的两次海事听证会上的关键证据。其次，驻日公使青木周藏花费 1600 英磅与《每日电讯报》、《泰晤士报》等主流媒体达成了协议，并买通了两位当时英国著名的国际法权威韦斯特莱克和胡兰德，两人先后发表文章为日本政府极力辩护，认为日本击沉"高升"是合理合法的行为。尽管两人的论调惹来的非议不断，但由于他们的地位和影响，其公开站出来表态还是对舆论起到了引导作用。最后，也是最重要一点，青木周藏先后几次派人到英国外交部进行斡旋。英国一直希望日本能够牵制俄国，以防俄国势力南下。此时的日本政府已经摸清了英国当政者的心态，即已确定联日防俄为外交战略，绝不会为一艘商船被击沉而改变其既定方针的。果然，英国政府撇开皇家法院主张要求日本赔偿损失的法官们，指示上海英国海事裁判所审理"高升"号被击沉一案，并做出了与"公理"完全相悖的裁定。而懦弱的清政府只能赔款了事。而由于清政府国际法意识的淡薄，本应由日方承担的射杀、虐待清军俘虏的责任，最终也不了了之。

　　"高升"号事件中，日本肆意损毁国际法，清政府却谨慎地应用国际法处理国际关系，希望借助国际法的力量弥补自身的弱势。而日本政府在事件调查和处理过程中，紧紧抓住并利用了国际法的灰色地带，最终令自己一举扭转被动的局面，而不似中国那样单纯地诉诸"正义"等抽象口号。事实上，近代国际法形成于殖民主义兴起的时代，其自身必然要带上强权政治的烙印，想单纯假公法以求保全，无异于缘木求鱼。

　　正如英国人赫德评论说："我不相信单靠正义可以成事，正像我相信单拿一支筷子不能吃饭一样，我们必须要有第二支筷子——实力。但是中国人却以为自己有充分的正义，并且希望能够以它来制服日本的铁拳，这想法未免太天真了。"我们相信，李鸿章并不像赫德所评论的那般愚蠢，李鸿章的真实想法，应该是想要利用这份义正辞严的声明，来掩饰大清国的虚弱与腐朽。但随着甲午战争的全面爆发，清政府对国际法的无知和浅薄毫无遮掩地显露出来。

甲午战争之初，中日两国领导人都宣布了宣战诏书。光绪皇帝的宣战诏书中，称朝鲜是中国的藩属国，应朝鲜之邀出兵帮其平乱，是中国和朝鲜内部的事情，与别国无关，日本不应出兵。而日本天皇的诏书中则称，朝鲜是一个独立国家，现在中国侵犯了朝鲜的独立，日本为了帮助朝鲜实现"独立"，阻止清政府武力干涉，被迫开战。甲午战争发生于19世纪90年代，即使按当时的国际法准则，任何国家也都不应无端挑起对别国的战争。《万国公法》就强调"师出有名"，反对"黩武"。日本的一纸诏书，将一场蓄谋已久的侵略战争粉饰成"文明之战"，同时给清政府贴上了"野蛮"的标签。在这份日本对华宣战诏书中还声称，在战争中，日本将严格遵守国际法，以《万国战时公法》指导日军作战，并随军配备法律顾问，这使得当时西方舆论大都对中国没有同情，反而认为日本打败中国是文明对野蛮的胜利。

这种卑劣兵手法，确实可以奏效一时，蒙蔽了不少西方记者。但纸终究包不住火，旅顺大屠杀事件的发生将日本的"文明之皮"剥了下来，露出了狰狞的面目。

1894年11月21日至24日，日本军队在旅顺地区进行了为时4天3夜的野蛮大屠杀，共杀害手无寸铁的无辜中国平民20000余人。惨案发生后，尽管日军重重封锁消息，但还是被一个叫克里曼的美国记者在《纽约世界报》上报道出来，并在西方国家引起轩然大波。

在此关键时刻，日本政府又故伎重演，像"高升"号事件发生后那样，继续贿买外国新闻媒体以减少报道的死亡人数，并公开辩解说日军处决的不是俘虏和平民，是混杂在其中的清军士兵，而少量的平民系误伤而死。同时不忘抹黑清军如何残暴，将清军杀死为日军提供情报的奸细说成是杀害日本在华的平民。为了挽回形象，日本还演出两出"样板戏"：一是在占领威海卫后，给中国的战俘们提供医疗服务，全程都在随军的西方记者的见证下。二是把自杀身亡的北洋舰队司令官丁汝昌的灵柩礼送回去。同时，将这两件事通过国际法专家和西方媒体大肆宣扬。

面对日本的粉饰和抹黑，清政府没有给予针锋相对的回应，当时竟没有一个中国人利用英语和国际法知识向西方说明中国遭遇的种种不幸。那时的大清国的驻欧公使们还操着纯正的英语为清政府商谈购买军火之事，他们与李鸿章一样，相信西方的坚船利炮就一定可以打败日本，相信只要"以公法为依据"，就可以赢得国际上的支持，根本没有人意识到日本人垄断国际法话语权已经造成的危害。

近代国际法传入中国始于鸦片战争，遗憾的是，当时清王朝并未予以重视，自然缺乏对国际法的深刻领悟。直至第二次鸦片战争之后，随着总理衙门的设立以及处理对外交涉的日益增多，在对外交涉无"法"可循的情况下，清政府对国际法的认识才逐步有所深入。但与此同时，却也增加了对国际法的依赖性。因此，在实力不济的前提下，寄希望国际法在甲午战争中成为其救命稻草也就不足为怪了。在甲午战争中中国过分依赖国际公法，处处受制于国际公法，处处陷于被动，从而在军事、外交等方面全面溃败。与此相反，日本国内对国际法的重视远比中国早，认识也要深刻得多。甲午战争前，在日本国内对万国公法有两种理解：一种是把万国公法看作万国都应当共同遵守的原则，可以作为小国对抗西方国家强权政治的武器，

甲午沉思

一种是把万国公法视为强国侵夺弱国的工具。正是基于此认识，在围绕甲午战争的一系列事件中，日本均明修栈道，暗度陈仓，处处耍国际公法的伎俩，玩弄清廷于股掌之间，大行其对外扩张之实。

甲午战争背后的大国博弈

张　红　胡世跃　武　振

　　120 年前的甲午战争，是新兴国家日本与没落的清王朝之间的国运之搏，这场战争影响深远，改变了东亚乃至世界格局。战争源于两国对朝鲜的争夺，但背后隐藏着列强对中国的觊觎，掺杂着列强争夺利益的激烈博弈。

一、最后盛宴——战前西方列强对远东的争夺

　　19 世纪末，世界进入了列强疯狂争夺殖民地的"全球化"时代。在 19 世纪的头 75 年里，西方国家平均每年占领 21 万平方公里的殖民地，而在后 25 年里，平均每年占领 62 万平方公里的殖民地，全球尚未被殖民者践踏的土地寥寥无几。此时在亚洲，只有中国、朝鲜、暹罗、波斯、阿富汗等国保持着名义上的独立，对这些国家的争夺成了西方国家最后的盛宴。

　　英国资本主义发展最早，海上力量最为强大，其殖民地遍布全球，在远东的势力和影响首屈一指。从 19 世纪 80 年代中期开始，英、俄为争夺阿富汗已经走到了战争的边缘，几至动

武，其间，两国还为争夺朝鲜的巨文岛关系紧张。英国视沙俄为最主要的竞争对手，因此扶植日本，抵制俄国向远东扩张，就成为英国这一时期在该地区的重要政策。

甲午战争前，俄国投入巨大的人力财力，经营远东，加强军事力量，修筑西伯利亚铁路，为进一步扩张做准备，至甲午战争前夕，俄国在远东的势力已咄咄逼人，苏联历史学家曾评述：就19世纪后期对远东和中国事态发展施加影响的能力来说，俄国当时仅次于英国。战前，沙俄对自己在远东的力量心中有数，它在远东没有海军基地，横贯欧亚的西伯利亚铁路尚未竣工，对战争没有十足的把握，不能单独制服日本。

美国在日本发动甲午战争前，不仅拒绝干涉日本，还有意向日本派出军事顾问。美国支持日本在东北亚的行动是为了牵制俄国，同时，还需要利用中国牵制日本和俄国，要达成此目的，中国就不能解体。美国人认识到西伯利亚铁路及其支线，不仅可以使俄国开发辽阔的东部地区，而且还会改变世界贸易的方向，取代伦敦控制的苏伊士运河作为通往中国的关键线路，最终导致俄国主宰中国。时任海军助理部长西奥多·罗斯福向麦金莱总统汇报时明确警告："沙俄对美国的亚洲利益的威胁日甚一日。"美国这一时期对日外交的基本政策秉承遏制日本向东太平洋扩张，作为补偿则支持日本战胜中国后再从俄国那里获取利益。

二、唯利是视——所谓调解只是列强钩心斗角

甲午战争前后，清朝也试图借重沙俄、英、美等国，以反

制日本，当政者相信，"两国交涉全论理之曲直，非恃强所能了事"，故寄希望于列强能出面干涉或调停。但是由于既对眼前的对手做不到知彼知己，又对列强之间的错综复杂关系不甚了了，导致最终外交的失败。

俄国的隔岸观火。出于对自身利益的考虑，俄国驻华公使喀西尼对干涉一事表现出异乎寻常的热心。他对日本出兵的野心估计不足，认为只要俄国出面，不难让日本撤兵，这样可以加强俄国在朝鲜和远东的地位，是符合俄国利益的。他对李鸿章的请求欣然表示同意，并发电向国内报告：我国绝不应错过目前中国要求我们担任调停者的机会，况且此事对于我方既无任何牺牲，又能大大增加我国在朝鲜以及整个远东的势力，并足以消除在朝鲜发生不可避免而对我方甚为不利的武装冲突之可能。而俄国驻日公使希特罗渥认为，英国正在等待机会，一旦俄国"以任何方式表示援助中国时，英国很可能站在日本一边"。他认为，根据很多迹象来观测，若干其他强国倒很乐于见到俄国牵连到远东问题中去。最后这句话，正是俄国政府所最担心的，不能不谨慎从事。俄国政府从军事、外交、战略方面加以考虑，认为若采取干涉政策必须以军事实力为后盾，当时西伯利亚铁路尚未修成，俄国的军备特别是海军力量皆未备齐；同时俄国一方面担心英国会有所动作，于己不利；另一方面，俄国想要向南扩张，重划东部边界，中国是它首要的侵夺目标，所以它不可能真正帮助中国，以免产生招致增强中国力量的结果。俄国参谋总长奥布鲁乞夫有一句非常直白的话："中国变得愈弱，对俄国就愈有利"，道出了其中的内蕴，俄国政府从准备干涉转为采取不干涉政策。至此，李鸿章乞请俄国干涉的计划落空。

英国的以虎驱狼。当时的英国正为遏制俄国势力在远东的发展而竭力拉拢日本，根本无意援助中国和朝鲜。不过，当时英国一方面担心自己在东亚的巨大商业利益因中日战争而蒙受损失，同时也惧怕俄国垄断"调停"而使俄国的影响力上升。基于以上考虑，英国公使欧格讷频繁出入总理衙门进行"调停"。李鸿章对天津英领事说："（英国）速令水师提督带十余铁快舰，责其（日本）以重兵压韩无理，勒其退兵，再议善后，谅倭必遵。"事实上，英国的所谓调停对于中国而言无疑是一场骗局，英国偏袒日本，一味压清政府放弃更多的权利以满足日本的贪欲。7月23日，英政府照会日本："今后中日两国若发生战争，中国之上海为英国利益中心，希望取得日本政府不在该地区及其附近作战的保证。"而为了讨好英国，日本又声明，承认上海为英国利益之中心。据清政府探得的消息，"有日本政府字据，如有战争，定不在上海及行进上海口岸等处用武"。英国得到了这一保证，也就放手让日本发动战争。

美国的浑水摸鱼。美国对日本外交政策的第一要义是要日本充当其在亚洲的打手，因此时刻窥测形势，伺机而动。它不愿意参加列强的联合调停，而是希望自己能够单独进行调停，以示恩于中国、日本，借此提高自己在东亚的地位。1894年7月8日和10月6日，英国两次要求美国与欧洲列强联合干涉中日战争时，美国予以拒绝。11月初，战争扩大至辽东，日军已连续占领了中国的一些城镇，清政府再次乞求列强调停。美国在全面估量了各方面的局势以后认为，应该乘日本军事胜利的势头，诱使清政府进行谈判，早日结束战争。因此，日本政府在11月17日对美国的公开答复中虽称议和时机尚未成熟，但私下，日本外务大臣陆奥宗光对美国公使谭恩坦言："将来中国如果愿意媾和谈判，而美国也愿意为彼我周旋交换双方意见的便利时，我政府深愿倚赖美国政府的厚谊。"至此，日本政府把今后"调停"的权利，预先许诺给了美国，这样，诚惶诚恐乞求妥协议和的清朝政府面对气势汹汹敲诈勒索的日本政府，在美国的所谓斡旋下走上了紧张的被逼降、诱降和求降之路。

清政府醉心调停的教训是深刻的，其后果也是极其严重的。当政者不知依靠本身的努力和发挥自身潜在的优势，却一味地依靠列强的调停，和既无决断，战又无决心，迁延时日，以致步步被动挨打，欲求不败显然不可能。

三、以古鉴今——国际竞争的实质是利益之争

国家间博弈以利益为基础。当前，国际局势动荡，国与国之间利益竞争加剧，任何国家、任何政权，如果无法有效捍卫国家利益和维护国家安全，其走向衰落就实属必然，因此，维护国家核心利益是各国政府的头等大事。随着全球化的深入发展，世界各国联系更加紧密，国际各种力量因民族、地缘、文化传统和价值观等因素进一步分化组合，国际格局复杂多变，各国围绕国家利益之争更加激烈。在国际斗争与交流中，我们要始终维护国家的核心利益，特别是在领土领海主权问题上要寸土必争，正确处理好维护战略机遇期与解决东海、南海岛屿主权之争的关系，不能因为维护战略机遇期而委曲求全，不能因外部势力的干预而退让，不能因为营造和平外交环境迁就周边相关国家，任何时候都要把国家的核心利益摆在头等重要位置。

国家间博弈以实力为后盾。当今世界，求和平、谋发展、促合作成为时代潮流，但天下还很不太平，霸权主义、强权政治和新干涉主义有所抬头，国际战略形势错综复杂，各种矛盾纵横交织，我国国家安全和持续发展面临更为复杂严峻的局面。美国全球战略重心"东移"，对我国战略遏制力度明显加大，"空海一体战"构想针对中国明显。我国周边特别是海上方向安全威胁日趋严峻，与日本、菲律宾、越南等国岛屿主权和海洋权益之争不断，对维护领土完整和国家安全提出重大挑战。这都是我们要正视的现实，弱国无外交，只有强大了，才能在国际博弈中发出自己的声音。

国家间博弈以军事为保障。一个国家在改革发展历程中，肯定会遇到各种困难与挫折，经济、政治、外交等领域都会有曲折之路，但唯有战争不能失败，这是国家命运之搏。在难得的战略机遇期中，我国综合国力大幅度提升，特别是经济实力与日俱增，国际影响力越来越大。在军事斗争准备上，我们容不得半点闪失，战场上失败了，这些年的经济社会建设成果均可能付诸东流。一个国家如果丧失了主权就没有安全可言，没有安全保障的国家不会有独立的主权，只有强大的国防和军队才能为国家主权安全利益提供重要保障。当代中国的崛起和发展，面临着极为复杂的安全态势，我国在加强经济社会建设的同时，要把军事实力作为国家核心竞争力的支柱，积极运用强大的军事力量提供安全保障、维护战略机遇期，在复杂多变的国际社会中占据主动。

专题五　上兵伐谋

战略决策失误与甲午惨败

肖天亮

　　战争双方的较量，首先表现为战略决策的较量。战略指导者对打还是不打、何时打、怎么打、打到什么程度等重大问题的决策，对战争胜负具有极其重大的影响。清军在甲午战争中惨败，与清政府战略决策能力不足、决策一再失误有着直接的关系。因此，有必要对清政府在甲午战争中的战略决策进行分析和反思，研究总结其失误和教训，用以启示未来，进而赢得未来。

一、缺乏适应时代要求的战略决策体制机制

　　对于甲午战败之因，梁启超曾经讲道："西报有论者曰：'日本非与中国战，实与李鸿章一人战耳！'其言虽稍过，然亦近之。"从战略决策角度分析，清政府战略决策屡屡失误，既与决策者自身认识、分析和决断能力不足有关，更与缺乏先进的战略决策体制机制有关。

　　甲午战争是一场大规模的近代化战争。近代化军队与农业

时代的军队相比，已经发生了根本性变革。陆军除了传统的步兵、骑兵，还产生了新型的步兵、炮兵、工兵、后勤兵、卫生兵等，同时海军舰队逐步成为主要作战力量。作战空间不再局限于陆地和河流，而且延伸到海上。战争保障不仅是传统意义上的粮草等方面，而且涉及国家的工业、交通、通信、金融体系等。另外，从东北亚战略形势看，这场战争不仅与中国、日本和朝鲜的历史命运直接相关，而且将英国、俄国、德国、美国、法国等大国卷入进来。各种国际力量及其利益在这里纵横交错，它们的矛盾、冲突与沉浮，都可能引发朝鲜半岛乃至东亚地缘战略格局的震荡。在如此复杂的战略环境中进行决策，必须把内政与外交、军事与政治、陆战与海战有机统筹起来。如果没有一个完整、科学的近代化决策体制机制，不可能做出正确有效的战略决策。

日本在向西方学习的过程中，逐步建立了新的战略决策体制机制。早在 1878 年，日本就开始模仿德国的陆军制度，将参谋局改为参谋本部。参谋本部是一个近代化国家武装力量的最高指挥机关，它的职责是贯彻和执行最高统帅的命令，拟定、落实作战计划，组织进行战前动员，指挥协调各部队、各军种、兵种之间的配合以及调动部队作战。1879 年，参谋本部已经能够有效履行职责。例如，参谋本部派桂太郎、小川又次等数十名将校，以使馆武官和留学生名义来华调查华北一带的形势和中国兵备、地理情况，回日本后提出《对清作战策》，并编纂《支那地志》、《邻邦兵备略》等书。为了提高参谋人员的素质，日本在 1883 年设立参谋大学，致力于参谋人员的培养。1893 年，天皇批准《战时大本营条例》。在大本营中，参谋总长参与筹划最高统帅部的机密事项，负责拟定全军的重大作战计划。

在大本营中设置各机关的高等部，根据重大作战行动计划管理相应事务。1894 年战时大本营正式开设后，为了统筹军事、政治和外交诸方面，日本首相和外相也都参与大本营会议，共同决策。日本从执政团队到高级将领都年富力强，很多都有留洋经历。即使没有留过洋的陆军将领，也都接受了良好的西方军事训练和近代教育。决策层尽管有内争，但能够一心对外，从民主到集中，形成统一意志。

在这种近代化的战略决策体制下，政府和军队联合行动，在驻外公使馆设立谍报课，配置间谍武官、情报人员，或者通过浪人、商人、医生、学生等合法身份的居民，及时将大量清政府、清军及各国动向的情报资料，源源不断地传递到日本战略决策部门。日本参谋本部及国内相关机构，迅速对这些情报进行筛选、比较、评估，然后提出各种具有针对性的建议，拟订多种操作性很强的应对方案，为决策者最终决策提供参考。随后，高素质的日军参谋人员，能够将决策者的意志和战时大本营的决策及时贯彻落实到各作战部队。

反观清政府，其战略决策、外交交涉以及战争中清军部署等重大事项，几乎都交由年逾七旬的李鸿章一人或数人承担。清政府决策层多数从未跨出过国门，视野狭隘、年龄老化、体制僵化、多方受制。以李鸿章为代表的"办事者"，不得不在正面抗敌的同时，还要在背面应对"评论者"的冷嘲热讽乃至落井下石。而在最高统治者看来，"将相不和"从来就不是坏事。庞大的大清帝国没有相应的国家职能机构可利用，部分辅助决策的人员，还是沿袭千余年来所谓的"谋士"、"幕僚"。这些人大多擅长词章之类的清谈，既不了解日本也不能正确认识自身，尤其对于新时代的大国关系、军事上的多兵种大兵团

甲午沉思

作战、近代化的战争规律等问题更是一窍不通。战争爆发后，他们大多只会发出诸如"蕞尔小邦，螳螂挡车"或"传檄列岛，踏破东京"的虚谈空论，根本拿不出实际的军事行动方案。战争爆发后，战争准备怠慢的清军慌忙应战，最后只能是全军溃败的悲惨结局。

大清王朝的统治，经过250年的兴衰沉浮，清朝初年尚武的精神与体制都已流失殆尽。清廷唯恐将领拥兵自重，武官的权力和地位不断被削弱，在朝廷中明显低于文官。地方决策权集中在属于文职系统的总督、巡抚手中，当战争发生时，各省总督临时任命调动将军参战。李鸿章身为大清国直隶总督兼北洋通商大臣，既是政务官员，又是主管北洋外交事务的外交官，同时还兼任对日作战的总司令。这样的职权，与近代战略决策体制极不符合，国家军政体制极为混乱，对于一场关系国家生死存亡的重大战争来说，无疑是有违近代化战争规律的致命缺陷。

大敌当前，如果把整个国家与民族的命运全部寄托在个别决策者身上，不仅是危险的，也是不公平的。甲午战争的失败固然有慈禧、李鸿章等的个人原因，更与缺乏战略决策的组织形式密切相关。正是基于此类反思，甲午战争后，晚清军事改革者大都高呼改革首先要从改革军事制度入手。

任何决策，都是通过一定的组织形式来实现的，这对于发挥战略决策的效能十分重要。进入21世纪以来，随着全球化、信息化不断发展，安全环境更加复杂多变，战争节奏更加快速，战场情况更具有流动性、不确定性和高风险性，对战略决策提出了更高的要求。不仅要求战略决策者具备多谋、善断、速断的素质，更需要建立科学、高效、精干的战略决策体制机制，以集中各方面的智慧，协调各方面、各系统的关系，为决策者在面临重大威胁或危机爆发时做出正确的决断提供制度上的保障。

二、缺乏应对复杂困难情况的战略对策

进行战略决策，必须要有应对各种复杂困难情况的充分准备，特别是要把战略决策的底线放在应付出现最坏情况的可能上。对复杂困难的一面想得越多，准备得越充分，争取胜利的把握就越大。

甲午战争中，日军大本营根据可能出现的情况，制定了三种方案，对各种情况都做了深入的研判和准备。第一，如海战大胜，掌握了黄海制海权，陆军则长驱直入北京；第二，如海战胜负未决，陆军则固守平壤，舰队维护海峡的制海权；第三，如海战大败，陆军则全部撤离朝鲜，海军守卫沿海。日军大本营甚至做好了北洋海军攻击日本本土的计划。战争爆发前，日军估计清军向朝鲜派兵可能会达到5000人，日本为了必胜则需要6000至7000兵力。战争爆发时，清军在朝鲜的兵力只有3600人左右，而日军在朝鲜总兵力已达7000多人。同时，针对可能出现英国和俄国对日本的军事干涉，日本展开了一系列的外交活动。纵观日军整个战略决策过程，处处体现出立足最困难的情况，做最坏的准备，实现最低的目标。

反观清政府方面，李鸿章等人很早就预料到日本是中国最危险的敌人。1864年，李鸿章致清廷的函中指出："夫今之日本，明之倭寇也。距西国远，而距中国近。我有以自立，则将

附丽于我，窥伺西人之短长。我无以自强，则将效尤于彼，分西人之利薮。"但是，清政府却把希望寄托在通过战略威慑推迟战争爆发上，而不是立足于真打、早打的准备。朝鲜危机出现以后，袁世凯密报李鸿章日本已派军舰前来，并要求李鸿章令正南巡的北洋舰队迅速北返或直航朝鲜。但李鸿章却天真地认为，日本首相"伊藤尚明大局，不致嗾韩匪起事"。李鸿章虽然也要求袁世凯对日本密为防范，却仍判断"伊藤与吾交好，非虚伪"。但日军却大举入朝，占据仁川、汉城一带战略要地，做好了先发制人的准备。面对突如其来的变局，清政府一开始表示震惊，但又认为这不过是"作声势"、"争体面"，仅仅是属于外交范围内的问题，做着完全凭外交手段退敌的美梦。此后，随着日军的步步进逼，前线将领提出"事至今日已无可闪避，不如制敌机先，予敌人以迎头痛击，挫其锋锐"，但李鸿章却给提出此先发制人建议的林泰曾记过处分，认为"日本添兵，虽谣言四起，并未与我开衅，何必请战"。

在"和"与"战"问题上，清政府不是立足于"战"上；在如何"和"上，又将希望寄托于列强对日本的干涉上。当时，列强在东北亚地区既有共同利益，又有深刻矛盾，它们对战略形势的走向、战争的爆发、战争的进程以及和平谈判等各方面，都具有一定的制约作用。这种情况对中国有不利的一面，也有有利的一面。李鸿章等人希望利用俄国和英国来压制日本，完全是有根据且具备条件。分析当时的形势，俄国和英国无论对日本或清政府，既有支持也有抑制；不管是支持谁还是抑制谁，不管是何时支持还是如何支持，则完全取决于其利益的要求。但是，李鸿章等人醉心于外交调停，对列强的干涉期望过大，误以为俄国、英国会拔刀相助，不立足于自身的努力和发挥自身的优势去赢得和平，造成了极其严重的后果。英国人赫德曾说："所有国家均向中国表示同情，并说日本这样破坏和平是不对的，但没有一个国家采取任何实际行动帮助中国。""外交把中国骗苦了，因为信赖调停，未派军队入朝鲜，使日本一起手就占了便宜。"

总之，清政府在整个战略决策过程中，不是力争把各种因素和条件都想到，把各种矛盾和问题都估计到，立足于最复杂、最困难情况制定多种方案，而是凡事都偏向于往好处思考，从而极大低估了日本的扩张野心、作战能力、外交运筹，错误判断了日本的战略目标和列强对待中日两国的态度，没有早打、大打、突然打、长期打、在自己本土打或到日本本土打的计划，无论是战略计划的制订，还是战争动员、后勤工作、兵力部署诸多方面都杂乱无序。正如当时美国驻华大使田贝在致美国总统的秘密报告中指出的那样："中国以完全无准备状态而卷入战争，乃史无前例。"

历史反复向我们昭示，进行战略决策必须要有底线思维，立足于最复杂最困难情况，保持清醒头脑，克服麻痹轻敌、主观臆断等错误倾向。有了应付最坏情况的精神准备与物质准备，才能在敌我互争中措置裕如，在战争中始终处于主动地位。

三、缺乏对战争的精心设计和周密谋划

精心设计战争，周密谋划战争，是战略决策的重要内容，也是事关战争胜负的重大问题。设计和谋划战争，必须以战略目标为依据，以国家实力特别是军事实力为基础，同时考虑地

理条件和国际国内支持程度等因素。甲午战争中，小日本打败了大中华，小日本对战争精心设计、周密谋划，而大中华设计不足、谋划不力，由此胜败已见分晓。

日本对侵略中国和朝鲜的战争进行了长期的研究和设计，在战前就明确了战争的目标任务，制定了战略方针。早在1875年前后，日本画家安田老山和海军少将赤松则良密议，向日本政府提出《对清国决战之策》的书面建议。1880年，桂太郎等人在《对清作战策》中，就对中国开战进行了军事部署，并充分考虑战争发展过程中的各种可能，制订了翔实的作战计划。1886年，日本海军大尉关文炳奉命潜伏中国，回去后提交了《关于威海卫及荣成湾之意见书》，其中详细的作战建议，在甲午战争中得到了完全实现。

1887年，日本制订对中国作战计划达到了高潮。参谋本部第二局局长小川又次制定了《清国征讨策案》，海军部第一局第一科科员樱井规矩之左右、第二局第二科长岛崎好和科员三浦重乡、第三局第一科科员日高已雄和佐佐木广胜、"浪速舰"舰长矶边包义等6人分别拟定了6个作战方案。这些方案是日本所制订的军事作战计划中最具有代表性的，其详细性、针对性即使今日也令人不寒而栗。以矶边包义的《对策》为例，其中提出，"舰队获全胜后，立即进攻占据威海卫并将其封锁之。该港布设各种水雷，港之两侧筑有炮台，以陆军22个营，即1.1万人守备，故不得轻率进攻。可自海上攻破炮台，夜间利用反装水雷将其水雷全部排除，使舰队驶入。于炮台方面，港内地区高山之一侧为崖壁，非大兵自由活动之地形；另一侧之刘公岛半受来自海上之炮击，其海军失利后，并非其久驻之地，退走乃必然之事。我军先占刘公岛，使陆军登陆，各运输船返回内地，仍须要再护送1个师团、1个联队，实为必要。"上述种种方案不仅在甲午战争中成为日军整个作战计划的重要组成部分，而且一些建议还影响了此后几十年的侵华战争。

在每次会战的战略决策中，日军不仅明确了具体的战略方针，还规定了陆军与海军如何协同、如何设立兵站、何时切断何处电线、何时派出侦察兵，等等。例如，在旅顺会战中，日本联合舰队一方面积极协助第二军登陆，一方面密切监视海上态势，寻机歼灭清军舰艇。

相反，与日本清晰、全面且志在必得的战争设计和谋划相比，清政府全然没有一套应付日本进攻的战争构想，更没有制定出应付各种可能情况的作战预案，甚至连敌人何时可能发动战争也一概不知，一味凭着感觉和"万国公法"等行事。

丰岛海战之前，北洋舰队明确得到"倭舰将要来截"的情报。丁汝昌"电请鸿章率我海军大队继发接应"，以防日舰偷袭。而此时的李鸿章对战争中的重大决策全无考虑，依然相信日本会遵守"万国公例"，不会偷袭中国护航舰与运兵船，拒绝了丁汝昌"率海军大队继发接应"的请求。直到丰岛海战中国舰船遭到日舰袭击后，李鸿章仍然天真地认为"华倭现未宣战，倭船大队遽来攻扑我巡护之船，彼先开炮，实违公法"。可以想象，日本早已磨刀霍霍、大军出动，清廷还浑然不知战争何时开始，不啻于羊入虎口、引颈就戮。战争开始后，清朝政府也没有系统完整的战争设计和谋划。1894年8月1日，清王朝被迫对日宣战，光绪皇帝颁布谕旨："倭人渝盟肇衅，无理已极，誓难再予姑容。着李鸿章严饬派出各军迅速进剿，厚集雄师，陆续进发，以拯韩民的涂炭。并着沿江沿海各将军督抚及统兵大臣，整饬戎行，遇有倭人输船各入口，即行迎头痛击，悉数歼除，勿得稍有退缩，致于罪戾。"这实际上是一个政治口号，没有可操作性的作战方针和原则。战争初期，清廷四支大军齐集平壤，却毫无战略谋划，统帅叶志超根本不知道应该如何迎敌，关键时刻首先想到逃跑。

吸取历史的教训，就是要根据信息化条件下战争力量多元、时间缩短、节奏加快、空间广阔、首战即决战的特点，把在哪打仗、与谁打仗、打什么样的仗、怎么打仗研究透，对可能的战争进行精心设计、缜密谋划，有针对性地进行充分准备，并根据战场情况灵活应变，确保打赢战争。

四、缺乏战略指导的积极性、主动性和创造性

战略决策是战略指导能力的集中体现，是一种高度创造性的思维活动。战略决策必须正确反映战争的客观规律，能动地指导战争的有效实施。这就要求战略指导者从战争发生发展的客观规律出发，积极主动地、创造性地指导战争，确保赢得战争胜利。

甲午战争中，日本政府和日军在战略指导中表现出强烈的积极性、主动性和创造性。从当时东北亚战略形势来看，中国、日本、英国、俄国是影响战略格局变化的四种力量，沙俄和英国的立场将极大影响中日两国的军事博弈。甲午战争爆发前，沙俄正投入巨大的人力财力经营远东，为进一步扩张做准备，日本占据朝鲜将阻挡其南下通道；英国在远东的势力和影响首屈一指，是这个地区最大的受益者，它不希望在同一地区出现新的竞争对手，挑战其既得利益和优势地位。因此，中日战争

既是双方的武力冲突，也是以分割包括朝鲜在内的东亚为目标的帝国主义之间对立的一部分，日本发动战争很可能面临沙俄与英国军事干涉的风险。但是，以山县有朋的《军备意见书》为代表，日本认为虽然欧洲正保持势力均衡，但列强却正在一味计划着对东方的侵略，特别是俄国西伯利亚铁路全线通车后，将是对日本扩张战略的严重威胁。同时，清王朝正在付巨资进行海陆军大整顿，庞大的北洋舰队已经令日本上下产生恐惧。为了确保战略要地朝鲜，必须充分发挥主动性和创造性，尽快寻找机会进行对中国作战，并将开战时间规定在清王朝实现军队改革以及欧美各国拥有远征东洋实力之前。

甲午战争爆发前，日军虽然大体上完成了对中国作战的准备，但对于战争的胜算仍然没有把握。日本历史学家外山三郎在《日本海军史》一书中谈到："当时，日本海军不仅没有战胜清国舰队的把握，而且还对它怀有一丝恐惧的心理。"日本海军虽然凑齐了以日本的"三景"命名的三艘军舰，但可以击破北洋海军"定远"、"镇远"铁甲舰的大炮只有3门。同时，因为"三景"舰舰体小，大炮一转动就要朝着射击舷倾斜，瞄准困难，在实战中究竟有多大作用还是一个未知数。日本海军为了弥补大炮不足，建造了小型、快速的巡洋舰，安装了发射速度是原有大炮8倍的小型速射炮。这种速射炮虽然发射快，但存在射程短的弱点。日军希望利用巡洋舰和速射炮的优势，快速接近敌舰以完全削弱敌舰的战斗力。这种抵近炮击战术具有很大的风险性，在战斗初期将面临北洋海军单方炮火攻击。日军通过训练，坚定了这种战术的运用。由此看出，日军在力量并不占明显优势的情况下，在没有取胜把握的情况下，做出发动战争的决策，是具有冒险性的，但从另一个角度看也是积极性和主动性的反映。

相对而言，清政府的战略指导非常消极，更没有任何创造性可言。

平壤战役前夕，由于日本联合舰队与北洋海军还没有决战，制海权的归属不明，日军一开始不敢向靠近平壤的仁川登陆，只能从朝鲜半岛最南端的釜山和东部的元山登陆。当时正处于炎热的8月，漫长的山地为日军行军和后勤补给造成了极大困难，如果清军再予以攻击，日军就有面临失败的危险。为了挽救危机，日军大本营决定冒险从仁川登陆。但在当时北洋海军主力完整的情况下，这种做法完全是一种赌注。

然而，丰岛海战之后，李鸿章只是命令丁汝昌率北洋舰队赴汉江洋面"游巡"，一再指示"惟须相机进退，能保全坚船为要，仍盼速回"。其后临近海战的关键时刻，李鸿章反复提出"速去速回，保全坚船为要"的要求。8月23日，日本联合舰队窜至旅顺、威海口外侦察骚扰，清廷甚为惊恐，颁布谕旨："威海、大连湾、烟台、旅顺等处，为北洋要隘，大沽门户，海军各舰应在此数处来往梭巡，严行扼守，不得远离，勿令一船闯入。"在这种情况下，李鸿章不仅不让海军舰队主动寻机歼敌，反而正式明确了"保船制敌"的思想，这一思想的关键在保船，而不是制敌。强调"海上交锋，恐非胜算"，建议清廷放弃争夺制海权。他认为，今日海军力量，以之攻人则不足，以之自守尚有余，因而主张北洋舰队"不必定与拼击，但令游弋渤海内外，作猛虎在山之势"。《日本海军史》后来也总结说："占绝对优势的北洋舰队覆灭的根本原因在于战术错误，丁汝昌的上司李鸿章不接受丁汝昌积极进攻的主张，采取消极保存舰队的错误政策，让舰队始终在沿海活动，以保护陆军，从而错过了对日军特别是对日运输队实施攻击的良机。""保船制敌"方针限制了北洋舰队机动性和进攻性功能的发挥，把"活"的舰只变成了"死"的炮台，是战略指导上消极被动思想的突出表现。

从整个战争过程来看，以李鸿章为代表的清政府高层在战略决策上普遍消极保守，既缺少战役战斗上的主动进攻，也没有战略上的主动出击。1894 年春，朝鲜发生东学党起义后，日本侵略朝鲜和中国的图谋即完全暴露出来，并在积极寻找开战的借口。当时，许多有识之士都已意识到，中日之战难以避免，清政府应急谋御敌之策。由此时起，朝野人士围绕应敌策略各抒己见。中日两国宣战之初，即不断有人提出"围魏救赵"之说，主张"趋兵蓬岛，直抵扶桑，倭奴首尾无援，自必疲于奔命，则高丽之倭兵自退，而我国之疆圉以安"。"捣其长崎，长崎破，而煤源绝矣。捣其神户，神户破，则由大板铁道直达西京，而其国断而为二矣。捣其横滨，横滨破，则东京震动，势将迁都，全国可传檄而定矣"。尽管这种主动出击、直捣日本、以攻为守的方略过于理想，但是以历史的眼光去审视，也不是全无是处。历史上，从唐朝开始，中日恩怨一千余年，期间大大小小的武力冲突有许多次，从中可发现一条规律：凡是主动出击，跳到外线作战的，都没有失败；凡是消极保守，一直守在家门口等着敌人来打的，都是惨败。例如，我国唐朝、明朝在面临日军侵犯威胁时，主动到朝鲜半岛参战，给予日军痛击。而清朝后期，对日消极防御，无论形势如何变化，在战略战役上始终坐等日军进攻，终致甲午惨败。

可见，战略决策中增强积极性、主动性、创造性极其重要，消极防御、怕冒风险、因循守旧必然导致被动挨打。即使面对

甲午沉思

强敌，也要积极进取，正确把握防御与进攻、后发与先制、内线与外线，灵活运用你打你的、我打我的战略思想。

五、缺乏坚定的战略决心和意志

战略决策是决策者筹划指导战争全局能力与素质的集中体现，它要求具有无畏的勇气、果敢的魄力、坚强的意志与坚韧的毅力。在这些方面，清政府与日本战略指导者的差距也是非常之大。

在整个战争中，清政府决策自始至终就没有必胜的信念和放手搏击的勇气。

战争爆发前，中日双方在同一时空条件下激烈争斗，情况瞬息万变，战机稍纵即逝，对战略决策的时效性要求极高，需要战略决策者坚定、果断地进行决策。日本一开始就认识到，无论朝鲜的局势如何走向，决策者必须都要把所有精力放在"在朝鲜如何取得优势地位"上，从而开战前在军事、外交上都占尽了先机。而清政府面对日本大军压境，不是在有限的时间内权衡利弊，抓住机遇，果断决策，而是处处采取息事宁人的态度，奢望日本不发动战争而维持和局；同时，又把希望寄托于列强干涉或国际法的制约上，不依靠积极主动的战备去遏制战争。既无坚决"打"的决心，也无坚决"和"的办法，犹豫不决而贻误战机。

尤其是到了战争后期，当清军在战场上一败涂地之际，清政府只知一味乞求和平，既无战略，也无策略，更无胆略，不能审时度势灵活运用"和"与"战"两种手段去争取和平，结果使国家和民族付出惨重代价。

当时，面对清政府的乞和，尽管日本政府在谈判桌上盛气凌人，以胜利者自居，但在其貌似强大的背后，却存在着极大的空虚。因为日军在战场上看似所向披靡，但是已经到达进攻的顶点，因为战场上压力过大，一些日军士兵开始自杀。尽管日军所到之处大肆掠夺，但毕竟小国寡民，日本国内的人力、物力、财力已消耗殆尽。清政府驻英公使从英国外交部得到消息："闻倭兵伤亡甚多，不仅苦于战，且冻馁难耐。现倭在英借债，汇丰密告。"俄国驻日本使馆的情报指出："（日本）所有军舰锅炉，经过 10 个月连续不断使用的结果，已经破坏到这样程度，以致船只的最起码速度都无法维持，所有船只都急待整修和更换锅炉。"日本外务大臣陆奥宗光也承认："国内海陆军备几成空虚，而去年来继续长期战斗之我舰队及人员、军需等，均告疲劳缺乏。"英国《泰晤士报》认为，"日军在中国已陷入困境，战争的转折点即将到来。"因为中国的优势还是潜在的，只有在战争继续坚持的情况下才有可能逐步显现出来，而要将潜在优势转化为现实优势的决定条件，就是决心将战争拖下去。

当时，中国国内很多人看到了这一点，广东陆路提督唐仁廉认为有"十可战"。黑龙江将军依克唐阿认为，"但能力与之持，不过三年，彼必死亡殆尽。"南洋大臣刘坤一认为，"割地、赔款多节，目前固难允行，后患更不堪设想，宜战不宜和，利害轻重，事理显然……在我只须坚韧苦战，否则高垒深沟，严为守御。倭奴悬师远斗，何能久留？力尽势穷，彼将自为转圜之计。况用兵两年，需饷不过数千万，较赔款尚不及半，而彼之所费愈多。'持久'二字，实为制倭要著。"因此，《马关条约》签订的消息传开后，全国上下掀起了"拒和、迁都、再战"的呼声。

那么，假如日本能够打下去，直至占领北京又如何呢？日本首相伊藤博文早就说过，"清国将是满朝震惊，土崩瓦解并陷入无政府状态"。若是清政府因此而瓦解了，那么日本便失去了和谈的对手，找谁去割地赔款呢？已经到手的战争利益就会大打折扣。同时，日军长驱直入，已经严重触犯了列强在远东地区的利益。英国《标准报》评论，如果日本和谈条件过高，各国将联合起来，采取让日本认识到各国联合的意志是不能抗拒的手段。后来《马关条约》签订引发的"三国干涉还辽"事件，就是这一情况的直接证明。

当时，极端腐朽的清政府决策者最担心的是，如果持久作战，王朝就有覆灭的危险。但是根据当时的情况分析，掣肘日本决策者的矛盾和问题，比清政府决策者还要复杂，日军战略指导者决策起来更加艰难，这种情况是对中日双方决策者战略决心和意志的极大考验。然而，清政府决策层对抗战的前途已经完全丧失信心，无视当时的军事、政治及国际战略形势的转机，为了确保王朝的私利和政治前途，签订了丧权辱国的《马关条约》。

历史告诫我们，战略决策的风险是绝对的，相应带来的冒险也是绝对必要的。因此，战略决策者必须要有风险意识和敢于斗争、敢于胜利的胆识与气魄，善于在极大风险中发现和创造机遇，做出最佳抉择，最大限度地捍卫国家利益，最大可能地打赢战争或争取和平。

结　语

　　战略决策具有巨大的风险性、激烈的对抗性、超常的创造性、高度的时效性，战略决策正确与否，直接关系到国家安危、民族兴衰、利益得失和战争胜败。我们要认真吸取甲午战争战略决策失误的历史教训，本着对历史负责、对国家和民族负责的精神，加强战略决策的研究和筹划，在国家安全面临重大威胁时，慎重决策、果断决策、高效决策、科学决策，有效维护国家的安全和发展利益。

必须与时俱进加强军事战略指导

肖天亮

军事战略是党和国家的基本军事政策，是国家总体战略的重要组成部分，是统揽一切军事工作的总纲。实现强军目标，加强军事战略宏观谋划和指导非常重要。习主席要求："要认真贯彻新时期积极防御军事战略方针，深化军事战略问题研究，积极推动军事战略创新发展，与时俱进地加强军事战略指导。"清军在甲午战争中惨败的重要原因之一，就是清政府没有根据社会发展和战争形态的演变，深刻认识世界战略形势的新变化，准确把握近代化战争的特点规律，从而在战略指导方面一错再错。当前，世界战略形势复杂多变，新军事革命突飞猛进，有必要深刻反思清政府在甲午战争中的战略指导，研究总结其失误和教训，为深入推进中国特色军事变革，与时俱进地进行战略指导提供历史借鉴。

一、必须深刻认识和正确判断形势的发展变化

战略判断，是国家（集团）最高军事当局对涉及国家安全

和军事斗争全局的情况所做的分析、判别、预测和断定。其基本目的在于判明威胁，区分敌友，揭示企图，预测战端，计算力量对比，权衡利弊得失，从而为战略决策与指导提供正确的结论，战略判断要求战略指导者必须系统地、发展地而不是孤立地、静止地分析形势。甲午战争清王朝失败的原因之一，就是统治者对世界战略形势及周边安全环境的认识和判断失误，从而对侵略战争缺乏预见性而放松了警惕。

（一）对世界战略形势认识不清

研究世界战略形势，要注重把握时代特征，深入分析大国关系，从政治、军事、经济、地缘、文化等方面进行综合研究，从而对一定时期内的世界战略形势走向做出科学判断。

当中国处于康乾盛世之际，正是欧洲资产阶级革命开始取得胜利，世界历史掀开新的一页之时。在资本原始积累和资本对外扩张的驱动下，欧洲列强凭借船坚炮利，掀起殖民掠夺和领土扩张的狂潮，地大物博的中国，自然也是西方列强觊觎的主要对象。可是，清朝统治集团长期实行闭关锁国的政策，对世界形势茫然无知，也没有尽早认清列强的侵略本性，不能正确地分析和估计国际形势发展变化，更不能制定切合实际的国防发展战略。

甲午战争以前，尽管清王朝先后经历了两次鸦片战争、沙俄入侵东北和西北、日本入侵台湾、中法战争等事件，但清军的主要职能仍然是防止和镇压国内人民起义，而不是随时准备抗击可能来犯的外国侵略者，因此在战略指导上长期实行防内重于防外的政策。以兵力部署为例，清政府虽然号称拥兵百万，但分散于全国各地。因此，甲午战争爆发后，清军既没有足够的边防力量可御敌，也没有完整建制的战略机动部队可供调遣。在几次规模较大的陆地会战中，参战部队来自四面八方，互不统属，主客军之间不相容，极大影响了整体战斗力。在平壤战役前夕，由于清廷内部派系之争，一个半月中竟然没有任命一位主帅统领前敌大军，不仅犯了兵家之忌，也为清军一溃千里埋下了种子。

（二）对日本的战争威胁置若罔闻

分析周边安全形势，是判断战略环境与安全威胁的中心环节。必须通过综合权衡，全面分析，进而判断威胁一国安全的主次对象、威胁的性质和程度，特别是有无导致军事冲突和战争的可能性。

近代以来，当中国遭受西方列强侵略的时候，日本也成为他们掠夺的对象。面对同样的局势，日本采取了武力崛起的安全战略——与其如中国一样沦落为被侵略的对象，不如加紧富国强兵，成为列强欺侮弱国的同伙。1868 年，日本通过明治维新，开始走上资本主义道路，国力日渐强盛，欲与中国寻衅。在日本军界和舆论界，相继抛出"征韩论"、"征台论"、"国权论"、"利益线"等一系列侵略理论，并逐渐演化为以侵略中国为中心的"大陆政策"。1887 年，日本政府制定了《清国征讨方略》，决定在 1892 年前完成对华作战的准备。同时，日本派出大批间谍在中、朝活动，在甲午战前绘成了包括朝鲜和我国辽东半岛、山东半岛和渤海沿线的每一座小丘、每一条道路的详图。按说，日本并没有采取高明的办法欺骗清政府，疯狂扩军备战的做法也难掩人耳目，特别是 1874 年日本公开侵台和 1879 年吞并琉球一事，也曾大大震惊了清政府。但是，在日本长达近 10 年之久的扩张备战中，清政府仿佛视而不见，对日益逼近的战争威胁置若罔闻。

对此，日本战史后来总结说："日清对立已成势在必战。此时，清国做出了非常错误的判断。其一为对日本的战争力量，其二为对日本的政争，其三为俄国与英国的去从。"具体说来，清政府在以下三个方面错误判断了形势：一是把日本自明治维新以来吸取西欧文化，进行各项改革，讥讽为轻浮狂妄，模仿欧洲文明皮毛的小岛东夷。当战争威胁日益临近之际，清王朝相信以先进的淮军、北洋海军，可使日本不战而降，或一击即溃。二是错误判断了日本国内形势，将日本内部简单的政争，夸大为国民之间的对立。认为战争一旦爆发，日本内部蕴藏崩溃的危险。三是过于乐观地认为清政府与俄国的关系很有利，企图利用俄国的南下政策压制日本，并认为与英国的关系也绝无不利之处。因此，清王朝对遭受侵略缺乏应有的预见和警惕，根本想不到"蛮夷小邦"会向"天朝大国"发动侵略战争。

总之，在 19 世纪这样一个强寇四逼的战略环境下，清王朝战略指导者对世界全局的国际利益关系、力量对比、战略格局、主要国家的政策企图、战略趋向、军备建设与战略特点、战略部署与军事动态等情况知之甚少，由此错误估计了当时世界战争与和平的基本趋势及其对清王朝安全的影响。对于周边安全形势，清政府也没有判明国家的利益受到哪些国家的威胁，武装冲突的可能性有多大，哪个国家有可能发动战争，战争可能在什么地点爆发，战争可能在什么时候爆发，战争的规模有多大，将会是何种作战样式等等一系列问题。甲午战争中清军被动挨打，很多方面都是来源于清政府对战争威胁判断不准。甲午战争清军失败的教训表明，只有放眼世界，正确分析国际战

甲午沉思

略形势，明确本国所处的安全环境，才能形成快速、精确的战略判断，才能在战争中处于主动地位。

二、必须深入研究和准确把握战争的特点规律

毛泽东指出："战争和战争指导规律都是发展的，各个历史阶段有各个历史阶段的特点，因而战争规律也各有其特点，不能呆板地移用于不同的阶段。"研究战争，"应该着眼其特点和着眼其发展，反对战争问题上的机械论"。① 战争形态不断发展变化，要求我们立足于现实和历史，根据各种情况的变化，找出各个历史阶段的战争特点和规律，不断地研究新情况，解决新问题，总结新经验，增强预见性，才能正确地指导战争实践。清军甲午战败是多种因素造成的，但其中非常重要的一条就在于战略指导者对近代战争的特性认识极为肤浅。

甲午战争时期，正是世界军事发展史上的狂飙突进时代。以蒸汽机广泛用于各个产业部门为先导，掀起了工业革命的浪潮。工业革命作用于军事领域的直接成果，便是先进武器的大量生产与不断改进。与此相适应，军队建设和作战理论也出现了革命性的发展。在新老列强为重新瓜分世界而在全球范围疯狂角逐中，世界各国展开了武装力量建设和作战方法的根本变革——普鲁士建立以铁路为主要输送手段的国家战时快速动员系统，更新了装备和编制，推广图上想定、沙盘推演等新的训练方式，确立了参谋本部制度；俄国颁布新兵役法，扩大陆军

① 《毛泽东选集》第 1 卷，北京：人民出版社 1991 年版，第 173 页。

院权限，使之成为全国武装力量的统率中心，内设总参谋部作为军事指挥的最高核心机关，将全军部队分为平时、战时和预备役三种编制；美国基本上根据马汉的制海权学说，进行了海军战略体系改革，等等。在这个充满战争与变革的历史大转型时期，战争规模急剧扩大，交战活动空间越来越广，内容日益复杂。但是，清政府无视社会发展及战争形态的发展变化，没有深入研究近代化战争的特点规律，也就不能正确地指导战争，从而在甲午战争中招致了一连串的失败。

很多人历来很困惑，清军全国号称近百万军队，而且又在本土作战，但在每个具体战场兵力对比上，清军却经常处于劣势。要知道，日军最终投入战场的总兵力也就十几万。平壤战役中，清军兵力为不到 1.5 万人，而日军则超过 1.5 万人；鸭绿江防御战役中，中日兵力均为 3 万左右，双方对比不相上下；金州、旅顺战役中，清军不到 1.5 万人，而日军则达 2 万多人；在山东半岛战役中，清军 2.1 万人，而日军则有 2.5 万人。纵观整个战争过程，清军仅在海城作战等极少数战役中兵力在数量上占有优势。

导致这种结局的原因很多，如清王朝战备不足、对日本进攻方向判断错误、前线将领互相掣肘等问题。但值得我们重视的是，清政府没有弄清楚近代化战争的特点、规律，也是其中非常重要的原因。清军陆军在兵种构成上，仍然沿袭传统的步兵和马队，没有炮兵、工兵、辎重兵的建制，难以适应近代机动作战的需要。清军没有建立起统一的后勤制度，特别是防军、练军带有很大的私属性，粮饷、军械都由各省自筹，给粮食、弹药供应和枪械管理带来很大困难。在兵员来源上，清军仍实行世兵制和募兵制，没有建立起预备役、后备役制度。近代化战争与冷兵器时代的战争截然不同，临时招募的清军未经一定时间的近代化军事训练，到战场上形同乌合——射击时基本不瞄准，遇敌不懂卧倒放枪，冲锋时成集团队形蜂拥而上，等等。

而日军按照近代化战争的要求，在战争战略指导上极为强调军队的进攻性和机动性。1888 年，日军废除卫成式镇台制，代之以机动、自给的师团制，由步兵、骑兵、炮兵、工兵以及辎重兵等全部兵种组成师团，使日本陆军成为一支机动性、攻击性极强的野战军。日军还强调后勤系统的重要性，重视战争中兵站的设立和运输的组织，设立陆军勤务兵团，推动日本改善并扩建铁路，形成强大的战略投送能力和后勤补给能力，可以投送和支援部队在日本任何一点迅速集中。甲午战争中，日军根据清军兵力分散问题，机动灵活地挑选守备较弱的城市或要塞首先进攻，各个击破。日本海军充分发挥主动性、进攻性、机动性的特征，灵活快速地运送兵力，使陆军可以在作战地域迅速集结。所以，虽然中国兵力总体上超过日本，但在每场局部战场上，日军经常在数量上占有优势。总之，清军不能针对战争特点和作战对象的变化，实行新的战争战略指导，从而丧失主动权，处处被动挨打。

当前，从国际形势来看，世界正面临前所未有之大变局。近代以来中国已经先后两次错过军事变革的重大战略机遇期，如今第三次重大军事变革——机械化战争向信息化战争变革正在加速推进。能否抓住历史机遇实现强军梦想，这是中华民族历史和未来向我们提出的一个极为严肃的问题。为了应对这些威胁和挑战，落实到在战争问题上，就要重点关注"三个研究透"：一是把战争制胜机理研究透。既要研究信息化条件下战争的共性特点规律和制胜机理，又要研究我国未来可能面临战争的特点规律和制胜机理，还要研究不同战略方向战争的特点规律和制胜机理。二是把战争决策研究透。战争决策具有巨大的风险性、激烈的对抗性、超常的创造性、高度的时效性，要从政治上来研究和筹划打还是不打、什么时候打、怎么打、打到什么程度。三是把作战思想研究透。筹划和指导战争，必须不断创新战略指导和作战思想，我们要深化研究，提出符合我军实际的基本作战思想，为能打胜仗提供理论支撑。

甲午战争危机处理的启示

王 勇

党的十八大以来，习主席的一系列重要讲话中，都贯穿了军队要"能打仗，打胜仗"这一新形势下强军目标的主线。它引导我们无论是军事斗争准备，还是安全战略筹划，都向着应对复杂安全威胁的实战聚焦。那么，假如明天战争真的来临，我们究竟要如何应对呢？

常言道，前事不忘，后事之师。今天，当我们站在又一个甲午的历史关口去回望120年前中日间那场大较量时，也许会发现，不仅作战上有许多问题需要认真去总结，而且危机管控上也有一些深刻教训值得汲取。这是因为，相距一个多世纪的两个甲午具有一些十分相似的背景：即，中日双方都进行了程度不同的变革，并重视海上力量的发展；中日双方都面临外部与内部的不同矛盾，并高度关注某处能够影响彼此利益的重要区域；中日双方都已嗅出了某些战争的味道，并进入了一个复杂的战争决策过程等。以此作为切入点来分析，正好便是当中日双方进入战争博弈时，如何有效地进行危机应对的问题。

一、值得回味的历史现象告诉我们：忘战必危

孙子曰，未战先算者胜。甲午战争的教训告诉我们，任何时候都不能放松对日本这个敢于挑战"先师"的恶邻的警惕。只有居安思危，不因国家经济的快速增长而在国防建设与军事斗争准备上有所懈怠，并确实练好自己的"内功"，才能真正避免重蹈历史上甲午战争的覆辙。

（一）有针对性地周全准备，是对手赢得战略主动的关键

回塑甲午历史便不难发现，日本发动这场战争不仅早有预谋，而且还从思想上到物质上，都进行了充分的准备，以至做到了"胜在情理之中"。

提出明确的战争方略，并进行针对性的宣传。早在1868年明治维新后不久，日本就开始着手准备对外扩张，试图打破"华夷称诵"和挤压西方势力，以形成地区霸权。至1887年，日本政府就制定了《清国征讨方略》，进攻的方向是朝鲜、辽东半岛、山东半岛、澎湖列岛、台湾和舟山群岛，并决定在1892年前完成对华作战的准备。在此基础上，日本政府及朝野人士，通过新闻媒体等，向民众广为传播所谓"义战论"和"文野之战论"等，为其挑起对华战争制造舆论。

增大所需的军费额度，并进行充分物资动员。日本通过实施多次《扩充军备案》，至甲午战前的几年，平均年度军费开支已达到其总收入的31%，加上开展"军资献纳运动"和"义捐运动"，首脑人物和财界均为"服务于国事"大举筹捐。其

甲午沉思

中，仅在 1887 年，日本天皇就曾下令从皇室经费中挤出 30 万元作为海军补助费；而到 1890 年后，日本更是以国家财政收入的 60% 来发展海军和陆军；自 1893 年起，日本政府又从文武百官的薪金中抽出 1/10 用于补充造船费用等。这些举措，为其发动甲午战争积蓄了足够的保障实力。

扩充日常征兵的规模，并加紧情报收集活动。早在 1885 年，日本就制订了一个"十年扩军计划"，并从甲午战争前 4 年开始，采取了强制征兵措施，每年要从适龄青年中征集至少 10 余万人作为现役和补充预备兵员。至 1892 年，便提前完成了"十年扩军计划"。到甲午战争前夕，已经建立了一支拥有 6.3 万名常备兵和 23 万预备兵的陆军，以及舰船总排水量达 7.2 万吨的海军，海军实力已经超过了北洋海军（在 1890 年时，北洋海军 2000 吨位以上的战舰有 7 艘，共 2.7 万多吨，日本当时千吨位以上的战舰仅有 5 艘，共 1.7 万多吨）。同时，日本还派出大批间谍在中、朝活动，绘制完成了包括朝鲜和我国辽东半岛、山东半岛和渤海沿线的军事要素详图。

（二）缺乏战备观念与危机意识，是己方未战已危的主要原因

与对手相比，当时清政府无论是决策者还是多数的指挥人员，在甲午战争前对中日间可能发生一场大对抗都缺少认识，既没有发现危机已在酝酿的征兆，也没有进行任何防范风险的实际准备。

对国家可能面临的安全形势缺少正确的判断。尽管清晚期国力有所衰竭，但相对于岛国日本，仍不失为"泱泱大国"。仅从甲午战争后中国赔偿日本价值 1 亿两白银的战利品和 2.3

亿两的"赔款相当于日本当时 7 年的财政收入"来推算，当时中国的国力远在日本之上，足以支撑打一场长期的全面战争。正是这一表面现象，让大部分清廷的政要对日本的认识都停留在"蕞尔小邦"的阶段，并滋生出了"不以倭人为意"的轻视其挑战的思想。甚至当时肩负国防重任的李鸿章也认为，"倭人为远患而非近忧"，从而对日本倾全国之力长时期针对中国实施的一系列战争图谋不作问津，甚至在其出兵朝鲜与中国开战后，还一厢情愿地认为，只要做出相应妥协，双方便可"讲和"，以至于丧失了起码的战争风险防范准备。

为私利做出了一些有碍后期备战的荒唐之举。与日本举国支持扩军备战相反，清廷反而以"财政紧张"为由，开始削减并挪用军费。史料记载，清政府从 1888 年开始即停止购进军舰，1891 年停止拨付海军的器械弹药经费。有统计称，从 1887 年到 1894 年，仅海军衙门克扣南北洋将士以及东三省练兵饷的平余银，总数就高达约 86 万两。而 1894 年初，就在甲午海战即将开始之际，慈禧却正花费巨资加紧修建颐和园（其中挪用了大笔海军费用），以庆祝自己即将到来的"万寿盛典"。这些做法，对当时的军力与国防建设好比"釜底抽薪"，以致战端一开，清廷曾经强大的陆上和海上力量都显得那么不堪一击。

缺乏战略筹划未能实施有效的海上力量统合运用。客观地看，清朝的洋务运动至甲午战争时期已经搞了 30 年，也打造了一定的战力。仅就海上力量而言，就拥有了包括北洋在内的南洋、福建和广东 4 支水师，但清政府却未能发挥这些海上力量的整体协调优势。除战前没有根据 4 支舰队的部署情况，统一筹划海上御敌行动，造成了仅北洋水师迎战，其他力量观望的局面外，在黄海海战发生后也未能调遣南洋、福建和广东水师及时驰援。一方面，是因指挥体制上的弊端，造成了其他水师分属不同部门和地方管辖，难以统一调动；另一方面，则是清廷上下对海战战局可能给国家命运带来的影响没有清醒认识，以至于各行其是，只求自保实力，不愿参与对日作战。清政府曾电令南洋大臣刘坤一，"暂调'南瑞'、'开济'、'环泰'3船迅速北来助剿"，但其却回电强调许多理由拒绝派船北上；在金州失守旅顺告急时，清政府又曾电令署两江总督兼南洋大臣的张之洞，让他"派南洋4舰前来助剿"，可张之洞也和刘坤一样，拒绝派船增援；后来，北洋海军还要求把广东海军的2艘大型鱼雷艇调到北洋助战，广东海军却以"艇中存煤远行不敷烧用"为理由同样加以拒绝。显然，清廷徒有4支舰队，实则只剩北洋水师孤军迎敌，安能不败。

以上情况表明，正是对一个即将倾其举国之力发动战争对手的轻视，对其战争准备的不查，己方战备上的不实，以及不能合力应战等，才导致了清政府在甲午年一场关系国家命运的大较量中，未战或初战即已先败。

二、历史上的一些遗憾告诉我们：敢战方能止战

俄罗斯战略学者默·艾·加列耶夫在其所著的《假如明天战争来临》一书的序言中曾经指出，能够用之于未来的，不是已有的经验，也不是那些流于表面的东西，而是那些深层的有时是隐蔽的稳定过程和现象。尽管战争没有如果，但查阅史料还是可以发现，一些掩盖在甲午失败阴影背后的过程和现象，其实恰好揭示了危机应对的一个基本规律：敢于作为和善于作

为，方能争取主动。而当时的清廷战略决策者及战场指挥者，却几乎不懂得危机应对的要领，更没有采取有益于战局控制的正确举措，故而在甲午战争爆发前和战争进行中失去了诸多争取战略主动的机会。

（一）危机初期时，没能及时将战火控制在国门之外

由于地缘政治原因，朝鲜一直是早期中日角逐的重要舞台。日本一直觊觎朝鲜这个当时的中国藩属国，并企图将其作为侵略中国的前沿阵地。1894 年，为应对朝鲜内乱，清廷应朝鲜政府请求派兵支援，这也为日本与中国争夺朝鲜找到了借口，其打着"保护在朝侨民"的旗号，向朝鲜大举兴兵，并抢先由仁川登陆进占汉城。对于日本带有明显战争意图的举动，清政府的决策者和高级指挥员既没有正确的判断，也缺乏足够的应战勇气。李鸿章曾分别告诫入朝的清军与北洋水师，"彼断不能无故开战，切勿自我先开衅"，"何必请战，应令静守"。这种表面上为"争取外交主动"而避免先"打第一枪"的做法，实则产生了极为消极的影响：它既使中国入朝军队和海军无所作为，并错失了在战场上争取主动的机会，又让入朝的日军得以从容调兵遣将并占据险要。当日军将在朝鲜的中国军队围困于牙山地域时，清廷才匆忙派兵从海上增援，不仅为时过晚，而且也让增援力量陷入了日军早已准备好的伏击区。结果是，在朝鲜的军队先是大败于牙山，后又继续溃败于平壤，海上输送的增援力量则在日军的伏击中伤亡惨重。最终，这场本来应当被控制在国门之外的危机开始迫近了中国本土。也许正是清廷在甲午战争前期示弱和缺乏作为，反而增加了日本接下来直接向中国发动战争的信心。

（二）危机状态时，没有率先向敌方实施主动出击

如果仔细研究史料就会发现，在危机升级向战争演变的过程中，清廷本可利用一些机会率先向挑起战端的日军实施果断出击，以粉碎其既定企图。一是当日本开始在朝鲜挑起战端时，正值其国内政治局势危机四伏之际，一旦战败或致战事拖延，必将让内阁及军方大本营难于承受。因此，只要清廷及早向朝鲜增派军队，并使之达到对日兵力优势（日方当时估计，在朝鲜的清军兵力只有 3000 人左右，清政府可能向朝增派兵力使之达到 5000 人左右，为求必胜己方需要 6000 至 7000 人才行），并趁日军刚登陆立足未稳时便发起攻击，便可夺取战场主动，甚至达成慑止战争的目的。遗憾的是，清廷却未能这样做。二是当日军向中国发起战端时，其属于远离本土跨海作战，存在补给线长、初期兵力投入受限，海陆协调不易等诸多弱点，以至于就连其大本营也做好了，如果"海战胜负未决，陆军只占领朝鲜，海军尽可能维持朝鲜海峡的制海权"；以及若"海战失败，则撤退朝鲜陆军，让海军协防日本沿岸"等"最坏打算"。可以说，只要中方能够抓住其中任何一个弱点实施主动打击，便会陷日方于被动。然而，清廷的最高决策者及指挥员却采取了"被动式反应"举动。黄海海战前，李鸿章在慈禧太后和恭亲王奕䜣等的支持下，拒不执行主动出海决战的皇帝"上谕"，一味地要求"保船勿失，只在渤海湾游弋"，使北洋海军一直蜷缩在渤海门户，向朝鲜运送物资也弃海上捷径而从陆上转运；黄海海战后，更是拒绝北洋水师一线指挥人员的主动出战要求，让"海军舰队，必不远出"，只能"靠山巡走，略张声势"。对此，意大利的一位传教士曾评价说，尽管中国

拥有装备精良、可轻易征服临近国家的陆军和海军（甲午战争前，尽管日本的海上力量取得了长足进步，但清朝的海上力量与之相比在技术和实力上的差距并不大），但却从未拥有主动去进行一场战争的勇气。这种本可为之却不为的消极做法，不能不说是中国早期在与日本的战略博弈中一直处于下风，以致危机应对失败、战争失利的主因。

（三）危机失控时，没能运作好国际关系有效地控局

尽管当时中日是危机的主要当事方，但在危机向战争演变的过程中，同样对英俄德法等当时的西方列强的利益造成了不同程度的影响。因此，当时清朝的主要当事者若能正确地运作好国际关系，本可以在危机失控期，限制日本的一些冒险举动，以延缓战争进程，甚至达成有利于己方的战局控制目标。然而，事实却给出了相反的结果，原因就在于，当时的清政府虽想到了要求助于西方列强，却未能针对局势发展对相关国家利益产生的具体影响，正确地利用其与日本的矛盾去抑制日本扩大冲突规模，迅速将危机推向全面侵华战争的企图，只是"病急乱投医"，先是求俄，后又求英，及至德、法和美国，希望他们能够"主持公理"，出面调停以保"和局"。殊不知这种缺乏一定利益交换、坚决主战态度和充分的迎战准备，只是一味求人的做法，不仅没能博得西方列强的同情，反而引起了其猜疑，及致真正放弃了危机干预选择。当然，清廷危机攻关的失败也与日本的抢先作为和西方列强的贪婪本性分不开。以英国为例，早在甲午战争前，其就与日本幕后进行了秘密交易，迫使日本接受英国超过 60 种的商品关税定额，并推迟废除领事裁判权，以及在战争期间确保英国在中国长江流域的权益不受影响的承

诺，从而不仅放弃了干预打算，而且还与日本签订了《日英通商航海条约》，以示对日支持。这也是即使发生了在 1894 年的丰海战役中日军击沉了英国商船"高升"号事件，次年英政府反而说服商船之主的印度支那轮船公司向中国索赔的原因。显然，一味地妥协换来的是西方列强不仅没能帮助中国，反而出卖了中国。英国外交大臣金伯利当年针对英日签订《日英通商航海条约》一事就曾指出："这个条约的性质对日本来说，比打败中国的大军还远为有利。"

以上现象反映出的事实是，当时的清廷决策者或高级指挥员，既没有先期应战以获取主动的意识和勇气，更缺乏统筹战争全局的眼光和智慧。事实上，甲午战争前和战争之初，是存在一些可以改变局势走向的机会的，前提是当时的中方高层决策者或指挥人员面对日益迫近的现实威胁要敢于亮剑。而运作国际关系，搞好危机攻关也是争取主动的重要手段，前提是要认清斡旋对象的本质，并向其显示出准备应战和能够打赢的坚定决心，才能打消其寄希望于不作付出就想获利，或倚重可能的强者而抛弃弱者的投机心态。显然，如果一方在战场上没有胜算，那么他在谈判桌上也将得不到任何承诺与实惠。当年甲午时期的危机应对不力，也恰好说明了这个道理。

三、现实的诸多挑战警示我们：须积极管控危机

种种迹象显示，我们面对的安全形势已经有几分与历史上相近。所不同的是，如今除了日本这个直接的危机博弈者外，还有站在其身后的美国作为间接博弈者，因而局势也变得更加

严峻复杂。另外，我们也已经有了强大的自主国防体系和能够统揽全局的国家安全决策实体，这为我们进行危机的先期调控，甚至于遏制战争，提供了一定的条件。

（一）重心前移，预防为主

凡事预则立，不预则废。着眼危机的事前管理，在危机的萌芽状态或初期状态就采取有效的防控措施，以遏制危机事态的发生或发展，既是危机管理者的基本动机，也有利于抑制危机滑向战争。

1894 年前后，日本刚刚实行了维新变革，军力上升，同时也面对国家发展乏力，内部各种矛盾上升，统治集团急于发动战争转嫁危机。120 年后的又一个甲午年，我们面对同一个对手，所呈现的形势则是：日本在以安倍为代表的极右翼政党带领下，面对其经济低迷、政治动荡、社会焦虑和人心浮动的困局，又本能地做起了邪恶的军国主义之梦。包括公开否定历史，声称"日本殖民侵略的定义尚无定论"；公然叫嚣要在亚洲对抗中国，声称这是日本为世界"做贡献"的一个重要途径；接连批准《国家安全保障战略》、新《防卫计划大纲》、《中期防卫力量整备计划》和《统合机动防卫力量构想》等今后 10 年外交和安保战略指针，明确把中国列为主要威胁和作战对象；利用美国推进"亚太再平衡战略"，加紧推进陆海空作战一体化，快速扩充军备战，并进军东海；极力打造核心成员战争内阁，突破武器出口"三原则"，并谋求摆脱和平宪法约束，加快解禁"集体自卫权"等。

显然，我们正面临着与甲午战争时期相似的安全挑战。当时清廷的决策当局和军队的高层指挥员，既没有危机管控意识，也没有采取有效的战争风险防范手段，以致让战争在失序的状态下爆发。如今，国际环境已经发生了巨大变化，危机管理的相关机制也日臻成熟，通过对危机的积极管控而遏制战争已经成为可能，因此，我们绝不能让甲午时期的历史教训在当今的中日对抗中被重演。

在当今多种复杂因素制约下，战争的发生往往都会有一个酝酿和发展的过程。在这个过程中，将会有一些危机的先兆表现出来。如，中日间在某一敏感问题上的矛盾突然突显，东海或其他特定区域发生"擦枪走火"意外事件并被扩大化，对方某些被视作"异常"的军事活动导致对立情绪增加等。因此，我们有必要把危机预防当作遏制战争的前端，通过前移军事斗争准备的重心，尽早捕捉各种危机先兆，并采取一些有针对性的危机干预措施，力求消除诱发战争的潜在因素（即提前拔除战争的导火索）。

（二）积极应对，借重与利用并举

随着世界战略格局的调整与国际安全形势的变化，危机的管理已被纳入到国家安全战略的全局上加以考虑，因此，越来越重视"转危为机"的积极管理策略，而并非一味地从消极面去看待危机的影响。而且，如何将已经发生的危机，因势利导地引向一个对己方更为有利的发展方向，既是国家安全战略关注的重点问题之一，也是危机管理能力和谋略的一种最佳展示。在如今的中日新对抗中，我们要在危机的诸多不确定因素中，去发现那些最有利用价值的关键因素，以便顺势或借机来实现己方某一既定的战略企图，或谋取更大的国家利益。

从危机事件中寻求突破争取战略主动。近年来，中日钓鱼岛问题持续发酵，2010 年钓鱼岛撞船事件、2012 年日本"购岛"闹剧、2013 年"雷达照射"事件，以及 2014 年在东海上空出现的军机对峙事件等接连发生，日益成为影响中日关系乃至东亚地区安全局势的突出问题。但总体上，我们并未被日本完全牵着鼻子走，而是采取了一系列的反制措施。2012 年 2 月，公务执法飞机飞抵钓鱼岛上空；9 月，海监船只开始对钓鱼岛实施常态化巡航。2013 年 2 月，海监开展钓鱼岛领海内巡航，最近距岛仅 0.8 公里，11 月，我国防部正式宣布划设"东海防空识别区"。事实表明，日本对钓鱼岛的所谓"实际控制"已被打破。无论其是否掩耳盗铃式地声称，"钓鱼岛不存在任何领土主权争议"，也不管美国是否安慰式地公开宣称，"美日安保条约适用于钓鱼岛"，我们毕竟在与日本的危机博弈中取得了第一阶段的战略主动。接下来，就是要认清对日斗争的长期性与复杂性，不被一些表面现象所迷惑，继续完善危机管理机制，加快侦察预警和制空制海能力建设，随时做好应对重大挑战的准备，力求在危机中趋利避害，始终掌握对日斗争的主动权。

　　从危机形成的特殊氛围中去谋取实利。在《菊与刀》一书中，揭示出日本的一个鲜明特点就是，其奉行"耻感文化"，具有明显的"岛国劣根性"，反映在战争观上即是"极其好斗"、"非常狡诈"和"善于冒险"。近段时期以来日本的一系列做法，便是最好佐证。如，安倍明目张胆地到"靖国神社"拜鬼，以"汇报执政业绩"来极力召唤军国主义的亡灵，公然挑战战后国际社会秩序；通过大搞"地球仪"外交，四处窜访，宣扬所谓"积极和平主义"和"中国威胁论"，来为美化昔日侵略辩解，以及为转嫁其国内危机再次挑战中国主权与安

甲午沉思

全利益做掩饰；不断加强所谓"离岛防御"力量，成立"国家安全保障委员会"和应对钓鱼岛事态的"对策委员会"，以及专门的部队；在靠紧美国的同时，以提供经济与军事援助和加强双边安全合作等手段，竭力拉笼越、菲等东南亚相关国家，以及印度和一些西方国家对抗中国等。与此同时，美国政要也接踵出访亚太，国防部长哈格尔、总统奥巴马均打破惯例公开表态，"美日安全条约"适用于钓鱼岛，并支持日本解禁"集体自卫权"，为其推进"亚太再平衡战略"大搞"以邻制华"和"以邻扰华"。种种迹象表明，一种带有危机征兆的特殊气氛似乎日渐形成。对此，我们已在政治、外交上做出了一定的应对。例如，中断中日领导人会谈与重要场合的接触，正式设立抗战胜利纪念日和国家公祭日，以驻多国外交使节揭露日本在领土主权上混淆视听的欺骗伎俩，加强与俄罗斯和韩国的战略合作，对美国的干预立场提出严正交涉，以及在乌克兰危机应对上不持偏向西方立场等，这实际上也为谋取一定的战略实利打下了基础。然而，仅靠这些而无军事手段的跟进还不足以真正从危机中获利。随着危机的不断演化，中日间很难避免"擦枪走火"。坐等事态的出现而去被动反应，不如做好一切准备，视局势发展顺势而为，抓住关键时节以坚决而卓有成效的行动获取实际利益。对此，俄罗斯在2008年应对南奥塞梯危机和近期应对乌克兰危机的一些做法很值得借鉴。

　　总之，我们反思战争是为了避免战争，守望和平更不能忘记战争。甲午战争虽然发生于120年前，可中日在应对这场冲突中的许多做法却对当今的中日安全危机应对具有很好的借鉴意义。中日虽为近邻，却存在着难于解决的结构性矛盾，双方的战略博弈已经持续了一个多世纪，只要日本仍坚持错误的历史认知，拒不承认对中国领土主权的侵犯，继续充当美国围堵中国的马前卒，不断制造挑战中国主权与安全利益的事件，就难以避免中日间的再次一战。因此，我们一刻也不能懈怠军人的使命担当，应前移军事斗争重心，进一步拓宽对日斗争战略筹划视野，全面关注局势发展变化，以积极的危机管理举措，主动营造有利的战略环境，从被动应对危机转向主动驾驭和利用危机。同时，按照"能打仗，打胜仗"的要求，加快推进军事危机应对能力建设，坚决打赢可能发生的任何战争。

甲午战争李鸿章战略指挥的
重大失误

陈相灵

　　中日甲午战争，中国战败的原因很多，其中李鸿章在整个战争中战略指挥的重大失误，不能不说是这场战争惨败的重要原因之一。考察李鸿章战略指挥重大缺陷及其历史根源，有助于更清楚地反思这场战争，从中吸取深刻的历史教训。

一、当甲午战争爆发不可避免时，李鸿章
用政治仗代替军事仗，使清军在战争
初期失去了战略先机

　　中国近代，清帝国正遇到"数千年来未有之变局"，这一变局，有两个突出的特点：一是科学技术飞速发展，主要体现在轮船、电报和军火、机器的飞速发展中，而这些，在中国却是空白。二是中国成为列强瓜分的对象。当时，工业革命虽然没有在中国发生，但中国却拥有世界上让人垂涎的巨大财富。由于自给自足的经济有其自身的循环体系，国外商品很难打入

中国市场，这就造成了"阳托和好，阴怀吞噬"的局面。而日本则是吞噬中国的急先锋，他们对中国的掠夺，往往"一国生事，诸国构煽"，这种虎视眈眈、群而攻之的局面，在中国历史上从未有过。面对如此严峻的挑战和从未有过的大变局，李鸿章认为，若不能适应这一变化，则会造成"战守皆不足恃，和亦不可久"①的局面。从当时的实际情况看，李鸿章认为，中国的实力，不足以与诸多列强对抗，加上军事人才日益匮乏，难以抵挡外来势力。而眼下，唯能有所依靠的，正是"交涉洋务"，即通过外交手段，保持与各列强的战略平衡。

　　李鸿章对当时中国所面临的战略环境和清帝国军事实力的判断是客观的，认为通过外交手段谋求国家利益的认识也是可行的，但问题的核心在于外交手段不是万能的，没有实力的支撑，其作用很难发挥。同时，从当时清军军队建设来看，李鸿章对北洋水师的建设不遗余力，而且在甲午战争爆发前，曾一度成为号称亚洲第一的强大舰队。它无论在东海巡游，还是舰队出访，都曾让外国使节为之惊讶。拥有这样的一支舰队，虽与西方列强有较大差距，但与日本相比，其差距并不明显。但李鸿章对甲午战争的谋划，却试图通过与洋人的外交，形成遏制日本的无形力量。朝鲜"东学党"起义后，日本借机登岛，李鸿章试图借英俄等国在朝鲜半岛的存在遏制日本的势力，结果日本不但未受到约束，反而让朝鲜成为英俄等国的殖民地。

　　当甲午战争一触即发之际，李鸿章以为租借英国的商船运兵是万全之计，结果运兵船队在丰岛遭袭，日军打响了甲午战争的第一枪。日本侵华的真面目彻底暴露后，李鸿章所想的仍

---

　　① 《清史稿》卷四百十一，列传一百九十八。

是用外交手段解决冲突。他命令驻守牙山的叶志超不要先敌打击，要遵守万国公法，避免在各国舆论声中丧失主动。当战火从朝鲜半岛蔓延到中国东部沿海时，李鸿章囿于对北海舰队的保护，守之于海岸，丧失了支援旅顺、寻机歼敌的良机。当甲午战争尚未结束，北洋海军被日军即将围歼于威海之时，李鸿章却替朝廷打起了和谈的主意。

整个甲午战争，李鸿章首先想到的是打一场政治仗，以为凭借其筹划，就可一步步化解危机，其结果政治仗不但打不赢，还贻误了战机，造成清军战争准备不充分，盲目上阵，处处被日军牵着鼻子走，最后陷入全军覆没的境地。

二、战争中李鸿章的"保船制敌"看上去很符合清军的实际，但实际上他在用打农民战争的经验指挥现代化的海战

甲午战争中，李鸿章在对北洋海军的使用上，坚持"保船制敌"的原则。其原因一是北洋海军来之不易，在具体使用上慎之又慎，二是用打农民战争的经验指挥现代化海战。

在西方的军事学说中，制海权思想在近代占据了重要的地位，但在中国，制海权却是一个空白。李鸿章运用打农民战争的经验指挥现代化海战，这不能不说从指导思想上就犯了兵家大忌。

李鸿章的战争实践主要来自于镇压农民起义的战争。他指挥淮军有三个特点：一是本位主义观念突出。李鸿章依重淮军起家，自然在军事上处处想到淮军的利益。在与太平天国农民

起义军作战中，当时江宁久攻不下，朝廷促李鸿章率兵会攻，李鸿章以金陵城破就在旦夕，托辞延师不出。后来，曾国藩攻克江宁，捷报传来，李鸿章才令刘铭传、盛波等从不同方向围歼残存农民军。这种不顾大局、以我为主的本位思想，在甲午战争中又再次上演。当日军准备在金州、大连登陆，守军向李鸿章请求旅顺分兵北援，并要求北洋舰队赴援大连时，李鸿章不但未及时调整兵力，反责其将领糊涂胆小。受他的影响，其部下本位思想也相当严重。当丁汝昌率北洋舰队从威海到达旅顺时，并未对登陆日军进行袭扰。大连湾失陷后，丁汝昌认为旅顺"万难久支"，借口水道狭小，率舰队返回威海。此后又由大沽开赴旅顺，稍做游弋又回威海，从此再无出港机会，直到全军覆没。

二是依托根据地。李鸿章非常看重对根据地的依赖。清军在与捻军作战中，科尔沁亲王僧格林沁在山东曹州被击身亡，震动朝野。朝廷命曾国藩以钦差大臣身份督僧格林沁旧部，李鸿章被任命为两江总督，要求率其部队驰防豫西，兼备围剿京东马贼、甘肃回匪。但李鸿章却说："兵势不能远分，且筹饷造械，臣离江南，皆无可委托。为今日计，必先图捻而后图回。赴豫之师，必须多练马队，广置车骡，非可猝办。"① 他的建议虽也有合理之处，但不愿离开根据地的惯性思维却延续到对北洋海军的指挥上。北洋海军除了护送兵船出海与日军在大东沟遭遇外，几次驶出威海，又几次无功而返，始终不敢远离威海，从而把海军当作海岸兵力去用，更谈不上让其争夺制海权。陆兵兵势不能远分，这对于打农民起义军而言，能发挥保障便利

---

① 赵尔巽《清史稿》，卷四百十一，列传一百九十八。

甲午沉思

等优势，但对海军的使用同样兵势不可远分，就完全背离了海军使用的基本原则。

三是包围聚歼。由于农民军流动性强，李鸿章认为对付"流寇"，若不采取就地圈围，"终不足制贼之命"。正是这一原则，清军置捻军于死地。但在甲午战争中，李鸿章却忘记了这一原则，从未对日军采取合围之势。他把积极的用兵之策丢了，把消极的用兵方法却发扬光大。

三、战前李鸿章信心不足，战中判断失误，
其战略指挥与战场实际严重脱

甲午战争中日军迫使清军开战，对清廷而言是最不愿看到的，对李鸿章而言，他虽深知这场战争不可避免，但对开战却信心不足。主要原因在于，"深知将士多不可恃，器械缺乏不应用"，而李鸿章所要做的是"设谋解纷难，而国人以为北洋海军信可恃，争起言战，廷议遂锐意用兵"。① 这似乎把李鸿章推到两难的境地。殊不知，李鸿章训练北洋海军向朝廷表功的时候，北洋海军的面貌却不像不能打仗的军队，如"十四年，海军成船二十八，檄饬海军提督丁汝昌统率全队，周历南北印度各海面，习风涛，练阵技，岁率为常"。② 为什么仅 6 年之后，曾远出印度洋的北洋海军却不可恃？从黄海海战中可以看出，北洋海军并非无战斗力，这场海上遭遇战也并非就已输给

---

① 赵尔巽《清史稿》，卷四百十一，列传一百九十八。
② 赵尔巽《清史稿》，卷四百十一，列传一百九十八。

日军，恰恰因为让其消极避战，最终使其不战而亡。这一结果的背后，与李鸿章战略判断的失误不无关系。

　　黄海海战后，李鸿章提出了"严防渤海以固京畿之藩篱，力保沈阳以固东省之根本"的方针，这将意味着战略防御的重点由沿海转向鸭绿江西岸，以防日军对奉天陪都和京城形成威胁。在此方针指导下，清军把长期守备旅顺、大连的部队调往鸭绿江前线。但日军的真正目的是要在辽东半岛实施登陆，夺取旅顺、大连。为达成这一目标，日军在鸭绿江集结部队，吸引清军，掩护登陆作战。显然，李鸿章的判断与调兵，正中了日军的奸计。从实际情况看，清廷也认为旅顺是控制渤海海峡的锁钥，易守难攻，多年在此构筑船坞，修建军事设施。如此重要的战略要地，却让李鸿章轻易放弃，看上去是为了保卫京畿安全，实际上此时还谈不上京畿之危。因为日军只有大规模与清军在直隶平原决战，才可能危及到京畿的安全。相反，夺占旅顺口，日军将打开通往东北的通道，其兵力可源源不断地从海上得以输送。如果说战略判断失误后，随着日军进攻方向的明朗，迅速修正原方案尚能补救过失，但李鸿章却一错到底。当日军从花园口登陆，清军已从日间谍处获悉日军将攻取金州、大连时，李鸿章只派出2000人的兵力增援金州，而对派遣北洋舰队赴援大连的请求置之不理。最后，日军轻而易举地攻取无人之地大连，随后旅顺失陷。日军占领辽东半岛后，清廷认为日军将进攻奉天，进而快速逼近山海关，另一路从渤海湾登陆，会攻北京，为此，清政府将主要兵力调往京津方向。但日军的企图正好与此相反，认为渤海湾封冻，登陆困难，兵出山东半岛，海陆夹攻，歼灭北洋海军，以保障随后从渤海湾登陆的安全。清军因将主要兵力调往京津方向，山东防务十分薄弱，而李鸿章也不知日军的主要目标是瞄准北洋海军而来，仍指示北洋海军扼守埋伏之地。当发现日军舰在荣成湾龙须岛活动，才令其前往巡察，以防对舰队形成包抄。但丁汝昌也不听李鸿章调遣，始终蛰居威海港内，将李鸿章最初"不得出大洋浪战"的精神贯彻到底，这不能不说是一大悲剧。

纵观李鸿章的战略指挥，一方面是用原始的打农民战争的经验指挥对日作战，另一方面，又从主观愿望出发，多次错判形势。我们知道，正确的战略指挥，是建立在全面细致的侦察和周到严密的部署之上，但李鸿章对侦察到的情报，往往枉加修正，他心里想着朝廷，主观上便认为，凡危及朝廷的方向，就是日军进攻的方向，结果使战略指挥与战场实际不相符合，从而一次次酿成大错。

甲午战争的失败，其原因是多方面的，各种错误的叠加，便促成了清军的惨败。作为战略指挥员，战前信心不足，战中指挥失误，却总想谋求通过外交等手段化解战争危机，这不能不说犯了战略性的错误。甲午战争的悲剧在于，李鸿章以政治家的角色，扮演了一位陆海军的统帅，他用政治原则代替军事原则指挥作战，这其中方向性的偏差，就不止是一场战役战斗的偏差，而是全局性的、致命的偏差。这一深刻的教训，我们必须记取。

清王朝情报工作失误之反思

杜富祥

　　"知彼知己，百战不殆"，"不知彼，不知己，每战必殆"。古往今来，情报工作对于战争胜败的重要性无需赘言。在中日甲午战争硝烟弥漫的背后，无形战线上的较量如火如荼。日本政府透过经营多年的对华情报工作，比大清朝野更深刻地洞察着中国的一切。相较之下，清王朝的情报工作却显得心有余而力不足，知彼知己均显不足。有人妄加揣度，认为清王朝不重视对外情报工作的作用，故而在层层迷雾中对局势做出重大误判。笔者对此不敢苟同。与其说清王朝轻视对外情报工作，不如说清王朝忽视对外情报工作的建设，知与行严重脱节。

　　就世界范围而言，19 世纪是情报体系日渐完善的时代，但清政府情报机构及其体系建设却异常滞后，不少官员闭目塞听，很少关注日本军情动态，对日本的威胁自然缺乏正确认识。总理衙门虽有收集外国情报的功能，但在其内部并未设立专门的对外情报机构。在中日甲午战争之前，日本事务由"俄国股"负责，但该部门收集情报的功能甚微。此外，一些大臣和督府大员在处理对外事务时也能收集到某些情报，但麾下也没有设立专门的情报机构。

　　在向日本派出驻外公使之前，清政府收集日本情报的途径多源自外国新闻报纸上零散的消息。1871 年，一些有识之士在《中日修好条约》签订前后建议派遣常驻使团赴日收集情报，以预先探知日方动向。然而，由于经费问题、人才缺乏等诸多原因，清王朝 1877 年才正式派出驻日使团。不容否认，数任驻日外交使节在收集日本政治、经济、军事等情报有一定作为，他们通过翻译报纸书籍以及个别间谍收集到一些有关日本战略决策、对华态度、日方抵华人员情况、日本对朝动向等方面的情报。尤其是驻日公使徐承祖通过曾任日本外国总奉行格的朝比奈昌广获得一些日本对外决策情报，其中包括日本决策层"非开辟新地，实难自强"的战略选择以及扩充军备伺机入侵朝鲜和中国的战略目标。毋庸置疑，总理衙门和李鸿章对日本的威胁有一定程度的认识。而李鸿章等人往往拘泥于情报中日本决策层藐视中国的言论，而忽视日本战略意图和战略目标，终究未能形成强烈的危机感和必要的防范意识。同时，尽管部分驻日使团成员通过某些渠道获悉日方野心，但所获情报却较少反映日本针对朝鲜和中国的具体战略举措。

　　事实上，从人员配备情况来看，驻日使团也很难有效地开展对日情报工作。众所周知，平时向战时的转变是一个量变到质变的过程，无疑存在诸多迹象和征兆，但要透过层层迷雾准确把握并非易事，这不仅需要情报人员熟悉日本国情，还需要保持较强的敌情观念。初期，驻日公使尚可根据需要选择得力人员，但后来一些人将出使视为升官的捷径，朝中权贵推荐的人员逐渐增多，且多数成员庸庸碌碌，对日本国情缺乏真实了解，平时对日本缺乏警惕，战时又难以收集到准确情报。此外，驻日使团人员中缺少熟悉西方军事技术的武官，这也是清政府对日情报工作滞后的重要原因。按照国际惯例，武官可受邀近距离观摩军事演习。而当时，清政府武官只作为随从，不负责收集情报，而使臣往往不懂军事，难以收集军事情报。

1894 年，朝鲜发生农民起义。在斗争第一线的驻朝鲜总理交涉通商事务大臣袁世凯对朝鲜局势发展却一头雾水，盲目相信日方"我政府必无他意"之保证，认为"日人方亟自谋，断不至败坏和局"，弱化日本可能出兵挑起战争的危险性。而驻日公使汪凤藻也对日方真实意图懵然无知，以偏概全，强调日本议院与内阁冲突，无暇外顾。李鸿章偏信汪凤藻一面之词，未能及时调查核实日方动向，误判日本对清朝作战之决心。当然，这与情报来源相对单一、几乎没有交叉验证之可能无不关系。此外，清政府决策层原本就根深蒂固地认为，日本没有与清王朝开战之决心，故而盲目乐观地寄希望于列强斡旋来化解危机，对英美等国调停心存侥幸。在这种逻辑思维的影响下，决策层难免排斥日方磨刀霍霍的情报。正如路易斯·巴斯德所指出的那样："最大的思想紊乱是相信人们想要相信的事情。"尽管种种迹象显示入侵已迫在眉睫，但李鸿章等人求和心切，难以接受或适应变化，甚至认为"蕞尔小国"入侵"泱泱大国"非理智之举。这种根据己方想法选择相应情报，以偏听偏信或主观臆测来做出决策，势必错失最佳备战时机。

更加令人扼腕叹息的是，1893 年，清王朝为炫耀军事实力、打压日方，竟然允许日本参谋本部次长川上操六等人以参观名义刺探、验证军事情报。实际上，多年来日本军方情报机构和"乐善堂"等民间秘密组织相互勾连，在华活动猖獗，而清王朝却无有效应对之策。在处理日本间谍的问题上，李鸿章等人担心引起外交争端，态度暧昧。加上清政府吏治腐败、贿赂成风，日本间谍活动仍肆无忌惮。此外，1894 年 6 月，日本陆奥外相故意给驻日公使汪凤藻递交一份用中文书写的文书，以"钓鱼"手法成功破解清朝驻日公使馆与总理衙门之间的往来密电。而清王朝毫无警惕性，自信满满，一直没有更换密码，致使日方全盘掌握清政府的战略意图，这无疑成为清王朝情报工作的最大败笔。

当然，在中日甲午战争之前，清王朝对日情报工作也并非一无是处。面对日本出兵台湾、吞并琉球、剑指朝鲜的凌厉攻势，清王朝开始注意收集有关日本国情、军事地理、武器装备等方面的情报，为推动海防建设提供了部分依据。但由于情报制度松散、情报观念落后、资金投入不足、情报反应迟缓，清王朝对日情报工作就整体而言可谓千疮百孔，对日情报工作始终未能上升为国家战略，无法从根本上抵御或反制日本的情报攻势，这在很大程度上影响了决策层对日本发动侵略战争可能性的判断以及对日防御方针的制定，而这种落差也似乎注定了战争的结局及其后中日两国的命运。

从甲午惨败中"审视"清王朝的落后决策机制

靳 源

回眸历史,百年前的中日变革,清朝的同治中兴与日本的明治维新使各自国家通往了两种截然不同的变革道路,我甲午惨败即为印证。历史上曾有评述认为此败为李鸿章一人误国所为,然从战略决策角度分析,清政府的决策失误,既与某个决策者的自身分析、判断能力有关,但追根溯源,历史昭示清王朝的落后的战略决策机制才是问题的"要害"。战略决策是军事领域最高层次的决策,关乎军事斗争的成败,甚至影响国家的前途和命运。

决策机制"弊病"之一:缺乏科学民主。据史料显示,危机面前,庞大的大清帝国却将战略决策、外交大权、战略部署、军事部署等重大事项的决策权交付于年逾七旬的李鸿章一肩独挑,可谓既危险,又缺乏民主。反观日本,早在维新开始的1868 年 4 月,明治天皇就颁布了《五条誓文》,要求"一切重大决策均须经过广泛协商";"破除旧习,求知识于全世界",此两点为日本日后自上而下推进效仿西方的激进改革奠定了坚实基础。随后,日坚定学习西方模式,逐渐步入现代国家行列,并于 1878 年效仿德国进行统帅制度改革，创建了近代国家武装力量的决策部门——参谋本部，也逐步形成了现代战略决策机制。战略决策是对有关国家安全和军事斗争全局的重大问题所做的决定，现代的战略决策与过去相比，其重大变化在于一个对全局产生重大影响的战略活动，是需要借助一定的科学手段和方法，从多种可行性方案中选取最优方案，并要求个体决策与集体决策相结合，定量分析与定性分析相结合。可以说，随着现代社会的发展进步，安全威胁的综合性和多元化日趋复杂、多变，这就要求战略决策者不仅自身素质要过硬，具备通观全局、统筹规划、趋利避害、扬长避短的决策素质，更需要建立一套高效、精干、智能、科学的战略决策机制。

决策机制"弊病"之二：缺乏战略调控。战略决策是国家维护主权、国家利益意志和决心的集中反映，其正确与否、周全与否直接关系到国家安危、民族兴衰和主权利益的得失。1873 年，西方著名军事家西里哈的《防海新论》中介绍了海军防御的两种模式，一种是抵岸封锁的积极防御，将本国所有兵船派往敌对国家海口，封锁其口岸，另一种就是守住本国要塞及重要海港的消极防御。日发动侵华战争野心蓄谋已久，为打败清军，日在甲午战前就已基本确定了海陆兼顾全面进攻的总体战略以及服务于总体战略的海军战略。对此，为有效实施海军进攻战略，日一方面积极加强物质辎重准备，另一方面对舰队的编制体制和海军主要指挥人员的人事安排做出了重大调整。反观大清，在朝鲜作战期间，其战略调控的决策力和执行力已大大落后于日本。清廷指出："大同江为平壤运路，关系要紧，应令海军各舰梭巡固守，偶有倭船前来，即行奋击，不得稍有疏失。"① 但清海军战略思想受以李鸿章为代表个人因素影响，基本属于传统防守战略，简单追求发展军事装备，并过多倚重于外交。尤其是在"和"和"战"问题上，清政府将主观希望寄托在列强通过外交渠道干涉并牵制日本，并非立足于"早打、真打、打大仗"准备，整个清廷的战争动员、后勤装备、兵力部署等战略调控更是杂乱无序，最终自食战败苦果。

决策机制"弊病"之三：缺乏坚定信念。整个甲午战争期间，清政府的决策者自始至终从未释放出敢于"亮剑"和战之必胜的坚定信念和斗志。军队官兵的斗志往往很大程度上影响并决定着战争的胜败，"见敌即逃，虽有坚船，亦将予敌。遇敌奋击，虽非坚船，亦能自固"，丰岛海战的"济远"舰即为证明。总的来看，当年清朝的北洋舰队的官兵技战术和斗志丝毫不亚于日本的联合舰队，但差距就在于清政府官员们身上缺乏一种日本战略决策者的果敢、坚韧、信念和意志。战争前期，正是鉴于慈禧和李鸿章保守观念，消极应战，积极保船，不仅放弃了黄海制海权，且葬送了整个北洋舰队。1894年9月9日，李曾指出"海军快炮太少，仅足守口，实难纵令海战"，消极应战是表面，实质为清政府决策者考虑的不是持久作战问题，而是清王朝被颠覆的危险。战争后期，尽管日本在表面上所向披靡，但实则已至顶峰，受地缘地理和国家战略实力影响，其人力、物力和财力已消耗殆尽，但依然凭借坚定的意志和信念，逼迫清政府签署丧权辱国的《马关条约》。此外，从国家意志层面看，甲午战争名义上为中日之战，但实则是由李鸿章控制的北洋军阀派系局部军事力量与日本"现代民族"整个国家之

---

① 《李鸿章全集·电稿二》。

甲午沉思

间的军事较量，两者的国家意志和战争信念较量早已在战前就决定了战争的胜败方。

甲午战前，在中日两国战略决策的博弈较量中，日本招招在先，积聚了比清王朝更加强大的战争能量和必胜信心，更为重要的是，清王朝只是在外交、军事、技术上进行有限的现代化努力，缺乏相应的战略决策机制，尚未完成古代国家向近代国家的转型。历史启示和现实召唤表明，在当前全球化和信息化条件下，正确、科学、有效的战略决策以及周密的战略计划和精心的战略运筹，直接关系到国家安全、民族复兴、利益得失和战争胜负，我们必须予以重视，以史为鉴，汲取历史教训，共同面向未来。

以夷制夷，战和不定，终铸败局

潘 攀

　　早在甲午战争爆发之前，日本侵略者已经制定了先征服朝鲜，然后再侵略中国的战略决策。光绪二十年（1894 年）朝鲜发生"东学党"起义。日本以狡猾的手段，一面极力怂恿清政府派兵赴朝镇压，一面又以保护日本使馆与侨民和协助朝鲜平乱为口实，先后派遣大批军队自仁川登陆。四五月间，日军兵力已远在清军之上。朝鲜"东学党"起义被平息之后，清廷以乱事已平，照会日本同时撤兵。日本不予理会，要求长期赖在朝鲜，且不断进行挑衅，滋生争端，处心积虑地点燃战火。到6 月中旬，进入朝鲜的日军已达 5000 人。中日两国军队形成对峙，形势紧张，战争一触即发。

一、以夷制夷，原是黄粱一梦

　　时任直隶总督兼北洋大臣的李鸿章，是清廷主和派的代表人物。李鸿章长期从事清政府的外交事务，在清朝内部是谙熟国际形势的第一位高官，特别是对日本日益增长的军事实力，明了于心。

在形势危急之时，李鸿章采取的是"以夷制夷"的外交手段，企图利用英俄两国在远东地区与日本的直接利害冲突，迫使日本从朝鲜撤兵。李鸿章连电在朝鲜的袁世凯、叶志超，要他们保持"忍耐"、"镇静"，不可"妄动"。6月20日，李鸿章请求英俄从中调停，其主张立即得到热衷于筹备60大寿的西太后的支持，生怕此时开启战端搅了她的美梦。

清政府和李鸿章对列强"主持公理"抱有很大的期望和幻想。然而李鸿章只看到了列强之间为争夺利益的矛盾一面，却忽视了列强各国在对清扩张的过程中相互勾结的一面。实际上列强的公理只是一种伪善，它们真正信奉的是利益和强权。列强早已看清日本稳操胜券，必然会倒在日本一边。赫德道出了实情："所有国家均向中国表示同情，并说日本这样破坏和平是不对的，但没有一个国家采取任何实际行动帮助中国。"

7月2日和9日，英国驻天津领事欧格纳和俄国驻华使节喀西尼分别知会李鸿章，称不便参与朝鲜事务，李鸿章的外交举措归于失败。

7月12日，日本向中国发出最后通牒。7月14日，日本驻华公使小村向清政府提交了"第二次绝交书"，在此战争一触即发之际，李鸿章屡晤俄国公使喀西尼，求其转请俄国政府"劝导日本与中国同时撤兵。"又晤英国驻津领事，求其请欧（英国公使欧格纳），"转电外部，速令水师提督带十余铁快舰径赴横滨……责其（日）以重兵压韩无礼……勒令撤兵"。列强十分清楚，日本战胜中国，它们都可以分一杯羹。战后的情况正是这样，列强利用"最惠国待遇"、"利益均沾"、"门户开放"的强盗条约都得到了很多好处。甚至在战争打起来后，李鸿章仍指望列强干涉，坚信俄国会制止日本侵略，屡言"俄有兴兵逐倭之意"，请旨准他继续与俄使交涉。李鸿章"专恃外国公使从中调处"，妄图以夷制夷，不过是黄粱一梦。

二、战和不定，临时仓促应战

清廷内部以光绪皇帝、翁同龢为代表的主战派则坚决反对求和，认为应该预作战争准备。在日本外相陆奥宗光向清政府提出了"第二次绝交书"两天后，1894 年 7 月 16 日，在甲午战争开战前夜召开的军机会议上，"主战者五折，议无所决"，大敌当前，是战是和，清廷内部仍然意见不一，最终未能形成清廷中枢的领导核心。

光绪震怒，宣示主战。7 月 18 日，清廷向李鸿章发出谕旨："现在倭韩情事已将决裂，始势不可挽，朝廷一意主战。李鸿章身膺重寄，熟谙兵事，断不可意存畏葸……若顾虑不前，徒事延宕，训致贻误事机，定惟该大臣是问。"

可是，具体应该如何进行军事准备，本国的军事潜力究竟有多大，作为最高军事统帅的光绪帝几乎是全然不了解的，对于日本的军事情况也缺乏了解。有记载指出，驻日公使江凤藻于开战后回国，光绪帝召见他，谕之云："闻日本与中国开衅，早有阴谋，尔驻其国都，何以无所知，亦无奏报到京？"既然责备公使没有奏报，说明自己对日本开衅阴谋也是无所知的。所以有人批评光绪帝说："德宗景皇帝昧于外情，轻于尝试。"在既不知己也不知彼的情况下，没有客观地分析敌我双方的军事事力对比，就凭着主观意志盲目地提出和决定备战方案，其

甲午沉思

结果可想而知。正如在丧权辱国的《马关条约》上签字后，光绪帝沉痛地检讨自己在备战问题上的失策道："朕办理此事，自去岁仓猝开衅，征兵调饷，不遗余力，而将少宿选，兵非素习，纷纭召集，不殊乌合，以致水陆交绥，战无一胜。"

三、战略不清，已然无力回天

7月25日，日本舰队在丰岛海域袭击中国的运兵船只，甲午战争正式爆发，随后，中日战争逐步升级。8月1日，中国正式宣战。起初，光绪帝提出南北夹击的战略主张，命令已进入朝鲜北部的清军与牙山一带的南路清军叶志超部同心协力，夹击日军，使日军两面受敌，难以应付。为此，他三令五申要李鸿章电催平壤各军星夜兼程，直抵汉城，与叶志超合力夹击，"相机近取，力挫凶锋"。

然而，主持前方战事的直隶总督李鸿章却将光绪帝的督战上谕置之脑后，采取了保存淮军实力的作战方针，声称要"先定守局，再图近取"，"步步稳慎，乃可图功"。致使在平壤的清军虽有29营之众，却迟迟不敢南下接应，使"南北夹击"的作战计划变成泡影。加之清军武备废弛，指挥失当，因此在9月下旬，日本侵略军即长驱直入，突破鸭绿江防线，深入到中国境内作战。面对着"水陆交绥、战无一胜"的败局，光绪帝束手无策，只能仰天长叹。然而，这时日军既定的战略目标尚未达到，乃多方借口，拒绝列强的调停，继续进攻中国本土。

此时，清廷中枢对战争已失去信心，故对清军如何抗击日军的进攻，已放弃进行战略谋划。李鸿章在平壤、黄海之败后，于 9 月 19 日向朝廷上了一篇《据实陈奏军情折》，提出："伏愿圣明在上主持大计，不存轻敌之心，责令诸臣，多筹巨饷，多练精兵，内外同心，南北合势，全力专注，持之以久，而不责旦夕之功，庶不堕彼速战求成之诡计。"这是李鸿章分析对比中日双方的国情和军力，经过深入思考而提出的关于战胜日军的总设想、总方针，内容涉及军事、政治、经济、思想等方面，其中包含有难能可贵的持久战思想。不过，这对于当时一心求和、无心抗战的清廷中枢来说，是根本不可能予以采纳的。

纵观甲午战争清廷战略决策过程，清政府在"武保"与"和保"的道路选择上犹豫不决，导致战备与外交的双重失误，是战败的根本原因。同时，由于没有明确的战略，结果只好头疼医头，脚疼医脚，一处有警，便拆东补西，完全陷入被动挨打的境地。可以说，当时中国在安全战略上的目标模糊、摇摆不定，不仅没有逃避战争，反而推动了战争的加速来临，使得腐朽的清王朝陷入了更加风雨飘摇的境地之中。

专题六　海洋意识

清政府"保船制敌"的历史根源

陈相灵

中日甲午战争，清政府战略上的保守性是造成战争失败的重要原因之一。从战争爆发前的"息事宁人"、"以敌制敌"到战争爆发后的"保船制敌"，整个战略运筹贯穿了一种消极避战的思想，而这一思想的形成，有其深刻的历史根源。

一、清政府对日战略判断的失误和消极的制夷策略，源于其封闭的思维惯性

在世界历史的发展中，1500 年是一个重大分界线，它标志着世界进入了相互"交往"的时代。中国"厚往薄来"的大国风度吸引了众多国家的朝拜，而西方列强则通过殖民手段打开了他国大门。鸦片战争后，清政府才如梦方醒，第一次感受到海洋并非中国的护城河；西方国家在军事技术上的强大优势，也非蛮夷之国所能，但对于日本，清政府自认为对其有战略上的优势。早在康熙时期，他就提到，"倭子国"最是反复无常

之国，只一味慑于武威，不得对其有稍许好颜色。这一主张建立在当时清帝国居高临下的国威之上，符合当时的中日发展水平。但对明治维新后的日本，清政府依然用老眼光看待，就连著名的大臣，对变化后的日本对中国产生的影响，也没有一个明晰的认识。1870 年日本曾派使者要求与清政府签订条约，谋求在商贸上与西方国家同等待遇。两江总督曾国藩等疏言朝廷："日本二百年来，与我无嫌。今援西国之例，诣阙陈辞，其理甚顺。自宜一视同仁……致启利益均霑之心。"① 显然此时还把日本当作归顺的国家看待，在贸易上让其利益均沾。但这种看法仅隔两年，1872 年，日本擅自宣布琉球为"内藩"；1874 年 5 月，以台湾居民劫杀琉球渔民为由，出兵侵袭台湾。面对日本的挑衅行为，清政府在向日本赔款 50 万两之后，深深感到了潜在的威胁，开始筹划对日海防。但日本的野心并未就此满足，它把侵略的魔爪又伸向了朝鲜，并以此作为侵略中国的跳板。1876 年，日本派军舰在朝鲜西海岸测量海图，并炮击朝鲜江华岛，继而迫使与朝鲜签订不平等的《江华条约》，从此打开了朝鲜大门，改变了朝鲜为中国藩属国的地位。对此，清政府却采取"息事宁人"的态度，要求朝鲜向西欧国家开放，用"以敌制敌"的策略，让英德法美牵制日本的势力。结果，西方列强乘机进入朝鲜，它们不但没有牵制日本，反而推进了朝鲜半殖民地的进程。为扩军备战，从 1872 年起，日本着手自造军舰 14 艘，同时又从英法购入军舰 8 艘。在扩军备战的同时，日本向中国派遣大量特务搜集相关情报。至 1893 年，以《战时大本营条例》制定为标志，日本侵华的各种准备工作已经

---

① 赵尔巽《清史稿》，卷一百五十八，列传一百三十三。

就绪。

　　1894 年春，由朝鲜"东学党"领导的"尽灭权贵"、"逐灭洋倭"的反帝反封建农民起义波及全国，朝鲜封建王朝惊慌万丈，要求中国出兵代剿。中国派兵进朝，日本也借机出兵朝鲜，占据汉城和仁川一带战略要地。当"韩乱"已息，清政府要求日本撤兵时，却被日本拒绝。清政府面对日本剑拔弩张的嚣张气焰，不但未做应战的部署，反而将希望寄托于俄、英等大国，试图通过西方国家的"调停"约束日本，为表达不战的诚意，还主动把在朝鲜清军舰船全部撤回。日本不但没有退却，还于 1894 年 7 月 25 号在丰岛附近偷袭中国舰船，侵犯牙山清军，发动了对中国的战争。

　　清政府在判断日本军事挑衅的过程中，大大低估了其侵略中国的决心。这一战略判断的重大失误，造成了军事部署迟缓，甚至主动从朝鲜撤军，给日本以抢占朝鲜战略要地的先机。当中日战争对抗不可避免时，清政府却将希望寄托于西方列强，想用以敌制敌的策略改变不利的战略态势。这种不立足于己，而把希望寄托于西方国家的做法，不但不能"息事宁人"，反而丧失了战争主动权。究其根源，就在于清政府仍沿用旧思维分析判断形势，以为用大清帝国的威势和日本与西方列强之间的矛盾，清政府就能左右局势，大事化了。殊不知，此时的清政府已远不是康乾盛世时的清帝国，它已失去了给日以颜色的实力。实力不足，却不主动作为，这正是甲午战争先败而后战的重要原因所在。

二、以李鸿章为首的官僚集团在海军发展和 运用上重建设轻使用、重威慑轻海战， 这一战略偏差的根源在于小农意识的 使然和尚武精神的缺失

整个甲午战争，清政府靠的是李鸿章。李鸿章作为淮军的代表人物，曾深受曾国藩器重。曾国藩之后，他担负起了辅佐清王朝的历史重任，其军事上能够依赖的正是北洋海军。

为建清海军，曾国藩等认为西方国家恃炮舰精利，横行中国，在这样的情况下仅说攘夷，都是虚妄之论。既使想保和局，守疆土，没有炮舰又谈什么保守之事。国家诸费都可省，唯养兵设防、练习枪炮、制造兵轮之费万不可省。

1862 年，曾国藩在安庆设机器制造局，自造小轮船 1 艘。1872 年，曾国藩疏请购买外洋小兵轮 10 多艘，并租美国轮船 2 艘，中国海军建设由此发端。此后，沈葆桢兴闽海发展船政，李鸿章在旅顺修筑船坞，练北洋水师。在甲午战争爆发前，北洋、南洋、福建、广东海军共有大小军舰 71 艘，其中北洋海军有各种军舰 25 艘，鱼雷艇 12 艘，在整个海军装备中，北洋海军实力最强。

北洋海军的建设，凝聚了从曾国藩到李鸿章两代人的努力，李鸿章认为它来之不易，因而对海军的使用始终把保船放在首位。体现在战略指导上，重威慑，而非制海御敌。

李鸿章威慑思想的产生，也有其客观的依据。1880 年 6 月，左宗棠在新疆兵至哈密，俄增兵固守伊犁、纳林河，同时

以海军震撼京师，当时天津、奉天、山东皆报警。朝廷急诏左宗棠入朝应对危机，新疆方向发展顺利。俄慑于清军兵威，又恐与清政府决裂，遂交还伊犁，同时从海上退兵。① 这是清政府最为成功的一次海陆战略的运用，清能对俄产生威慑的根源，是左宗棠所率陆军，而非清海军。

但李鸿章把慑敌战略作为一种普遍规律加以运用。《北洋海军章程》中规定："以之防守辽渤，救援他处，庶足以壮声威而资调遣"，② 为在更大范围营造北洋海军的威慑力，李鸿章充分利用 3 年一次的海军校阅，一方面向朝廷显功，另一方面是向洋人示威。光绪帝对此也大赞不已："水陆各营依次校阅，技艺均尚成熟，行阵亦属整齐。各海口炮台、船坞等工俱称坚固，李鸿章尽心筹划，连年布置，渐臻周密，洵堪嘉许。"③ 而仅仅事隔 3 年，这一支海陆坚固的清军，却在甲午战争中惨败。

除校阅外，通过舰艇出访，以显示实力。北洋舰队曾 3 次出访日本，前两次给日本造成了很大震慑；3 次出访新加坡，美、德、意、日等驻新加坡领事对北洋海军的实力表示惊讶。与此同时，李鸿章还利用海上巡游、防卫藩邦等方式，营造威势。如果说，这种威慑能使对手有所顾及，它的价值是无所厚非的。但当威慑力大大降低，已难以对敌产生震慑时，依然把威慑作为海军使用的基本原则，就大错特错了。

北洋海军自建军至甲午战争爆发，基本在走下坡路，特别是在军费支持上，更是入不敷出。直到甲午战争爆发前夕，清

---

① 赵尔巽《清史稿》，卷四百十二，列传一百九十九。

② 中国近代史资料，《洋务运动》，第三册，上海：上海人民出版社 1961 年版。

③ 《大清德宗实录》，卷之二百九十七，光绪十七年五月。

政府才打算添置新式快炮，但可惜的是，当这些快炮舰船购入时，甲午战争已经战败。

中日海军在甲午战争爆发前3年的差距，李鸿章是清楚的，但他仍抱着以舰威慑的思想，就是下不了积极备战、与日决以死战的决心。他的内心深处最怕失去北洋海军。这种心态的形成，与中国厚重的小农意识的影响分不开。对农民而言，最怕失去的是土地，把这种心理放大，表现在海军建设上，就是只建不用，这种心态与工业革命后日本积极扩张的民族心理形成了强大反差。同时，八旗军早期所特有的尚武精神，并未传承到北洋海军身上，最终，还是日本把大清帝国逼向战场。北洋舰队除了用作护送兵员的舰队外，没有任何袭击日军的行动方案，这不能不说是海军使用上的重大悲剧。

三、北洋海军在作战指导思想上的消极性、保守性，与其"先内后外"的国防观念息息相关，与清廷腐败、没落的专制制度紧密相连

甲午战争指导上的保守性，与大清帝国的衰败不无关系。李鸿章早就意识到了清帝国自乾隆时期始已开始由盛转衰的危机感，但他并没有将这种衰败与西方列强的入侵联系起来，恰恰相反，他认为危机的根源在内不在外。所谓的内，指的是农民起义。后来的太平天国确实动摇了清王朝的根基，这就更使其将国家战略的重点放在防内乱方面。而对于西方国家的入侵，除了利用矛盾，以夷制夷外，在军事上，早已失去了维护国家主权和领土完整的雄心，"我之造船本无驰骋域外之意，不过

以守疆土、保和局而已"。① 在这样的思想指导下，中法战争不败而败；日本对台湾的侵略，理本在我一方，却以赔款而终结。这种指导思想自然也影响到甲午战争。面对日本的侵略行径，以李鸿章为首的官僚集团，在战争指导上，以守为先。当日本已占领朝鲜仁川等战略要地，战争一触即发时，李鸿章对牙山的叶志超指示："日虽竭力预备战守，我不先与开仗，彼谅不动手，此万国公例，谁先开战即谁理诎，切记勿忘，汝勿心急。"② 战争爆发后，李鸿章对海军的使用，以守海口为主，在万不得已的情况下，才用作护兵舰队。丰海一战，清运兵舰队遭日军袭击后，丁汝昌迁延观望，追剿不力，朝廷要求革职，李鸿章以不得临敌易将和接替无人等为由未办；黄海海战是在北洋海军护送兵员从朝折返时与日军的遭遇战。除了这场海战之外，无论是李鸿章还是丁汝昌，对海军都未做出具体的做战部署。黄海海战结束后，北洋海军返回港口，修复伤舰，日舰则虎视眈眈，寻找战机。北洋舰队多次以力单舰伤为由，守于海口。特别当日军围困旅顺港，急需增援时，李鸿章"力劝勿轻一掷，仍加威海与炮台依护为妥"，③ 从而失去了最后出击的机会，眼睁睁让日军占领旅顺。北洋海军最后都集结于威海，面对日军猛赴威海，李鸿章也深知"株守口内，转致进退不得自由"，④ 但出港的目的不是歼敌而是保船，从光绪帝的来电中

---

① 中国近代史资料丛刊，《洋务运动》，第五册，上海：上海人民出版社 1961 年版。

② 顾延龙主编《李鸿章全集》（二），电稿二，上海：上海人民出版社 1986 年版，第 79 页。

③ 顾延龙主编《李鸿章全集》（三），电稿三，上海：上海人民出版社 1987 年版，第 144 页。

④ 顾延龙主编《李鸿章全集》（三），电稿三，上海：上海人民出版社 1987 年版，第 345 页。

甲午沉思

可看得一清二楚："年内丁汝昌等电所筹，大股赴来，起锚出港，东西分布，合力抵御等语，皆以尽力迎战为保船之计，若株守口内，待水陆合攻，必至全船赍敌而后已，后患何堪设想。着李鸿章督饬海军将士，力筹保全海舰之法。"① 但此时出海的时机已失，在保船的指导方针下，难有保全之法，最后只能全军覆没。

在上述保和局、保舰船思想的背后，既表现出清政府的无能，更体现了封建专制制度腐朽性。甲午战争还未结束，清政府就派总理大臣张荫桓等为全权大臣，赴日议和。威海失守后，京津危急，清廷更是急于求和。最后，以中日《马关条约》的签订为标志，引发了世界列强瓜分中国的狂潮。

中日甲午战争，不仅仅是一场战争的失败，而是腐朽的封建制度的失败。其战略思维的僵化、海军运用方向性的偏差、作战指导上的消极避战等，都给我们留下了惨痛的教训。今天，当我们走出海洋，维护不断扩展的国家利益时，不能忘记甲午战争清政府在战略指导上的重大失误。面对周边的现实的威胁，既要积极备战慑敌，又要敢于亮剑，只有立足于打，才能从根本上遏制敌人的种种图谋，维护国家的领土和主权不受侵犯。

---

① 顾延龙主编《李鸿章全集》（三），电稿三，上海：上海人民出版社 1987年版，第 407 页。

甲午战争与当前海军建设

梁　芳

　　19 世纪中叶之前，中国的国防政策还是以陆上防务为基点，防务重点是中国西北蒙古和新疆方向的少数民族。1840 年的鸦片战争引起清政府对海权的警觉，但并没有实际的作为。1874 年日本为转移国内矛盾，利用琉球船民在台湾遇害事件为借口，发兵侵略台湾，可清政府却以出钱退兵了事。颜面尽失的清政府开始重视海权，终于导致清政府第一次思考国家的防务政策，开展了两次大的海防筹议，并于 1888 年正式组建北洋海军，建起了一支在当时世界上颇具影响、在远东首屈一指的近代海军。但就是这样一支海军，却在数年后与日本海上对决中大败，不得不发人深省，而晚清近代海权意识的致命弱点，是导致 1894 年中国在甲午战争中战败的重要原因。

一、晚清海防意识的产生缺乏内在的动力，是在外强刺激下萌发的

　　鸦片战争暴露出中国有海无防、国门洞开的窘境，西方列

甲午沉思

强趁机瓜分中国。清政府看到"泰西各国火轮直达天津，藩篱竟成虚设，星驰飙举，无足以当"，[①]海洋已不再是安全的屏障，而成了西方列强染指中国的通道。鸦片战争失败后，清政府以屈辱条约换取了暂时的"和局"，并在外国侵略势力下镇压了太平天国革命。内乱已平，外患已缓，清政府又失去了加强海防的紧迫感，而海防事业、海军建设20年几无建树。

近代中国以林则徐和魏源为代表的早期海防论者的出现，并不是中国社会经济发展的结果，而是在第一次鸦片战争失败的刺激下产生的。林则徐、魏源最早提出"师夷长技以制夷"的海防战略思想，对中国军事近代化和中国近代海军的建立与发展产生了重要影响。其主要思想表现为"筹海"、"建立船炮水军"、"师夷长技"三个方面，这是近代中国建立新式海军的最早呼声。这些思想形成了中国早期的海防思想，尽管当时这些加强海防、维护海权的议论都还是初步的，但得到清政府的重视和采纳。

第二次鸦片战争时，英法联军由海上长驱北上，从大沽口登陆津京的严酷事实，迫使中国朝野再次注意海防问题。1874年日本侵略台湾，给清政府巨大的刺激和震动，在与日本签订退兵的《北京专条》第6天，总理大臣恭亲王上书奏折，就造船、练兵、筹饷、用人等事宜要求沿海各省督抚、将军认真研究筹议，再由朝廷大臣们研议，引发了中国史上著名的第一次海防筹议，这次筹议最主要的成果是形成对国家安全战略对手的认知。以大学士文祥为典型代表，他提出："目前所难缓者，惟防日本为尤亟。以时局论之，日本与闽浙一苇可航。倭人习

---

① 张墨等著《中国近代海军史略》，北京：海军出版社1989年版，第144页。

惯食言，此番退兵，即无中生变，不能保其必无后患。夫日本东洋一小国耳，新习西洋兵法，仅购铁甲船二只，竟敢借端发难，若再因循泄沓，而不亟求整顿，一旦生变，更形棘手。"①前江苏巡抚丁汝昌认为："日本倾国之力购造铁甲船，技痒欲试，即使日本能受羁绊，而二三年内不南犯台湾，必将北图高丽。我若不亟谋自强，将一波未平一波又起……诗云：'未雨筹谋'，何况既阴既雨乎？"李鸿章则更加明确指出："泰西虽强，尚在 4 万里之外，日本则近在户闼，伺我虚实，诚为中国永远大患……是铁甲船水炮台等项诚不可不赶紧筹备。"② 由此可见，这次海防筹议确定了中国最主要的战略对手是日本。通过"海防筹议"，实现了海防意识第一次转折，重又强调建设发展海军，动作也加快了。但内部仍很不统一，在向西加强"塞防"解决新疆问题还是向东加强"海防"防止日本图谋问题上分歧颇多，互相拆台，海军建设很不顺利。1884 年中法马尾海战中，福建海军全军覆没，使清政府如梦初醒，看到了海防不固，国家难安，国家防卫只靠陆上一条腿无法支撑，必须要加强海防，并把海军建设摆在了首位，在国家防卫意识中明显有了海陆平衡观念。

　　由此可以看出，晚清受西方势力入侵，门户被打开的刺激，在强大外力推动下形成了初步的海防意识，而不是出于内在的需要，因此，非常遗憾没有上升到海权思想。可就在甲午战争前 4 年的 1890 年，美国人马汉发表了著名的《海权对历史的影

　　① 李书源整理《筹办同治夷务》卷九十八，北京：中华书局 2008 年版，第40 页。

　　② 吴汝伦编《李文忠公全集·奏稿》卷二十四，北京：中国金融出版社 1991年版，第 26 页。

响》一书，明确提出了影响世界的海权思想，这些思想成为西方海洋扩张的理论基础，但却被清政府忽视了。清政府的海防政策仅从军事防御出发，没有放在大海洋视野下的国家利益考虑，没有转化为开拓海外市场的内在根本需求，没有形成适应时代发展的海权观，极大地局限了清朝的海防思想，这主要有三个原因。

一是大陆思维限制了对海洋的认识。由于我国地理和人文的特殊性，统治阶级数千年来以"天朝大国"自居。在几千年的历史中，中华民族始终把海洋看作大陆的屏障和通往"化外之国"的通道，有一种天然的"公海意识"。社会经济发展缺乏对海洋的需求，对海洋的开发、开拓与管理也仅仅局限于所属的岛屿，而对辽阔的海上水域本身的开发与拓展，基本上没有进入国家意识，也很少体现为政府行为。

二是晚清封建统治阶级的腐朽堕落。自从康熙皇帝开拓辽阔国土之后，晚清几代皇帝不仅再没有开拓一寸领土，反而相继失去大片领土，更谈不上谋取海权。世界海权国家都把发展海军放在重要地位，拨巨款建设海军。但晚清政府官吏贪腐成风，1888 年北洋海军成军不久，急需经费建设发展，可清政府却先后挪用海军建设经费 2000 万两去修建三海工程和颐和园工程。借发展海军中饱私囊，北洋水师经费由每年 200 万两减至 90 万两，舰船的备件补充和日常维修都受到影响。海军平日训练虚饰浮夸之风盛行，一切不从实战出发，而是摆练、练为看。在实际战斗中炮打不响、鱼雷击不中，最终导致战败。

三是薄弱的海洋观念制约了海权发展。清末海洋观的形成主要是缘自西方势力入侵，门户被打开的刺激，迫切的现实需要使清末海洋观形成了以防为中心的特点，考虑海洋问题都从军事出发，而不从国家利益和发展经济着手，带有很大的被动性，极大地限制了海权思想的形成。人们对海防的议论往往偏重于被动的近岸防守，忽视加强海上力量的建设，没有意识到要对海洋控制、开发和利用。而当海防危机暂时得到缓解时，海权问题又被淡忘了，形成由海防观念淡薄而丧失海权，而丧失海权又丧失主权的恶性循环。因此，晚清海洋观和海防意识始终未能达到同时代的世界先进水平。

二、海权思想的缺失致无法正确建设和使用海军

在"建什么样的海军和海军如何运用"问题上，中国与日本相比，在观念上、目标上、投入上都有着明显的差异，导致中日的海军建设与运用出现了明显不同。首先，日本确定了海军是战略性军种，是国家安全的主要军事力量。其次，日本加大了军费投入。1887年，鉴于当时与大清国海军力量对比相对处于下风，日本明治天皇决定从自己内库中拨出30万日元（相当于皇室经费十分之一）作为海防补助费使用。受天皇影响，日本国民举国捐款建设海军。第三，明确海军任务是寻歼北洋海军，控制制海权，掩护输送陆军部队。第四，制定了军力发展目标，要超过英国。20年内拥有大小军舰200艘，常备军队2.5万人。第五，把俄罗斯和中国作为战略对手。[①] 由于种种原因，在甲午战争前建造计划没有完成，尽管与清国相比舰船数

---

① （日）外山三郎著，龚建国、方希和译《日本海军史》，北京：解放军出版社1988年版，第20页。

量不多，但日本海军却在组建之初就有明确的战略规划，明确的战略对手，明确的建军目标，注重顶层设计，在注重装备建设的同时更加注重人才培养和作战研究，所有这些决定了日本在海军建设与发展方面，比中国更具战略性和操作性。

然而，与日本相比，清政府却没能抓住机遇，错失了良机。1861 年，两江总督曾国藩向清廷建议购买近代舰船建立三支新式水师，攻取太平军心脏地区，得到清廷批准，此时还没有真正意义上的海军。晚清海军筹建只是为了防御日本应对眼前危机而采取的应急措施，缺乏一个明确的战略目标，缺少海军使命任务具体的顶层设计，因此，不可能提出海军建设的长远规划和正确的战略思想。1874 年日本侵台事件发生后，清政府海防意识增强，建海军的决心大了起来，但"海防筹议"没有解决好海军建设的战略指导思想问题。海军战略目标的核心问题是确立"攻势战略"还是采取"守势战略"一直不明，当时不少海军将领认为应该采取攻势战略，刘步蟾、林泰曾上条陈提出："求最上之策，非拥铁甲等船自成数军，决胜海上，不足臻以战为守之妙。"① 北洋海军提督丁汝昌也主执攻击论："将以清国全舰队扼制仁川港，进与日本舰队决胜负。"② 文官马建忠也发出"凡两国战事，隔海者以先得海面为胜"的呼吁。而这些正确的主张都被李鸿章一句："我之造船，本无驰骋域外之意，不过以守疆土，保和局而已"③ 而搁置。在李鸿章看来，建设海军，根本目的仅仅是为了把守大陆门户，保持用高昂代

---

① 李鸿章著《李文忠全书》，卷十，上海：上海古籍出版社 1995 年版，第24 页。

② 《日清战争实记》，卷七，博文馆 1894 年版，第 245 页。

③ 李鸿章著《李文忠全书》，卷十九，上海：上海古籍出版社 1995 年版，第48 页。

价换来的所谓"和局",这种守势战略违背了海军运用的规律,偏离了海军建设的正确方向,为后来的甲午战争埋下了祸根。

中法战争后,清廷认识到应该拥有一支强大的海军,这支海军应装备相当数量的铁舰和快船,其活动范围"南略西贡、印度,东临日本、朝鲜",其作用是"声威及远",发挥威慑作用,使祸患消失于萌芽状态之中。应该说,这种战略指导思想已进了一大步,也明确得多了,特别是提出了海军的威慑作用及与国家基业的关系。然而,在另一方面却忽视了一个根本原则,即海军必须能决战海上,威慑作用是表,实战能力为里,威慑作用必须以战斗力为基础。更为可惜的是,晚清政府对海军的使用是"无事时扬威海上,有警时仍可收进海口,以守为战"。这种矛盾的战略战术思想,只能使海军平时虚张声势,战时则首先放弃制海权。

由于国力日衰,又奉行消极保守的海军战略思想,使晚清海军建设路子越走越窄。海防建设也由建立东洋、南洋,北洋三支海军,以期三洋联为一气,转变为选择特别紧要之处来设防。对此,李鸿章直言不讳地说:"直隶大沽、北塘、山海关一带,系京畿门户,是为最要;江苏吴淞至江阴一带,系长江门户,是为次要。盖京畿为天下根本,长江为财赋地区,但能守此最要、次要地方,其余各省海口边境略为布置,即有挫失,于大局尚无甚碍",[1] 海军的任务已仅仅出于拱卫京师和保卫财源的考虑。在这种战略思想的指导下,海军没有利用自身实力的优势,封锁日本海军港口,或在海上寻歼日本海军主力,而是龟缩港内,被动挨打,全军覆没。

---

① 张侠等编《清末海军史料》,北京:海洋出版社1982年版,第107页。

三、甲午海战失败暴露海防观念的局限

1894 年由日本发动的侵略战争，主战场在海上，主角是海军。双方投入兵力之多，持续时间之久，战斗规模之大，都是此前少有的。在这场反侵略的民族战争中，中国广大爱国官兵誓死奋战，为民族生存做出了巨大牺牲。但是，由于清政府战略指导错误和腐败无能，在军事实力和综合国力占优势的情况下战败，使惨淡经营起来的北洋海军全军覆没，不得不接受屈辱的条约。造成晚清海军这种悲惨结局的原因是多方面的：

（一）先进的海军与落后的封建社会制度不相融，是导致整个战争失败的根本原因

近代海军是近代资本主义工业与近代海洋观念相结合的产物，近代海军装备是近代工业的缩影。因此，近代海军的建设与发展，要求有与之相适应的上层建筑，支持近代海军装备发展的工业也要求有与之相适应的生产关系，而这一切都是清王朝所不具备的。在晚清海军发展过程中，虽然清政府做了些政策上的调整，采取了一些必要措施，如吸收了不少外国的先进经验，在管理、人才培养、战术训练等多方面采取了许多新做法，但在一些根本方面仍沿袭旧制。如在领导体制上，先是分南北两洋筹建海军，后虽成立总理海军事务衙门，实际无法实现统一的指挥，各地封疆大吏都想拥兵自重，互不统属，甚至因一人而兴，因一人而亡，南洋海军就因南洋大臣沈葆桢病死而一蹶不振。晚清统治阶层的重重矛盾，深刻影响着海军建设，

李鸿章积极筹建北洋海军功不可没，但却视海军和北洋舰队为维护派系利益的工具和巩固自已显赫地位的王牌，想以此拥兵自重，加强自己地位，直接指挥北洋舰队的丁汝昌是从未指挥过海军的门外汉。从 1988 年建成北洋海军，到甲午海战的 6 年间，北洋海军没有购制一艘新的舰艇，坐视海军武器装备陈旧落后于不顾。慈禧太后则对海军采取窒息性做法，把海军款项用去修颐和园，总理海军事务衙门的醇亲王奕𧤝更是出于私心积极尾随慈禧太后。事实上，晚清近代海军成为清政府矛盾各方争夺的重要筹码，一旦各方感到自己的地位权势受到威胁之时，海军又成了他们共同的牺牲品。① 因此，近代海军严格服从并服务于其根本制度，巩固封建王朝的统治地位，决定了晚清近代海军只能走一条艰难畸型的发展道路。

（二）海军建设与落后的海防意识不相融，是导致甲午海战失败的历史原因

　　落后的封建社会制度使海军的建设从一开始就注定了中国海防事业近代化发展困难的命运，它导致了海军和海防建设的经费得不到可靠和足够的保证。鸦片战争前后，由于清政府忽视海防，官吏贪污中饱，造船经费多入私囊，监造船只 10 艘中至少缺二三只，就是造成的船只也被一些官员"令子弟亲属，截贩外省，或赁与商人，前往安南、日本贸易取利"。② 由于财力限制，只得"先办北洋，而南洋则因陋就简，规模未备"。③

---

　　① 《甲午战争与中国海防》论文集，北京：解放军出版社 1995 年版，第210 页。
　　② 张集馨《道咸宦海见闻录》，北京：中华书局 1981 年版，第 38 页。
　　③ 张侠等编《清末海军史料》，北京：海洋出版社 1982 年版，第 90 页。

甲午沉思

海军衙门成立后，清政府虽决定将原拨南北洋的 400 万两经费改拨与它，但各地督府抚均拖欠截留，以致从未收过足额，最多不过收到 340 万两，不得已只得将海军经费尽量减缩。1888 年北洋海军成军后，清朝政府认为"就渤海门户而论，已有深固不摇之势"，① 遂放松了海军的建设发展。结果，到甲午战争前，中日双方海军力量的对比就发生了重要变化，日本海军力量已超过了北洋海军。

（三）海军的战略性、开放性与封闭的安全观念不相融，是导致海战失败的重要原因

海军是一个战略性军种，海军战略是全局的，一着不慎，满盘皆输。唐朝张九龄有两句名言，"安不忘危，治不忘战；有备无患，忘战必危。"鸦片战争的失败使清政府开始意识到建设一支海军的必要性，从 1860 年以后即开始筹建中国的近代海军，但由于没有明确系统的海军建设方针，建设速度非常缓慢，迟迟未能形成一支独立海上武装力量。即使后来被动地组建了北洋水师，但由于没有一个正确的国防发展战略，所以，在海军建设过程中，歧于意见，致多阻格者有之；绌于经费，未能扩充者有之；初基已立，而无继起久持者有之。在建设海军的问题上，同心者少，异议者多。因而虽然花了 30 多年的宝贵时间，海军却未能形成担负保卫海洋方面安全的一支武装力量，未能经受住甲午海战的实战检验。此外，海军也是一个开放性的军种，它的活动和生存空间应是辽阔的海洋，它赖以发展的精神动力应为国家的海防意识。但是这些根本特征，却与

---

① 张侠等编《清末海军史料》，北京：海洋出版社 1982 年版，第 275 页。

晚清王朝"与外界完全隔绝曾是保存旧中国的首要条件"格格不入。在强敌环伺、海防洞开的严峻形势面前，晚清政府以自我为中心的全封闭式战略意识没有改变，其保持封闭统治的兴邦治国目标没有放弃，恪守重陆轻海的大陆意识没有转变。因此，它所兴建的近代海军不过是"天朝大国"急谋、救驾之策，而不是反映社会发展、民族自强的内在需求，其深层次的内涵已离经叛道。

（四）以制海防为主与以防为主的消极被动观念不相融，是导致海战失败的直接原因

晚清政府在建立现代海军后，客观上由于西方资本主义侵略者船坚炮利，清军水师难以与之匹敌；主观上由于传统的地域观念和封闭型的小农经济影响，清朝当局始终未认识到取得制海权的极端重要性，其指导中国沿海防务的基本主张就是"守"，几乎无海外作战，争得制海权。相反，还有一些主张只要"修我陆路之备，不必争利海中"。① 实际负责中国海军海防事务的李鸿章曾经说过："我之造船，本无驰骋域外之意，不过以守疆土、保和局而已。"② 他确定"守"的战略是："盖京畿为天下根本，长江为财赋富区，但能守此最重要、次要地方，其余各省海口边境略为布置，即有挫失，于大局尚无甚碍。"③ 在此思想指导下，中国的海防始终是围绕着拱卫京都这一目标

---

① 中国史学会《洋务运动》，第一册，上海：上海人民出版社 1961 年版，第 122 页。

② 李鸿章著《李文忠全书》（奏稿），卷十九，上海：上海古籍出版社 1995 年版。

③ 张侠等编《清末海军史料》，北京：海洋出版社 1982 年版，第 21 页。

甲午沉思

展开，主动将制海权放弃了。甲午战争时，日本海军作战的基本指导思想是"争取获得黄海及渤海的制海权"。① 相反，清政府则将"保船制敌"② 作为北洋海军作战的基本指针，这种放弃制海权、消极防御的海军作战方针，导致失去了对黄海、渤海的控制权，进而导致陆权的丧失，成为最终导致北洋海军在甲午战争中失败的又一重要原因。

总之，甲午战争中军事上的失败是一种表象，实质则是反应了中国封建社会已毫无出路。晚清政府虽然采购了先进的军舰，但从军队领导体制、作战指挥关系、军队编制体制和作战思想，都受到封建制度的束缚，造成建设海军只是封建王朝颜面的象征，而不是维护国家利益的需要，也使中国近代海军这一本不应属于封建社会的新生事物，却在封建社会走向衰亡的时候为延续封建统治而诞生，最终又被晚清统治阶级为延续自己的统治而葬送。这种应难而生、应劫而亡的命运，有其历史的悲剧，更是历史的必然。

---

① 藤村道生著，米庆余译《日清战争》，第一册，上海：上海译文出版社1981年版，第175页。
② 中国史学会编《中日战争》，第四册，上海：上海书店出版社2006年版，第265页。

甲午海战的历史教训

桑宝忠

中日甲午战争过去已 120 年，但惨痛的历史教训一直压在中华民族的心头。两个甲午过去，战争中死难官兵的英魂却难以安息。今日东海岛屿主权和海洋权益相争激烈，愿甲午战争的惨局不再重现。总结经验，吸取教训，强军强国，以慰藉将士英灵。

纵观历史资料记载和分析，造成甲午海战失利的原因很多，涉及国家的政治、经济、军事、外交、文化等多种因素。但从军事角度来看，造成最后失利的主要因素有：战略战术滞后，忘危怯战思想较重，武器装备落后，实战训练水平低下，指挥素质能力不强等，尤其是武器装备、作战准备、指挥素质能力问题较为突出。

一、北洋海军武器装备落后是导致
海战失利的主要原因

随着热兵器的产生和发展，武器装备优劣成为了战场胜败的一项非常重要的指标。甲午海战北洋海军失利的一个主要原因，也没能摆脱装备落后于日本的噩运。

一是参战舰艇总体实力弱于日舰。战前，我国海军军舰总数为 78 艘，日本为 31 艘；总吨位我国海军为 80000 余吨，日本为 59000 吨。虽然我国海军总体力量上优于日本，但参加黄海海上作战的海军只有北洋舰队，主体力量弱于日本。日参战舰艇 12 艘，总吨位为 40840 吨，北洋海军参战舰艇 10 艘，总吨位为 31366 吨。并且，舰艇性能、武器系统性能弱于日舰。在舰艇的航速上，北洋海军参战舰艇平均航速低于日本参战舰艇 1 节。在火力上，北洋海军参战舰艇共有火炮 195 门，日本军舰为 268 门。其中，120 毫米以上的速射炮北洋海军与日舰相比为 0：97，而速射炮射速是普通后膛炮的 5 倍以上。因此，参战日舰打击能力超过了北洋舰队参战舰艇 6 倍以上。

二是参战舰艇船龄相对老化。主要表现为船体结构不牢，多有船体松动现象，航速低、机动灵活性较差。例如，参战的两主力舰艇"定远"、"镇远"服役已满 14 年，舰艇机械及武器平台相对老化，以至于"定远"舰在首次发炮时，就将己舰的飞桥震塌，其余作战舰艇状况大体如此。相比之下，日舰多为海战前自建或外购的新型战舰，所以，北洋海军参战舰艇作战效能难以有效发挥。

三是老旧武器装备未能及时更新。甲午年正是慈禧 60 大寿，动用所剩储备不多的国库银两，甚至不惜挪用海军经费大修庭院、楼堂馆所，在穷奢极欲的挥霍中，国防开支全面紧缩，拮据万分。北洋水师拟增添"镇远"、"定远"、"经远"、"来远"四舰的 18 门 120 毫米口径快炮和"威远"3 门 105 毫米后膛炮，所需银两 61 万两也难以筹措，其他方向海军更是如此。

李鸿章在 1894 年 5 月视察完北洋海军后，忧心忡忡地上书朝廷："臣鸿章此次在烟台、大连湾亲诣英法俄各铁舰详加察看，规制均极精坚，而英尤胜。即日本蕞尔小邦，犹能节省经费，岁添巨舰。中国自十四年北洋海军开办以后，迄今未添一船，仅能就现有二十余艘勤加训练，窃虑后难为继。"当时的英国驻华公使欧格讷对我国海军的评价："中国军队虽然在数量上较日本有相当优势，但训练方面，尤其是装备方面远不及日本。"旁观者清，北洋海军正是在这种后难为继的情况下，迎来了一场惨痛的甲午海战，失败是必然的。

二、战前备战不足是导致海战失利的重要原因

清朝末期，吏治腐败，政府无能，内忧外患交织，军队缺乏打仗思想，把国家和民族带入了一场灾难的漩涡，是这场战争失败的一个重要原因。**一是思想准备不足。**在 1876 至 1888 年这段时期，我国海军整军备战意识还比较强，大量外购先进战舰，海军整体力量和能力高于日本。但在 1888 年之后，一种侥幸心理充斥在军队内部，认为海上优势明显，日本不敢造次，随即全部停止了军舰的外购和发展先进强大舰队计划。在甲午战争爆发前，清廷不知日本侵华动向，故对战争没有任何的准备。在战争爆发之际，军内外高层不是督促积极备战，而是寄希望于外交调和避战。在海战之前，北洋海军对作战部署和计划的研究缺乏认真细致。作战中最高指挥官丁汝昌受伤无法指挥，以及旗舰受重创无法履行职能时，因缺少接替指挥人员和担当旗舰的计划，导致参战的北洋舰队群龙无首，全军陷入混

乱局面。**二是参战弹药携备不足。**据资料记载，北洋海军洋员马吉芬战后回忆，弹药供应极为不足，至战斗结束前半小时，"镇远"舰具有较大威力的 305 毫米主炮的爆破弹和 150 毫米火炮的所有炮弹全部打光，仅剩 15 发穿甲弹，"定远"舰的情况也是如此。而日舰备弹十足，直到最后还一直猛烈射击，北洋海军舰艇只能受制于日舰的百般蹂躏。据有关资料显示，造成炮弹不足的主要原因，是作战准备不充分携弹量偏少。**三是实战训练不足。**甲午海战爆发前，北洋海军也在大搞训练，时任北洋大臣的李鸿章也多次检阅其训练情况，并给予了高度的肯定和赞扬。但从战争失败的教训看，当时的训练，重基础、轻实战，重表面、轻实用问题十分突出。北洋海军在战后总结中写道："我军无事之秋，多尚虚文，未尝讲求战事。在防操练，不过故事虚行。故一旦军兴，同无把握。虽职事所司，未谙款窍，临敌贻误自多。"还有资料记载写道，中国海军"徒求其演放整齐，所练仍属皮毛，毫无裨益。此中国水师操练之不及他国者，弊在奉行故事耳"，可谓道出了北洋海军平时训练的真实情况，揭露了当时北洋海军外强中干的真相。

三、指挥人才缺失是导致海战失利的根本原因

海军是专业化、技术化极强的军种，因此，人才建设历来是海军发展之根本。但甲午海战前，我国海军人才教育培养与日本相比处于较低水平。**一是建校起步晚。**1855 年，日本在长崎等地就创办了海军传习所和多个海军操练所。1870 年，日本兵部省还提出了"大办海军"，把创建学校、广选良师、提高

海军军官素质作为海军建设头等大事。而我国海军 1867 年才建起了第一所海军学校，即福建船政学堂。但此后一直停止不前，直到 1880 年后从国外购入大批军舰，急需专业人才，海军教育才出现发展的势头。1881 至 1890 年先后建起了多所海军学堂，如，天津水师学堂、江南水师学堂、广东水陆师学堂等，由于距甲午战争已近，人才匮乏十分突出。**二是教学体系不科学。**科学的军事人才培养，尤其是技术军种的指挥人才生成，应当是高、中、低培养相衔接，战术技术合一，院校间相互协调、相互配合的完整教育体系。但我国当时的海军院校教育缺乏统一的规划，没有高、中、低教育层次区分，院校间也缺少分工合作，基本处于各自为政的状态。因此，培养出的海军指挥员专业素质能力不全面的问题非常突出。而此时的日本海军人才培养已十分成熟，指挥员基本都能达到业务精通，指技合一，素质全面的状态。**三是战斗精神教育培养严重不足。**中日海军院校教育，在基础课程上大体相同，都是学习西方的理工科知识为主，但在军人战斗精神、战斗意志教育上相差很大。我国海军院校多灌输的是儒家思想，而儒家思想教育是不利于军人所需的牺牲精神生成，所以培养出的指挥员大多是思想保守型。例如，黄海海战时，当作战进行到关键时刻，方伯谦和吴敬荣率舰而逃。黄海海战失利后，丁汝昌因受海战的打击，竟率舰队困守威海卫军港不敢出战，结果成为了日本舰队的活靶子。而日本军校则极力灌输武士道精神，激励学生锐意进取精神和好战品性，这在作战中会转化成一股永不言败的战斗力。**四是高级指挥人员不懂海军建设。**清朝政府于 1885 年成立了海军衙门，设有 5 位大臣，但 5 人中无一人出身海军或受过海军训练，这使得海军的建设发展一直处于畸形状态。而海军提督一职

"非阅历多年，深谙西法之水师不可"，但李鸿章却任命了既不懂海军，也没有受过海军专门训练的丁汝昌担任北洋水师提督这一要职，给甲午海战的失利埋下了隐患。

　　总之，甲午战争失败的原因众多，但军事因素的惨痛教训不可忘却。正视历史，以史为鉴，思考未来，做好今天，才不枉先驱，以强固中华。

长崎事件刺激日本大力发展海军

曹 菁 韩 笑

　　1895 年 9 月 17 日，清北洋水师与日本联合舰队在黄海海面展开激烈战斗。这场决定甲午战争最终结局的关键一战的结果，是以日本联合舰队击败北洋水师而宣告结束。综合双方舰队参加作战的军力来看，北洋水师战舰 12 艘、排水量 34420 吨，平均航速 15 节，火炮和速射炮合计 79 门，机关炮 129 门，鱼雷发射管 31 门，鱼雷艇 2 艘。而日本舰队在吨数、速度、炮术上则占有优势，联合舰队除"西京丸"之外，战舰 11 艘、排水量 36771 吨，平均航速 18 节，火炮和速射炮 246 门，机关炮 29门，鱼雷发射管 37 门。在战斗中，日本舰队的战斗队形有效发挥了速射炮的长处，取得了击沉"经远"、"致远"、"超勇" 3舰，"扬威"、"广甲"自爆沉没，"定远"、"镇远"、"来远"、"靖远"、"济远"、"平远"、"广丙"重轻伤的战果。虽然日本舰队的"松岛"、"比叡"、"赤城"、"西京丸"被重创，其他舰也遭受了不同程度受创的代价，但是日本舰队无沉没战舰。其受损的战舰，经过 5 日的修理便恢复了舰队巡航的战斗力，奇迹般地出现在清国附近海域。

　　回到 19 世纪 50 年代以前的日本，不仅没有军舰，就连船舶也极少。直到 1850 年后，日本才开始从英国、美国购进少数船只。1854 年，则开始仿造欧洲船式，并逐步在江户、长崎等地开始造船。到 1864 年，日本共制造出小型舰船 11 艘。此外，从 1857 年到 1868 年，又从欧洲国家购买小型军舰 7 艘，但这些舰船均为数百吨的小船，最大的不超过千吨，最小甚至只有 30 余吨。当时的日本海军与甲午战争爆发时的日本海军相比，力量还是十分弱小的。那么，又是什么极大刺激了日本海军的迅猛发展呢？

发生在百年前的长崎事件，是在清海军北洋水师和日本长崎市民之间的一次冲突事件。该事件的来龙去脉，不仅对于今天的中国人来说并不清楚，就连日本人也几乎不知晓这一事件的历史情节。而正是这一事件，如同清日关系史上的一根导火索一般，极大地刺激了日本政府，也深深刺痛了日本民族的自尊心，从而加速了清日之间军备竞赛的升级。从现在看来，该事件对甲午战争的爆发乃至结果也产生了重要影响。

1886 年 8 月，水师提督丁汝昌率领北洋舰队"定远"、"镇远"、"济远"、"威远"等 7 艘战舰结束在朝鲜海域的演习任务后取道日本回国。8 月 13 日晚，部分水兵登岸购物，其中数名水兵因言语不通与丸山游廊寄合町的妓楼发生争执，并动粗损坏了店内物品，随后又与维持治安的巡警发生冲突，进而引发清日双方大规模的械斗事件。这场恶斗的最终调查结果统计，日本巡警死亡 2 人，重轻伤 26 人；中国水兵 5 人死亡，6 人重伤，38 人轻伤。8 月 16 日，2000 余名日本民众在中国领事馆前进行抗议活动，从而引发了两国的外交纠纷。

对于当时全权负责外交事务的李鸿章本人来说，本想借军舰寄岸长崎之时，在日本民众面前一展中国舰队的强大，但他不曾料想，却发生了水兵与当地日本民众斗殴的事件。在丁汝昌的电报中得知有数名水兵被杀伤的情况时，李鸿章不禁勃然大怒，于 8 月 20 日召见了日本驻天津领事波多也章五郎，质问事件的具体情况。这次的召见，李鸿章的震怒之情体现于其言语之中："兵船寄港、水兵上岸购物乃平常之事，而贵国巡警居然无理阻碍我水兵行路。倘若我等煽动清人妨碍贵国在天津的住民，贵国会作何感想？现在，清日两国关系乃是最要好的时节，可像这等意外不爽之事却常有所闻。平心而论，贵国的人民还是友好的，至于警察却欺人太甚令人憎恶。"同时，李鸿章也严词要求道："事件发生后，贵国外务省已经派出调查委员，本国公使也派出参赞，故也请贵领事向本国发出电信，妥善处理解决这一事件。"波多野表示日本政府会给予清国以满意的结果。

两日之后，李鸿章再次召见了日本驻天津领事波多也章五郎，但是态度较之前日显得和颜悦色，语气也温和了很多。之所以会有如此大不同的态度，是因为李鸿章听取了详细的报告之后，得知了事件的全部经过而自知理亏。于是，李鸿章对波多野说道："最初接到从长崎发来的电报，拙者一时大怒不能抑制，想必北京的醇亲王初闻此事也是怒不可遏……今回警察与水兵的打架，如同小孩之间之打架，父母只要两相无私相互平抚就可以解决了，为小孩间的打架再波及父母间的争吵就不好了。贵政府如果公正无私地解决此事，我想我大清政府也不会心存怨意。我作为伊藤大臣、榎本大臣的友人，素来主张平和主义，而且也曾和盐田大臣推心置腹谈过心，本官毫不怀疑贵政府可以公平无私地解决此事。"同时，李鸿章对于中国水兵的做法也给予了解释和道歉："其实 15 日警察和水兵发生打

甲午沉思

架前，清舰应该禁止水兵上岸才对，结果专门配置了两艘小船供水兵上岸，不能不说我们这边也是有不妥当之处的。"

这番言论中，李鸿章有意用小孩间的打架来比喻巡警对水兵的治安维持行为，试图将大事化小，小事化了。之后，中日两国派出了调查委员，并力求事件不再扩大。但是事有波折，调查双方都互不相让而无法得出确切的结论。直到 1887 年 2 月 8 日，清国钦差全权大臣徐承祖和日本外务大臣井上馨代表中日两国签订了条约。最终在以和平为大局的前提下，两国决定参照本国法律斟酌处理，并相互不予以干涉。在协议签订之后，双方又相互收受了救恤金。这样一场打架的结局，其实是以两败俱伤的形式和解而告终。

长崎事件平息后，日本天皇于 1887 年 3 月 14 日颁布敕令："立国之急在我海防，一日不可迟缓。"并下令立即从皇室库存中，拨款 30 万日元作为海防捐款。随后，首相伊藤博文、民间学者福泽谕吉等也在日本各地进行了游说，一时间，贵族、富豪、大名竞相慷慨解囊为海防捐款。短短半年时间内，日本海防捐金总额超过 200 万日元。政府同时发行了海军公债 1700 万日元，用以支援海军的军备建设。

而另一方面，李鸿章对于长崎事件的结果一直耿耿于怀，认为此时应该大张旗鼓在亚洲邻国造势，只有展现大清国海军力量的强大，才能压制敌对者的气焰。1889 年 6 月 29 日，清海军舰队 8 艘军舰（其中北洋水师战舰 5 艘，南洋水师战舰 3 艘）访问朝鲜，停泊在仁川港。朝鲜人瞬间被眼前的巨大战舰给震慑住了，从此也打消了朝鲜意欲独立的念头。7 月 6 日，舰队从仁川港出航，经釜山、元山、俄国的海参崴之后返回本国。此行不仅成功宣扬了清国作为宗主国的强大，也对俄国人起到了一定的警示作用。1891 年 6 月，中国舰队接受邀请再次访日。7 月 6 日，北洋水师提督丁汝昌受到了明治天皇的召见。作为对等礼仪，丁汝昌在"定远"舰上举行了盛大的招待会，日本的众议院议员、贵族 200 多人受邀登舰参加了宴会。此时的"定远"舰与日本主力战舰"高千穗"、"扶桑"比起来，无论是从舰体、铁甲还是到大炮，日舰都无法与之相比。这样的差距，让众多日本人感到，自己身处在清国的威胁包围之中。参观后的日本政治大员们一致认为，必须增添数艘巨大坚牢的军舰，否则一旦在清日之间出现战事，日本舰队将无法与中国舰队相抗衡，这样的刺激也使日本人心中深埋下了一种令人窒息的阴影。一时间，在日本的文坛涌现出了围绕"定远"舰为题材的文学作品，如《不归云》、《不沉的定远》、《第二的元寇》、《勇敢的水兵》等小说，都是宣扬日本海军战士勇敢击沉"定远"舰的故事。

如果说长崎事件极大地刺激了李鸿章，使其决定要用庞大先进的舰队达到其进行威慑邻国的作用，那么李鸿章这样的威慑行为也深深地刺痛着每一个日本国民。在共同的情感驱使下，日本政府、军人、知识分子、庶民等各个阶层，一致要求国家加速扩建日本海军，并支持政府倾全国的财力打造一支超过北洋舰队的日本海军。到 1884 年，日本海军原本已经着手的海军建设 10 年计划，由于北洋舰队的第一次来访后被要求必须提前实现。第一个 10 年建设计划后，日本舰队的规模已经达到 42 艘战舰，其中新增的战舰数量为 32 艘，包括大型战舰 6 艘、中型战舰 12 艘、小型战舰 12 艘。北洋舰队第二次访日，使得日本海军进一步加速了其扩张的速度，其中就包括建造了装备 32 厘米口径巨炮的"三景"战舰"松岛"、"桥立"、"严岛"，进口英国建造的世界上最快速最新的战舰"吉野"号。

从北洋舰队首次访日到甲午战争爆发的不到 10 年的时间，日本每年的军费支出已经占据了国家财政总支出的 11.7%。日本在长崎事件的刺激下，仅仅图强 8 年，海军的战斗实力就已经超越了中国的北洋舰队，日本海军最终在甲午海战中击败中国的北洋水师也就不足为奇了。

浅谈甲午战争中北洋海军的
军官心态

张　勇　刘红霞

2000 年，海外著名汉学家、哈佛大学费正清研究中心研究员孔祥吉先生在国内一家著名刊物发表了《甲午战争北洋水师上层人物的心态——营务处总办罗丰禄家书解读》一文，认为北洋海军甲午战败与北洋海军领导层的心态存在直接关系，甚至可以说是"导致甲午战争失败的重要因素之一"，[①] 并由此开启了关于北洋海军官兵心理活动的研究。这是一个极富价值的研究视角，因为无论战争的样式和形态如何变化，所有的战略战术都要靠指战员们实施，所以他们的心理活动尤其是心理素质与精神状态（即心理学意义上的心态）自然与战争和战斗进程休戚相关。具体到甲午战争，问题显然就是北洋将领们在怎样的心态下出现能战不战、一战即溃、自杀殉职等相互交织的奇特现象的。但是，除了孔文，笔者尚未见到"接着说"的研究，便不揣冒昧，拟从甲午战前（普通军官和北洋水师提督丁

---

① 孔祥吉《甲午战争中北洋水师上层人物的心态——营务处总办罗丰禄家书解读》，《近代史研究》2000 年第 6 期，第 141 页。

甲午沉思

汝昌两个层次）和甲午战中两个大阶段分析北洋海军的军官心态。

众生一相：家书中海军军官战前的"必死"心态

北洋海军是整建制的近代海军，官兵尤其是军官的文化素质普遍较高，海军的军种性质又使得他们不能长时间陪伴家人，平时基本上都靠鸿雁传书与家人联系。而是正因为是个人私密性的家书，各级尤其是中下层军官得以在其中尽诉衷肠，充分展现自己最真实的精神状态和内心活动。人们往往从家书中有关于战死、备死等字眼，同时也从军官们前赴后继以身殉国的壮举中，认为很多北洋海军军官是抱定为国捐躯的心理而投入战斗的，目前来看，这很可能是后人的一种误解甚至是曲解。厘清这种误解并不有损于英雄的形象（作为军人，无论在什么样的心理活动中，战死沙场以身殉国都是英勇的表现），而是为了让后人更深刻地理解战争与人性的复杂。

丰岛海战打响前，"经远"舰驾驶二副陈京莹（在甲午海战中牺牲）在给父亲的信中写道："陆战中国可操八成必胜之权，盖中国兵多，且陆路能通，可陆续接济；但海战只操三成之权，盖日本战舰较多，中国只有北洋数舰可供海战，而南洋及各省差船，不特无操练，且船如玻璃也。况近年泰西军械，日异月新，愈出愈奇，灵捷猛烈，巧夺天功（工），不能一试。两军交战，必致两败；即胜者十不余三，若海战更有甚焉。所以近年英与俄、德与法，因旧衅两将开战，终不敢一试也。北洋员弁人等，明知时势，且想马江前车，均战战兢兢，然素受爵禄，莫能退避，惟备死而。"① 驾驶二副属于北洋海军的中层军官，很难说掌握整个北洋海军的战斗力情况，而且日后的战局也证明了陈京莹对陆战有八成胜算的预测纯属臆想，但从他信中的上下文分析，他的"备死"实际上就是"等死"。这种未战就先言死的心态不仅陈京莹独有，"扬威"副管轮的郑文恒（在甲午海战中牺牲）在给其兄长郑彬候的信中写道："甲申中法之役，'扬威'本拟赴台澎，与法决战，旋复转赴朝鲜防御。吾已自分殁於战事，乃复视人间，距今十稔。此次临敌，决死无疑。"② 仗还没打，就已将 10 年前的中法战争惨败作为先例，这既是与敌决一死战的坚强决心，也是对战争结局和个人生命悲观的心态。

　　下层军官的心态同样如此。北洋海军"济远"见习军官黄承勋（在甲午海战中牺牲），战前与人在刘公岛喝酒时，喝着喝着突然悲从中来，对交情不错的关姓军医说道："此行必死，他日骸骨得归，为君是赖，莫逆之交，爰以敦托。"把一同喝酒的人吓了一跳，赶紧岔开了话题。③

　　著名女作家冰心的父亲谢葆璋时任与陈京莹同级别的"来远"舰二副，作为海军军属，她也有着刻骨铭心的记忆："甲午战争爆发后，因为海军里福州人很多，阵亡的也不少，因此我们住的这条街上，今天是这家糊上了白纸的门联，明天又是

---

① 王记华《甲午英烈，家国情长——北洋海军"经远"舰驾驶二副陈京莹及其甲午遗书所见》，原载于《中国甲午战争博物馆馆刊》2002 年第 1 期，http：//tieba. baidu. com/p/2864708832。

② 张侠、杨志本、罗澍伟、王苏波、张利民编《清末海军史料》，北京：海洋出版社 1982 年版，第 362 页。

③ 张侠、杨志本、罗澍伟、王苏波、张利民编《清末海军史料》，北京：海洋出版社 1982 年版，第 366 页。

那家糊上了白纸门联。母亲感到这副白纸门联，总有一天会糊到我们家的门上！"① 军官和家属们的心态足见一斑。在众生一相的"必死"心态中，北洋海军官兵是战是和是降是自杀，都很难说不与这种心态颇有关联。

消极避战："一把手"丁汝昌战前的"躲闪"心态

人们对丁汝昌在甲午战争期间的表现一直存有争议，其中，对他主战还是主和的争论最大。实际上，丁汝昌虽是北洋海军的"一把手"主官，守土有责，但战争尤其是国际战争从来不是仅由一支军队的个别将领所主导的，指挥官更多地只是战略或政略的具体执行者和落实者，因此，只有真正弄清指挥官的实际表现与其心理活动之间的具体关联，才能更完整地判断其言行举动。丁汝昌在战前曾给人写过一封书信提及："师船计陆兵大队开动，有明战之命即选锐向机，或占据，或雕剿，必协力为助。就目前两势相衡，我不过船炮力数较单少耳。若以人力相衡，水军以一抵三，陆军则力复有溢，是素所深察确凿不移之势。纵彼器精利，我但于冲锋时运以巧计，断以果力，过此则不难所向披靡，并可以其人之道，还治其人之身也。"② 从中，人们确实可以认为丁汝昌在甲午战前确在整军备战，但遗憾的是丁汝昌的真实心态远非如此。

1893 年底，朝鲜半岛局势急剧恶化，中日随时有爆发战争

---

① 冰心《我的故乡》，福州：福建人民出版社 1983 年版，第 8—9 页。
② 戚俊杰、王记华编校《丁汝昌集》，济南：山东大学出版社 1997 年版，第 201—202 页。

的可能。但身为北洋海军提督的丁汝昌，在离丰岛海战不足一个月的 6 月 28 日（农历五月二十五日）却给书法家鲁芝友写了这么一封信："威海新建公所，四壁微有点缀，然绝少名贵伟丽之观，未足以资润色。若荷惠赐单款翰宝数幅，增绚花厅，益恋人流览矣。"① 战斗在即，作为北洋海军"一把手"的丁汝昌，他不仅没有指挥上下投入紧张的战备，反而在为一个"会所"的装修向友人索要字画。这委实令人匪夷所思！当然，这只是清廷上下大小官吏骄奢淫逸的一个缩影，丁汝昌绝不是一个孤例。将帅有个人情趣爱好理论上与战局无关，但丁汝昌统帅北洋海军期间，又与李鸿章有着密切关系，他的一举一行都与其心态有着直接联系。

　　根据孔祥吉的研究，"北洋上下弥漫着消极备战，积极求和的气氛。"② 丰岛海战爆发前几天，李鸿章曾电令丁汝昌带军出巡，同时强调要见机行事以保全坚船为妥。丁汝昌当然了解李鸿章的真实意图，便在回电中称："惟船少力单，彼先开炮，必致吃亏，昌惟有相机而行。倘倭船来势凶猛，即行痛击而已……牙山在汉江内口，无可游巡，大队到，彼倭必开仗，白天惟有力拼，倘夜间暗算，猝不及防，只听天意，希速训示。"李鸿章随即电令："暂用不着汝大队去。将来俄拟派兵船，届时或令汝随同观战，稍壮胆气。'扬威'可即调回。"③ 显然，丁汝昌正是通过揣摩李鸿章的心理，成功得到了取消巡游的命

---

　　① 戚俊杰、王记华编校《丁汝昌集》，济南：山东大学出版社 1997 年版，第 189 页。

　　② 孔祥吉《甲午战争中北洋水师上层人物的心态——营务处总办罗丰禄家书解读》，《近代史研究》2000 年第 6 期，第 146 页。

　　③ 顾廷龙、叶亚廉主编《李鸿章全集》，电稿，上海：上海人民出版社 1986 年版，第 804—805 页。

令。其实，甲午战前丁汝昌的一些请战电报，实际上也是婉转表达退回威海卫以自固的深意。① 而此举致使北洋官兵在初战丰岛中不仅得不到援助，还损失了"广乙"、"操江"、"高升"等数艘战船和近千名陆军官兵。最高指挥官的心态尚且如此，还能指望北洋舰队在残酷的中日海战中能有多大作为？

无心恋战：海军将领群体战时的怯战心态

著名甲午战争研究学者戚其章先生生前曾撰文指出："在甲午战争中，日本打赢，中国打败，绝非偶然的因素在起作用。战争的胜负，不仅决定于作战双方的军事、政治、经济、自然诸条件，而且还决定于作战双方主观指导的能力。战争爆发前，日本海军即制定了以夺取制海权为目标及海陆统筹兼顾的战略方针，对其获得战争的胜利起了重大的作用。相反，中国海军却采取消极防御方针，自动把制海权让与敌人，以致在丰岛海战后错过了许多采取攻势的好机会；黄海海战后又慌乱无计，坐视日军从花园口登陆以陷旅顺；后来被迫采取以威海基地为依托的海口防御方针，但在陆上后路全无保障的情况下，也只能走向失败。"② 此乃不刊之论！而北洋海军的消极行动正是与将领群体的怯战心态有着极大的关联。

1894 年 9 月 17 日，北洋舰队在护送陆军赴朝的途中与日本

---

① 王家俭《李鸿章与北洋舰队——近代中国创建海军的失败与教训》，上海：生活·读书·新知三联书店 2008 年版，第 446 页。

② 戚其章《从制海权看甲午海战的结局》，《东岳论丛》1996 年第 4 期，第 83 页。

联合舰队遭遇，双方在大东沟发生激战。数小时激战后，北洋舰队虽重创"松岛"、"西京丸"等日舰，但己方却损失了"超勇"、"扬威"、"致远"、"经远"、"广甲"共 5 艘主力舰，损失程度远超日军。并且在战斗的关键时刻发生了"济远"、"广甲"的临阵脱逃事件。"至管带'济远'铁舰之方伯谦，即七月间护送'高升'运船至牙山，途遇日舰，匿铁甲最厚舱中，继遭日炮毁其舵，竟高悬白旗，下悬日旗，逃回旅顺口者也……两阵甫交，方伯谦先挂本船已受重伤之旗以告水师提督；旋因图遁之故，亦被日船划出圈外。致、经两船，与日船苦战，方伯谦置而不顾，茫茫如丧家之犬……"更不可思议的是，方伯谦为了逃命还撞上已搁浅的"扬威"舰，使其沉海。① "镇远"舰美籍雇员马吉芬也回忆黄海海战时，"管舵之福州人，隐身于右舷挡炮铁牌之后，面白如纸。及日舰第二弹至，船身大震，管舵人已不知所之……乃见总兵林泰曾匍匐而口求佛佑。林，官也，全船之司命也，乃胆小如鼠，效乳臭小儿之啼哭，偾事必矣，不觉浩叹。"② 北洋海军将领的怯战堪称海战史上的奇葩！

自黄海海战到旅顺失守，丁汝昌不仅没有指挥快速整修受伤舰只，就连最要紧的出海巡防以备日军登陆一事，都几乎没有任何举动。直到 10 月 20 日，日舰已在荣成附近探测水位了，丁汝昌才在李鸿章的一再严饬下率领六船、两雷艇到石岛一带游弋，结果自然是无功而返。10 月 24 日，日本第 1 军渡鸭绿江

---

① 中国史学会主编《中国近代史资料丛刊·中日战争》（一），上海：上海人民出版社 1957 年版，第 168 页。

② 中国史学会主编《中国近代史资料丛刊·中日战争》（一），上海：上海人民出版社 1957 年版，第 73 页。

入侵，第2军在花园口登陆，拟攻旅大，丁汝昌在李鸿章的严令下率舰出巡大连湾一带，并表态说："此行遇敌，惟有督率将士，尽力死拼，第船少械亏，胜负未敢计。"① 不久，丁汝昌在给友人的信中表达了这种绝望的心态："寇烽日逼，军壮绝少转机。海军东沟一战，船力本已单钝，猝减其四。致、经两船尤多干勇之士，悉就沦亡……虽倭船同有沉失，而折我致、经两号上战之舰，殒我邓君万夫雄特之将。飘纵倭氛，未能一鼓歼绝，痛棘于心，伊谁为助？……现惟缮此烬余，竭此衰驱，效命以报，或济或否，亦复不遑深计也……贱驱腿伤未平，事非身先更有难测。"②

这种对战事绝望的心态，当然不只丁汝昌一人。林泰曾服毒身亡后，丁汝昌在电文辩解道："至林镇泰曾何故遽尔轻生，严询该船员弁，据称该镇素日谨慎，今因海军首重铁舰，时局方棘，巨船受伤，辜负国恩，难对上宪。又恐外人不察，动谓畏葸故伤，退缩规避，罪重恶名，故痛不欲生，服毒自尽。"③ 李鸿章似乎预料到丁汝昌会这么说，便先于丁对此事定了性："林泰曾向来胆小，想因疏忽，内疚轻生。"④ 林泰曾的死与性格上的懦弱有着相当大的关系，但越是胆小的人往往越不敢选择自杀，而且"镇远"舰虽受伤但未觉，林泰曾还可以继续在新的岗位战斗御侮，他却一死了之来回避一切，这恰恰表明林

① 戚俊杰、王记华编校《丁汝昌集》，济南：山东大学出版社1997年版，第287页。

② 戚俊杰、王记华编校《丁汝昌集》，济南：山东大学出版社1997年版，第218页。

③ 戚俊杰、王记华编校《丁汝昌集》，济南：山东大学出版社1997年版，第299页。

④ 戚俊杰、王记华编校《丁汝昌集》，济南：山东大学出版社1997年版，第297页。

对未来的战事已丧失了所有的信心。

　　林泰曾的自杀，对丁汝昌刺激极大，他在给龚鲁卿的信中写道："林镇于十八夜情急吞烟自尽，指臂不良，一直于此，可复奈何！心情恶劣，至斯已极。而回思旅防杂沓，尤至竟夕不寐。"① 他还特地请 6 个木匠打制了棺材，丁本人甚至还躺进去试了试大小，并给每个木匠两块钱的赏金。② 由此，我们也就不难想象为什么丁汝昌自退守威海直至全军覆没都没有亲自率舰出海巡防的原因了。当日军在荣成登陆，拟攻威海卫北洋海军基地时，清廷及李鸿章一再要求出海巡剿，而北洋海军将领们却再三表示："除死守外，别无策……惟有船没人尽而已"，③ 从而一味龟缩港内，直到腹背受敌，最后或以自杀方式结束生命，或将军舰拱手投降。

　　甲午战争中北洋海军的覆灭深刻地启示了我们，指挥员的心态事关战略战术的选择，有积极向上的心态，往往就会选准时机主动出击；反之，如果任由绝望、胆怯、怕死等充斥内心，则必然要坐失良机直至一败涂地。因此，加强战役战斗中军官心态问题的研究，有着十分重要价值与意义。

---

　　①　戚俊杰、王记华编校《丁汝昌集》，济南：山东大学出版社 1997 年版，第 219 页。

　　②　［美］勒法吉著，高宗鲁译注《中国幼童留学美国史》，珠海：珠海出版社 2006 年版，第 84 页。

　　③　戚俊杰、王记华编校《丁汝昌集》，济南：山东大学出版社 1997 年版，第 321 页。

专题七　历史影响

甲午战争使中日关系易位的启示

徐　焰

　　120 年前发生的甲午战争，是新兴的日本同腐朽衰败的清末中国的一场决定两国命运之搏。此前被"天朝"视为"蕞尔小邦"的原中华文明的师从者，竟然把文化母国打得一败涂地，这不仅改变了中日两国的发展轨迹，也深刻地影响了此后双方往来的相互观感。

　　鉴古警今，温故知新。今天的人们回顾那场仅历时 8 个多月的甲午战争，应力戒狭隘单向的思维方式和简单的悲情意识，不能仅限于追念北洋水师的黄海之憾和旅顺万古墓的血债，而应将其放在中国和日本近现代历史的进程中来审视。这一仗之后，中国又长期以日本为自身崛起的坐标，激发起革命、建设和改革的大潮，并在抗战和经济竞赛中达到战胜和超过，其长远意义一直影响到今天的中日关系。

日本千年间对华经历三阶段：
仰视——平视——俯视

　　唯物主义的基本原理说明，社会存在决定社会意识。各个民族国家生存的环境和经济条件，决定了自身的历史传统和思维习惯。中华民族几千年间以基本固定的农耕土地和部分牧业区为生息地，并形成了热爱和平崇尚礼义又相对保守的传统。日本列岛内虽然也以农耕为主，岛国生存环境却容易滋生奋争和向外扩张的习性。

中国自汉代起同日本接触，至唐代以后倭国才对华形成了密切往来。从那时起至第二次世界大战结束，日本人对华态度可以用三阶段概括。

从唐朝至宋朝是"仰视"，以学习中国文化走出蒙昧落后时代；

从元代到甲午战争前是"平视"，这是因日本在 1274 年特别是 1281 年借台风即所谓"神风"击败了忽必烈的舰队，不过明朝的军队又在朝鲜打败日军使其收敛了野心和傲气；

甲午战争的结果是日本将清朝统治的中国打得一败涂地，从那时起直至抗战结束，日本人傲慢自居于中国之上采取"俯视"。

值得人们注意的是，中日两国最早的密切交往，是靠中国对日的军事胜利才得以建立。公元 633 年，刚建立的倭国出动舟师数百，进攻朝鲜半岛白江口，唐朝军队与之交锋时"四战捷，焚其舟四百艘，烟焰涨天，海水皆赤，贼众大溃"。1200年后甲午战争的双方出兵方式又与此役相似，只是胜败者掉换了位置。

中国对日打胜第一仗，使倭国看清了自己的经济、文化和社会制度落后，心悦诚服地向唐朝全面学习。日本在公元 7 世纪至 8 世纪大量派出遣唐使、留学生和留学僧赴大陆，学习制造工艺、建筑美术、典章制度等，完成"大化革新"。日本在唐代对中国的尊重，反映出这个民族善于学习的优长，同时也显露了崇拜强权的特性。

虽然日本在立国之后努力实行"唐化"，其社会条件的差异也导致两国特色不同。中国重农轻商，日本农商并重；中国重陆轻海，日本海陆并重。日本学习中国文化和典章制度时又有三点不学——日本不实行中国的科举制度，其上层和知识分子不深陷古籍而比较务实；日本不学中国的太监制度，宫廷中内耗少；日本不学中国的家中子弟均分财产制而实行"长子继承"，无财产可袭承的上层子弟们奋斗精神较强。

中国的宋朝被元朝灭亡后，日本一批人便认为神州的文化精粹只保留在自己国内。元世祖忽必烈两次东征失败，虽说有台风的气象原因，日本武士能取胜也显示出自身的凶悍，由此便滋生出傲视大陆的观念。16世纪日本人在长崎购买和仿制西洋火枪，对中国又拥有了火器优势。当时日本流浪武士组成的武装团体即明朝人所称的"倭寇"窜扰中国东南沿海，为祸百年，使中原王朝首次有了海防危机。丰臣秀吉统一日本后，于1592年派15万大军入侵朝鲜"假道"伐明，还扬言要将都城从京都迁到北京，这说明日本向大陆扩张思想的始作俑者又非近代军部，此时便已经形成。

明末的中国虽已衰败，在1592年至1599年还能派出10万大军跨过鸭绿江，联合朝鲜取得抗倭援朝的胜利，这一胜利遏制了日本的对华侵略野心，赢得中国东邻半岛近300年的稳定。不过由神道支撑的唯我独尊的日本"国学"思想根基犹在，一旦同西方殖民扩张观念相结合又会变得更为狂妄。

17世纪至19世纪中期，幕府时期的日本因感受到外来威胁实行锁国，却不禁止西洋武器输入和讲西方兵法的"兰学"，

甲午沉思

开放程度还是大大高于闭目塞听的清王朝。早在明治维新前的19世纪前期，在长崎学过"兰学"即荷兰军事学的佐藤信渊（1773—1850）便写出一本《宇内混同秘策》，随后被维新的要人西乡隆盛、大久保通利等奉为至宝。后来在一次次侵华战争中，军部对该书一版再版，成为军官士兵的必读教材。这本充满杀气的小册子里公开鼓吹："我国而欲制他邦，必先以并吞支那为始。""支那既入版图，他如西域、暹罗、印度诸国必渐慕德畏威，稽颡匍匐求隶臣仆。故皇国而混同世界万国，绝非难事。"

好一个"并吞支那"！好一个"皇国而混同世界万国"！后来发动甲午战争，以及提出征服"满蒙"、"支那"乃至世界这三段计划，不正是从这本《宇内混同秘策》中派生出来的吗？

有扩张主义基因的日本，若是仅有野心没有实力，仍不能对中国构成威胁。明治维新后的日本实行西化增强了经济军事科技实力，"征韩"、"征清"便迅速付之实施，1894年即甲午年间中国所遭遇的那场战祸便势不可免。

"香蕉帝国主义"首先将扩张刀锋指向近邻

1840年的鸦片战争后，中国沦为半封建社会半殖民地，日本在此后的十几年里也面临着同样的命运威胁。令人叹息的是，日本是以牺牲中国改变了自己的命运。

1853年7月，刚刚跻身于强国之列的美国派出东印度舰队司令佩理率领4艘全副武装的黑色军舰，闯入了日本横须贺港。此时的日本仍是一个落后的农业国，看到抵抗必败，便于1854

年同美国签订了《神奈川条约》。接着，俄国、英国也接踵而来，日本又相继签订了不平等条约，丧失了关税自主权，在横滨等港口让西方开租界（"居留地"）并给予领事裁判权。明治初年的日本，看着外国军队驻在租界横行同样无可奈何，直至日本进行甲午战争及随后打赢日俄战争后，才以国威军威为后盾废除或修改了不平等条约。

面对西方入侵，日本采取了与中国完全不同的办法，那便是挤进西方的行列，1868年开始的明治维新所走的正是这样一条道路。如今还印在1万日元钞票上的人头像，便是被称"近代东洋启蒙之父"的福泽渝吉。明治维新之前此人便访问了美国，回国后大力宣传"脱亚入欧"，积极主张日本应该放弃过去学习的中华文明和儒教精神，吸收西洋文明优胜劣汰的思想，加入西方行列而与东亚邻国绝交。这位日本近代思想的引领者，从西方并未学到人道主义等文明成果，引进的是弱肉强食的殖民观念。这种舶来品再同传统的野蛮武士道精神结合，又被改造成为一种狂热邪教式的侵略观念。

福泽渝吉的理念，可以说从明治时代一直影响至今，日本虽地处亚洲却长期标榜自己是西方国家。当年它口喊"同文同种"、"大东亚共存共荣"，心中里却以高于亚洲人之上的西方白种人自居，只是那张黄皮肤无法改变，由此被人斥责为黄皮白心的"香蕉帝国主义"。

日本开始明治维新时，中国也搞了洋务运动，却因指导思想不同出现了巨大的差异。日本虽保留天皇制和封建武士的传统，却在政治、经济和军事体制上全面学习西方（不过着重学习了普鲁士军国主义制度），而清王朝在"中体西用"的口号下只引进了一些西方"器物"而拒不做体制改革。从近代化速度看，中国因守旧观念的包袱太重远落在日本后面。1872年日本首都便开通了火车，较中国首都通火车早了25年；1873年日本建立第一座近代综合性大学，比中国也早了25年；在下达剪发令和使用阳历方面，日本比中国早41年。

一个国家的社会变革，必须在政治、经济和军事领域全面配套实施才能成功。日本明治维新提出三个口号是"文明开化"、"殖产业化"和"富国强兵"，清王朝则只提"富国强兵"又甚不得力。在甲午战争之前，日本青壮年男性已基本完成了扫盲，几乎全部男童和半数女童也已接受义务教育，中国占人口总数九成的下层民众包括兵卒差不多都目不识丁。一个有文化的国家和军队同一个文盲充斥的国家和军队较量，其结果在战前便已经注定。

当年日本的发展模式，也决定其必然要侵略中国。同美国、英国那种"商业资本主义"赢利的道路不同，日本这种经济基础不足的后起者想迅速谋利便要走"领土掠夺资本主义"之路。从1885年起，日本以纺织业为中心的产业革命迅速展开，却缺乏资金和市场。当时的日本人口为4000万，只及中国的1/10；其国内的财政收入在1890年只相当白银4000万两，只相当于中国的一半。由于内外市场狭小，日本主要的出口货——纺织品又因技术水平不高缺少竞争力，1891年便发生了第一次经济危机。许多政客和军阀便叫嚷，需要以武力控制朝鲜并打败中国，为本国夺取资源并打开市场。日本挑起甲午战争后，果然成功地走上了以武力掠夺邻国为主的强国之路，当然也埋下50年后彻底战败投降的种子。

明治维新后的日本与近代中国的命运不同，还有重要的外部原因：一是当年的西方列强盯住中国土地广阔资源丰富，认为日本地少民刁没多少油水而重华轻日。二是英国、美国想利用日本抗衡俄国，多年间采取扶日抗俄政策。德国在 1871 年打败法国后，最担心俄国援法，也以帮助日本建立新式陆军的方式在远东牵制沙俄。当新兴的东洋陆海军的刀锋首先指向朝鲜和中国满洲时，英美德等国仍认为这是对俄国的重要潜在牵制手段。

1894 年 7 月，当日本已经出兵朝鲜同清军处于剑拔弩张时，英国表面愿意"中立调停"，却在 7 月 16 日宣布废除同日本的不平等条约而订立平等新约，这明显是偏袒日本。战争期间，清政府多次请英国、美国调停，得到的回答又都是要考虑接受日本的条件。日本能发动甲午战争以及随后发动日俄战争，其实都与英美的扶日压华抗俄的政策密不可分。

俄国从自身的东方政策出发，倒是一直把日本视为宿敌，何况末代沙皇尼古拉二世身为皇太子访日时还遇到暴徒行刺在头上留下刀疤，曾大骂东洋三岛上都是"野蛮的猕猴"。甲午战争前后，俄国一再秘密表示愿帮助中国，清政府也将其盼为救星。战争期间，狡猾的沙皇尼古拉二世却坐山观虎斗，想等到中日两败俱伤，再以援华之名出兵控制满洲并打垮日本，以达到"一石二鸟"。沙皇感到意外的是日军竟轻易获胜，于是在《马关条约》签订后以开战威胁迫使日本向中国"归还辽东"，三年后却把这块虎口中掏出的肥肉吞进自己嘴里。

历史证明，利用列强的矛盾，"以夷制夷"的办法并非不对，不过中国如不能自强而一味乞求外援，"援助"者又会以索要"酬谢"之名趁火打劫。甲午战争及战后实行的"联俄制日"政策，反而促使列强加紧在华划分势力范围，中国的东北随后还成为日俄战争的战场，落得个"人为刀俎，我为鱼肉"

甲午沉思

的可悲结局。

北洋海军尚能对等交锋，清军陆战完全不堪一击

过去国人提到甲午战争时往往为北洋水师的奋战和覆没所叹息，其实这支中国近代化程度最高的军队尚能与日本海军在同一水平上交战，清朝陆军却几乎无战不溃。甲午陆战的惨状，更说明当时清朝陆军在编制和战术上尚停留在古代，已落后于日本陆军一个历史时代，这种古代化与近代化根本无法对等作战。

清朝原有的军队八旗、绿营在太平天国起事时便腐朽不堪用，依靠湘淮军才将国内各派造反势力削平。此后为数 25 万人的八旗和 46 万绿营兵长期虚耗饷银，清廷为照顾利益集团又不能裁撤，只有依靠湘淮勇营编练成的 35 万防军为国家军队的主力。防军虽然购买了西方枪炮（因各自为政无规划导致型号杂乱），却只从洋人那里学了点枪炮施放技术和操场上演练方式，战术还停留在冷兵器时代以密集队形攻防时的水平。这些部队的编制又沿用戚继光和湘军成法实行单一营制，营以上无确定建制，平时星散各地，互不相属，战时凑合一处，没有组成以步兵为主，骑兵、炮兵、工兵为辅的合成军队，在战斗中也难以容纳近代各种火器和有效地组织兵种间的协同，可称是一支拿着新式枪炮的古老旧式军队。

甲午陆战证明，清朝陆军同日军交锋时，基本上沿用对付太平军的一套旧战法。其进攻时只是以密集队形猛冲敌火网，死伤惨重又没有什么战果；防御时清军只是株守阵地，呆板地

受敌炮火杀伤，时间不长便混乱败退。加上清朝没有预备役、后备役制度和健全的战争动员体制，平时养兵不少而战时又不够用，只好临时招募了几十万勇丁。这些应募者多是兵痞流氓，几无训练，形同乌合，开到前线望风即溃。

相比之下，甲午战前的日本陆军已按德国军制完成了近代的步、炮、骑、工兵的建设，建立了师团、旅团、联队（团）、大队（营）这样的合同军，战术也按近代战争的散兵战样式并注重各兵种协同。日本又有良好的动员机制，开战后迅速将军队由6个师团7万人增至20万人，其中17万人开到战场。在各次战斗中，日本陆军一般只需一次攻击便能轻易击溃当面清军，而且平均每个战斗兵在整个战争中只发射子弹20发。开战前日本军部只担心海军作战的成败，对清朝陆军几乎视若无物，作战的结果也确实如此。

甲午战争时的中国海军是一个新兴军种，而且同日本一样学习英国制度和战术。由于中国传统的木帆船水师的章法无法应用于使用机械铁甲舰只的新型海军，北洋海军全面依照西方条令训练和编组，是中国第一支全盘西化的军队，共有舰艇42艘共4.5万吨位。从黄海海战的技术水平看，北洋海军炮兵的命中率并不低于日方，却因多购买劣质弹药导致半数炮弹不炸。封建官僚式的管理和衙门习气，同样充斥于北洋海军这支近代化军种之中，加上军事的保守将军舰当成沿海浮动炮台使用，不通晓近代海战尤其是争夺制海权的理论，最终舰队困守威海港内被日本的陆军从背后消灭。

甲午战争的惨败，还暴露了清王朝的奴化统治导致了民族精神和国家观念的严重缺失。日本宣布"日清战争"开始后举国民众摇旗呐喊欢送"出征军人"，军队和普通民众在扩张主义的煽动下有着作战狂热。多数清军的表现却是怯战畏惧，民众也不了解战争意义。按当年在军营中的我国著名将领冯玉祥回忆，部队奉命调往大沽口防御日军时的出发情景是"男女老幼奇哭怪号声震云霄"，"不明底蕴的人以为谁家大出殡，惊动了这么多人哭送，绝对想不到这是军队开拔去抵御敌人。为民族争生存、为国家争荣耀，所谓国家观念、民族意识在他们是淡薄到等于没有的"。

过去国内不少作品总是大力歌颂北洋海军的抗敌如何英勇，并称最后投降是"一小撮败类"所为。若认真研究这段历史，可看出黄海海战时北洋海军一些官兵确曾英勇奋战，却也有两艘军舰临阵脱逃。在威海被围的危急关头，大批官兵竟向丁汝昌"乞生路"，即要求完整地向日军献出军舰和武器，以换得对方释放。此刻不屈的殉国者，倒真是寥寥无几的"一小撮"，这一不应回避的耻辱恰恰也说明了当时清朝军心士气颓丧，海军也不可能例外。

此时令各国军队惊愕和耻笑的一件事，又是北洋舰队舰只被围在威海卫港中向日军投降时，一艘1000吨级的鱼雷巡洋舰"广丙"号竟然提出，本舰属于广东水师，只是去年秋天海军会操时来到威海，此时应予放行南返。在这些海军将领的心目中，好像不是自己的国家而只是北洋水师同日本进入了战争状态。在日本联合舰队同北洋海军激战时，南洋和福建、广东海军都以没有铁甲舰为借口不肯来援，也不肯派舰只袭扰一下日本沿海。在中日决定两国命运的这场生死搏斗中，许多拥兵自重、据地自私的实力派站在事不关己的立场上。广大民众则多处于麻木状态，看不到什么有组织的抗敌斗争和支前力量。

甲午战争的结果，也检验了中日两国在近代的发展道路。

日本实行了比较全面的社会经济改革，有力地促进了封建制度向资本主义转化，它虽然保留了一些封建传统包括天皇专制主义，却在军事制度、战术和技术上全面学习西方，与清王朝保留腐朽的文武制度而只引进技术的"中体西用"有着本质区别。中国在洋务运动中虽然也聘请西方顾问，建立了新式海军并为陆军配备了新武器，对西方军事学却只学到了皮毛，封建性的军事思想仍全面保留，这等于在枯树上嫁接新枝，这样建立起来的军队在近代化战争中必败无疑。

如果再从深层次的思想文化渊源来考察，中国传统封建主义的思想统治，只能导致国民只知朝廷不知国家，只知天下不知世界，只知家族不知民族。没有树立近代民族国家观念，自然无法有效进行保卫国家的战争。后人若全面地回顾甲午战争中清军的惨败，不仅不能简单地归咎于慈禧太后挪用海军经费修颐和园，也不能单纯从武器性能和军队数量来解释，而应看到此次战争是中日两国的经济、军事水平、政治体制乃至思想文化观念的总体较量，当年中国的失败是全方位的失败。

甲午战争促进日本崛起，轻蔑"支那"又成风尚

1894 年 7 月开始至翌年 4 月结束的中日甲午战争，是两国千年间关系的一个重大转折点。日本不仅成为靠战争获利的暴发户，轻易获胜又滋长了蔑华、辱华心理，从此便傲慢俯视中国，这种心态又促使其在此后几十年间不断扩大侵略。

日本进行"日清战争"获胜，使西方列强对这个新兴的岛国刮目相看，从此奠定了军事强国的地位。日本的经济通过此

战勒索到的赔款、割地和战时掠夺，也获得了起飞的资金。

过去国内一些书籍称，日本通过甲午战争从中国掠夺了2.3 亿两白银，这只计算了《马关条约》规定赔款 2 亿两白银，随后"还辽"又索要了 3000 万两。如果按实际情况计算，日本的掠夺远不止此数。

在《马关条约》中，日本索要 2 亿两白银是一次性付款的数额，拖延便要付利息，"赎辽款"也是如此。此时年收入仅8000 万两白银的清王朝财政已入不敷出，只好向英俄法德借款，3 年后才交付完赔款，本利相加共支付 2.6 亿两。此外，日本战时还缴获和掠走大批中国军械和民用物资，估算价值为7000 万两，这样总计在甲午战争中从中国掠夺了 3.3 亿两。

日本在这场战争中的花费，据当时政府宣布为 2.2 亿日元（折合白银 1.5 亿两），其中包括了发展军工产业的投入，真正作战费用是 1.3 亿日元（折合 9300 万两白银）。这样，日本在战争中扣除耗费净赚了 2.4 亿两白银，相当于战前日本政府 4 年多的财政收入。战争结束后，首相伊藤博经便向明治天皇上奏说："官民上下都感到无比的富裕。"

勒索到这笔巨款后，日本一面兴办教育，一面发展产业，并从英国采购世界上吨位最大的铁甲舰、1.5 万吨的"三笠"舰等新型舰只，用于下一次扩张战争。日本通过《马关条约》还从中国割去台湾这个富饶的宝岛，还规定开放长江流域供其轻纺织业商品倾销，这又大大便利了发展经济。毫不夸张地说，日本崛起的"第一桶金"，正是通过甲午战争掠夺而来。

具有尊强凌弱心态的日本轻易打败中国，从此又改变了对华心态，"大和民族"的自傲变成不可一世，对自己的文化母国居高临下视若草芥，种种辱华之称陆续呼之而出。

　　清末时日本对华称"清国"，甲午战后东洋三岛上却以"猪尾巴"作为称呼中国人的绰号。华侨男子或中国留学生上街，日本小孩往往放肆地在后面用手扯辫子，口中还喊："清国奴！豚尾奴！"穿黑制服的警察看到后一般都不加制止，还放声大笑。

　　1912 年中华民国成立，中国男人都剪去辫子，日本人不再称"清国"，却不呼正式国号而只用"支那"一词。若进行纯学术考证，有人认为"支那"是"秦"的谐音，或是英文 China 的音译。这一词汇原无恶意，不过在中国有正式国名时却称别号，本身就是轻侮。当年在日本社会上，"支那叭嘎"（しなばか，当用汉字为"支那马鹿"），又成为通行的骂人话。曾留学日本的我国著名作家郁达夫曾记述说："原来日本人轻视中国人，同我们轻视猪狗一样。日本人都叫中国人作'支那人'，这'支那人'三字，在日本，比我们骂'贱贼'还难听"。

　　笔者小时候曾听郭沫若的日本夫人郭安娜讲述她本人经历，这位原名佐滕富子的女护士爱上中国留学生郭沫若时，素称开明的父亲却马上发怒——"你怎么能和一个支那猪结婚？"

　　民国成立后 18 年间，日本政府向北京政府、南京政府递送外交照会都无视起码的国际礼仪，只称"支那共和国"。对这一侮辱称呼，北洋军阀政府期间和南京国民政府成立头 3 年居然忍受下来。直至 1930 年，国民政府认为忍无可忍，拒绝接受带这一称呼的外交文书，日本政府对华公文中才称呼中华民国的国名，在其他场合却仍一律称呼"支那"。

　　民国年间的日本军队踏上中国土地驻军，也都冠以"支那"这一辱华称呼，如驻扎于华北的日军定名为"北支那驻屯军"，卢沟桥事变后扩大为"北支那方面军"。进攻华中的日军命名为"中支那派遣军",直至 1945 年侵华日军头目冈村宁次率军投降时的头衔还是"支那派遣军总司令官"。战后有些中国人愤于此词的国耻标记,在中文书籍中改译为"华北方面军"、"中国派遣军"。其实保留"支那"原词不要改译,反而更有益于人们记住国耻。

日本社会上以贬斥"支那人"为重要标志的侮华、蔑华风潮,在 1937 年全面侵华战争开始后发展到顶点。当时日本政府并不宣战,只称这是一次"膺惩暴支"的"事变",不承认也不遵守任何国际间的战争法规。受这种情绪煽动的日本军人,自然会放手对中国和平居民实行骇人听闻的大屠杀。20 世纪 50 年代在抚顺战犯管理悔过日本战犯通过反省,追思为什么犯罪的原因时都说:"那时我们根本没有把中国人当成人,感到如同屠宰猪羊一样……"

促成这些暴行的思潮,追溯其源头恰恰始自甲午战争,旅顺大屠杀正是南京大屠杀的前奏。日本的"大陆政策"也是从甲午一战奠定基础,此后侵略中国乃至整个东亚的野心愈来愈膨胀,直至其 1945 年输光老本才破灭。

国人从学日、抗日到最后打败日本

中国在甲午战争中的失败,成为中国近代史上的一个转折点。梁启超曾总结说:"吾国四千余年大梦之唤醒,实自甲午战败割台湾偿二百兆以后始也。"这一仗给中国带来了巨大灾祸,却也如惊雷般让国人猛醒。进步的中国人在政治上看清了封建专制的腐朽,变法、革命的大潮也从此开始。

　　论起近代中国人的对日观，一直充满了复杂矛盾——对它既是老师，又是学生；既憎恶，又羡慕；既排斥，又最接近。日本对中国造成了最大的伤害，也带来了最大的觉醒。看到原来是自己文化的学习者通过学西方而迅速强盛，过去轻视日本的国人马上转而向日本学习。

　　1895 年 4 月，空前屈辱的《马关条约》签订的消息传到北京，马上引发起近代中国知识分子的第一次大请愿——"公车上书"。康有为起草了上书并得到 1300 名举人签名，他提出的核心要求便是"变法"，变法学习的楷模恰恰又是刚打败中国的敌手日本！

　　甲午战败后，想变法图强的中国人大都认为"远效西人，不若近法日本"。败于日本的第二年即 1896 年，中国便向日本派出第一批 13 名留学人员，随后留学东洋热潮席卷中国，至 1905 年突破万名，规模为当时世界仅见。至中日全面战争爆发，留学过日本的中国知识分子不下 10 万，若加上短期考察参观者还要翻上一两倍。

　　打开 20 世纪上半叶的中国名人录，可看到国民党前期的主要干部多是留日学生，包括黄兴、宋教仁、廖仲恺、汪精卫、胡汉民……那个上过日本士官学校预校，并在高田野炮联队担任过伍长的蒋志清（介石），也在东洋生活学习过 4 年。

　　中国共产党的创始人"南陈北李"即陈独秀、李大钊，以及最早的党员董必武、李达、周恩来，以及最早的农运领导人彭湃等同样也曾留日，并从日本早期社会主义运动创始人河上肇等人那里了解到共产主义原理。近代的著名文学家鲁迅、郭沫若、郁达夫、成仿吾等，同样也曾长期留学和生活在日本。

　　毛泽东在青少年时代，也曾对日本充满了憧憬。1917 年他

甲午沉思

走出家乡外出求学时给父亲留下一首诗，也抄自日本的西乡隆盛。毛泽东在陕北向斯诺讲述自己的人生经历时，便说过在东山小学有一位留学日本归国的老师教唱《黄海之战》那首歌曲，得到的印象是——"我当时从这首歌里了解到并且感觉到日本的美，也感觉到一些日本的骄傲和强大。我没有想到还有一个野蛮的日本——我们今天所知道的日本。"[1]

从中日两国的文化交流史来看，古代是日本学中国，甲午战争后是中国学日本。近代中国进步青年和学者大量东渡，归来后将日语中当用汉字词汇带回使用。在现代汉语中，日语词汇是最大的引进来源，其数量上千，包括政治词汇如"共产党"、"共产主义"、"社会主义"、"干部"、"科学"、"民主"，军事词汇如"军事"、"军国主义"、"警察"、"宣战"、"制海"、"制空"等，以及现代人常用的"经济"、"投资"、"广告"、"破产"、"法人"……

甲午战争后，先进的中国人心悦诚服地努力学习日本，然而这个师傅却不停地欺负学生。那些留学日本的中国学生，总是受到"支那马鹿"一类的轻蔑嘲讽，这种民族歧视更激起他们反抗侵略和振兴中华的决心。近代对中国留学状态曾有一种形容是"留学亲美，留日抗日"，前一句不一定准确，后一句倒大致不差。20世纪上半叶中国出国留学的青年虽大多数去了日本，回国后却有众多人成了宣传革命和组织抗日的先锋。

中国通过抗日战争取得了伟大的民族进步，这里面其实也包含着向敌国日本学习的成果。觉醒起来的中国人学习世界各民族的一切长处，包括自己对手的长处，才能走上强国之路。

---

[1] 斯诺《西行漫记》，北京：三联书店1979年版，第114页。

当年的事实便证明，正确的抗日，与义和团式的蒙昧主义的排外截然不同，要"师夷之长技"为我所用，中日关系的正确历史走向也是如此。

历史辩证法说明，坏事往往能变成好事。从甲午战争起，日本侵略者在半个世纪内一直想征服中国，结果却唤醒了一个沉睡的巨人，最终使自己深陷不可自拔的战争泥潭之中。中国取得了抗战的胜利，战后才出现了中日之间的平等关系。

回顾甲午战争以来120年的中日关系，可以说经历了漫长的"日强中弱"局面，后来又有了在亚洲"双强并立"的状态。自2010年以后，中国的经济总量在百年来终于超过了日本，军事上更是因拥有"两弹"早就具备绝对优势，这一关系的新变化使日本一些人尤其是右翼感到恐慌，依靠美国打压中国又成为他们的选择。在这种新形势下，人们再回顾一下当年甲午战争的历史，以及中日关系的历史走向，便可看出，只有中国越来越强大，才能使日方逐步端正心态，中日关系的发展才能走向正常的轨道。

三个甲午年——中国命运的三大转折

孟祥青

2014，又逢甲午年。

1894 年甲午战争的失败，让中国受压迫的屈辱历史在半封建半殖民地的社会中达到了顶峰，这场战争成为压垮处于极度衰落中的中国致命一击。

之后的一个甲子，中国陷入苦难的深渊。也因为这段历史，自此的 120 年间，甲午年就成为了对中国人具有特殊含义的年份。

1954，第二个甲午年，取得了抗美援朝战争胜利的新中国，洗刷了近百年的耻辱，中国人民站立了起来，扬眉吐气。2014，第三个甲午年，经过 30 多年的改革开放，中国已经义无反顾地走在了崛起的道路上，特别是党的十八届三中全会做出全面深化改革的重要决定，中国敲响了再次出发的"集结号"。中国从来没有像今天这样越来越接近于实现民族复兴、国家崛起的伟大目标，也从来没有像今天这样越来越迈向世界舞台的中心。

三个甲午年，中国历史命运的三大转折，不能不让我们掩卷沉思，感慨万千。

一、1894 年甲午战争：救亡图存的起点

1894 年的甲午海战是近代日本侵华的肇始。

作为隔海相望的邻国，日本多山环海，资源匮乏，自然条件的限制造成了其国内经济比较倚重对外的贸易交往，注重发展海运，其民族性格当中一直都有强烈的对外扩展的海权意识，而近在咫尺的中国则是其首选目标。早在 16 世纪，统一日本的丰臣秀吉就产生了"天皇居北京，秀吉留宁波府，占领天竺"的念头，计划以武力征服朝鲜、占领中国，进而夺取印度，在亚洲建立以日本为中心的大帝国。为此，于 1592 年和 1597 年两次发动侵略朝鲜的战争，但囿于国力的原因，均无功而返，但此后，开疆拓土必先自吞并中国始，成为日本的信条。

近代自美国的佩里利用武力敲开日本的国门之后，日本人不仅派遣大量的学生到西方国家虚心求教，探求国家强盛之道，而且也派人到中国探求晚清政府失败的原因。通过睁开眼睛看世界的真实对比，日本人认识到西方在政治、经济、文化、军事等方面的全面优势，对西方文明的拜服，促使日本国内产生了以福泽谕吉等为代表，鼓吹"脱亚入欧"、"对外扩张"的一批思想人物，在思想层面做好了理论准备。

通过"明治维新"近一代人的努力，日本不但继承了西方扩张主义的思想，也逐渐建成了近代民族国家的体制，形成了强大的国家力量，确立了海外扩张的国策。明治天皇即位后就制定了日本的"大陆政策"：第一期征服中国的台湾，第二期征服朝鲜，第三期征服中国的东北和蒙古地区，第四期征服全

中国，第五期征服南洋、亚洲乃至全世界。

为配合扩张需要，日本一方面出兵琉球、台湾，将对外征服的目标计划转变为具体军事行动，虽然最终以失败告终，但对自身的军事实力有了较为清晰的认识。自此之后，日本在军事体制方面完成了较为全面的改革，于1878年成立参谋本部，实现了军政、军令的统一，同时大幅加快扩军备战步伐，通过发行海军公债筹资的方式实施造舰计划，颁布帝国宪法，颁布征兵令，实现了军国主义化的全民皆兵制度，为对外扩张奠定了基础。另一方面，在甲午海战前的1886年，日本即派遣间谍对清政府统治下的中国社会民情、人口分布、军营位置、山川地理做了详尽的侦察。在军事部署上，制定了以夺取制海权为主的海军战略，组建了进攻性的联合舰队，并组织了多次海军大规模对抗演习和陆海军联合大演习，为其对外侵略扩张做了充分的准备。

反观清政府，两次鸦片战争的惨痛失利使清廷认识到了加强海防的重要性，但在政府高层始终存在着"海防"和"塞防"之争，制约了海军的建设发展。虽然以李鸿章为代表的洋务派提出"居今日而欲整顿海防"的建议最终得到清政府采纳，但以维护清王朝统治地位为根本出发点的军事变革，从一开始就决定了其不会从本质上触动封建制度的基础，而更多的只能停留在"另立海军"的"器物"层面，对西方先进的军事理念、军队编制体制、军事训练只是选择性地接纳，尤其是缺乏对军队运用和发展的长远规划，对现代海战中"制海权"的认识几近于无，而且在海军力量的建设和运用上，基于畛域、地域观念的运用上，也将海军的作用局限于"拱卫京畿"，这种消极防御的战略思想严重束缚了海军进攻力量的发挥，以此为指导的清朝军队刚一开战就处于被动挨打的境地。同时，在朝野上下弥漫的贪腐之风，也严重打击了士气和作战能力。

仅从双方战前的各项准备来说，可以说大战未至，胜负已分。

而北洋水师的全军覆没让日本"赌博式"的侵华计划得以奏效，战后日本逼迫清政府签订《马关条约》，割让台湾等地，加剧了帝国主义列强分割在华利益的狂潮；赔款2.3亿两白银，相当于日本4年财政收入之和，沉重的割地、赔款条约成全了日本的快速崛起，刺激了日本以战养战的扩张野心，也成为了压垮清廷的"最后一根稻草"。以此为节点的60年，"驱逐日寇、抵抗侵略"成为了中华民族救亡图存的主旋律。日本取代欧美列强成为中国最主要的侵略者后，其对中国的奴役和压迫，对中国人民的掠夺和残杀，是中华民族近代史上最为黑暗的一页。而"二战"后日本对其滔天罪行的无理诡辩和对应归还中国的钓鱼岛等争议领土的百般阻扰和抵赖，是中日关系始终难以根本改善的重要原因。

二、1954年再逢甲午年：走向复兴的开端

1954年甲午年是中华民族实现独立、走向复兴的真正开端。这个甲午年之所以具有节点性质的意义，缘于三件事情：其一是抗美援朝战争（1950—1953）的结束，其二是和平共处五项原则（1953—1954）的提出和万隆会议（1955年）的召开，其三是新中国第一部宪法（1954年）的诞生。

抗美援朝战争虽然只是一场"二战"后的局部战争，但却

奠定了中国半个多世纪的和平发展基础，是中国近代史上最为光辉的一笔。1949 年成立的新中国，西藏和沿海少数岛屿还未解放，大股土匪活动猖獗，严重危害社会稳定，基层政权尚未完全建立，已经建立的基层政权还不巩固；国家经济建设任务繁重。以 1950 年为例，粮食、棉花、钢分别为 2400 亿斤、1420 万担、60.6 万吨，产量仅相当于 1936 年以前最高生产水平的 63%、86.5%、83.6%；军事上，解放军精简整编工作刚开始，军队武器装备基本上是小米加步枪的水平，海军、空军和装甲兵部队都在组建过程中，部队没有现代化装备，也没有现代化战争经验，且解放军大部分部队已投入恢复国民经济的生产建设，没有打仗的准备。反观美国，1950 年其工农业生产总值 2848 亿美元，钢产量 8772 万吨；军事上，拥有强大的海军和空军，全面掌握着战场的制海权和制空权，同时还拥有原子弹和其他世界上最先进的武器。

在敌我力量如此悬殊的情况下，选择和平还是战争，成为摆在新中国领导人面前的一道难题，但正如毛泽东指出的那样："我们认为应当参战，必须参战，参战利益极大"，"对中国，对朝鲜，对东方，对世界极为有利"，反之，"不参战，损害极大"。历史雄辩地证明，抗美援朝战争我们收获的"利益极大"。

首先，中国出兵朝鲜洗刷了百年耻辱。抗美援朝战争打断了美国遏制中国链条中最重要的一环，冲破了美国对我的战略包围，粉碎了其妄图征服全部朝鲜进而扩大侵略的计划，捍卫了朝鲜民主主义人民共和国，保障了中国的安全，不仅使朝鲜成为中国友好邻邦，巩固了中苏关系，也洗刷了中国百年耻辱，使西方国家特别是美国认识到中国的意志和力量，缓解了打压中国的势头，奠定了新中国在国际社会中的大国地位，为我们赢得了半个多世纪的和平建设环境。

其次，抗美援朝战争使我获得了苏联的信任和援助。为了支持中国，苏联帮助中国建立起了完整的工农业生产体系，使新中国不仅没有因为战争影响经济建设，反而在战争期间积极开展国内经济建设恢复和发展，为大规模经济建设的展开准备了条件。1952 年中国的工农业生产大部分都超过了抗战以前最高年代的水平，使新中国得以按预定计划从 1953 年起实施国民经济建设的第一个五年计划；同时，苏联的援助还使志愿军武器装备有了突破性的改善和加强，空军、地面炮兵和高射炮兵都有了明显的发展，有力促进了中国军队的现代化建设。

再次，抗美援朝战争推动了新中国领导人的思想认识产生巨大飞跃，高强度的军事对抗改变了革命战争年代一切为了战争的观念。领导层首次将国防建设与经济建设、科教文化事业放在同步并进的位置上，一是采取了"边打、边稳、边建"的正确方针。打，就是志愿军在朝鲜的作战；稳，就是稳定国内政治秩序和经济秩序；建，就是国内建设的恢复和国防力量的建设。同时，根据战争的进程及时调整军事斗争方针，在停战谈判开始后，迅速实行了"精兵简政，增产节约"，有效兼顾了战场和国内建设。二是加深了对现代军事科学的认识。朝鲜战争开启的现代局部战争新样式，使领导层认识到现代战争胜败的主要因素是军队的质量，而不是人员、装备的数量，全军因此掀起了现代化、正规化和系统学文化的高潮。毛泽东也明确提出了建设现代化国防的问题，并将其作为国家建设的重要内容。

1953 年 12 月 31 日，在同印度政府代表团谈话时，周恩来总理首次提出按照"互相尊重领土主权、互不侵犯、互不干涉内政、平等互惠、和平共处"五项原则,作为处理两国关系的准则。1954年,周恩来又先后访问印度和缅甸,并与印度总理尼赫鲁、缅甸总理吴努分别发表"联合声明",双方一直同意以"和平共处五项原则"作为指导中印、中缅两国关系的基本原则。至此,和平共处五项原则正式宣告诞生,在国际关系史上是一个伟大的创举,从而掀开了新中国外交崭新与辉煌的一页。"和平共处五项原则"的提出,标志着新中国外交的成熟,它超越了意识形态和社会制度的差异,以其包容性和开放性逐渐得到了国际社会的广泛认可,成为解决国与国之间问题的基本准则,从而为国际关系的发展做出了巨大贡献。

1955年召开的万隆会议是在美苏冷战对抗格局已经形成的背景下,新中国参加的一次重要多边国际会议。建国之初,美国对"一边倒"向社会主义阵营的新中国政治上不予承认,军事上封锁包围,经济上遏制孤立,并拉拢英、法、印度、澳大利亚等国家在外交方面发起"不承认"新中国的运动,刻意在国际舞台上宣传中国的"好战"形象,阻塞了新中国通过双边关系改善国家间关系的渠道。在这种情况下,借助多边外交舞台,打开外交局面,营造和平的外部环境,为新中国的经济建设提供保障是我们的现实需要,而万隆会议的召开正好为我们提供了这样一个契机。会议期间,周恩来总理代表新中国第一次完整提出"和平共处五项原则",并表达了和亚非国家开展经济合作的愿望,对新中国了解国际环境的发展变化、宣传中国的政策和主张、打开外交局面具有重要意义。而通过万隆会议所反映出来的"万隆会议十原则"、"求同存异精神"和"南南合作"等理念,在两极格局下创造了新的合作模式,时至今日仍然发挥着重要作用。

第一，拓展了中国的发展空间。万隆会议期间，中国与各国平等发言，共同协商，尤其在华侨国籍、领土争端和意识形态等敏感问题上消除了与会各国的疑虑，让世界看到了中国和平发展、友好交往的意愿。中国代表团提出的"求同存异"精神，主张超越意识形态，尊重各国政治制度，掀开了亚非国家间合作发展的新篇章。周恩来总理纵横捭阖、进退有度，展现出卓越的外交艺术和个人魅力，为新中国在国际上树立了自尊自信、和平共处的崇高形象，为我国赢得了众多朋友，展示了中国的和平友好形象，中国的对外政策进一步为亚非各国所了解，中国的国际地位明显提高。在此之后的 10 年间，与新中国建交的国家由 23 个猛增到 49 个，成功地突破了美国的外交封锁。

第二，推动了国际关系多极化发展。万隆会议达成了"万隆会议十原则"和以"团结、平等、合作"为特征的"万隆精神"增进了亚非各国的了解，增强了亚非国家维护地区和世界和平、开展经济合作的自觉意识。万隆会议后，亚非国家在国际事务中所处的地位越来越重要，有力地推动了国际政治力量向多元化方向发展。以此为开端，参加过万隆会议的部分亚非国家，又成为不结盟运动、77 国集团的忠实参加国，开启了南南合作的新阶段，这对于发展中国家争取完全的独立，促进发展中国家间的经济合作，巩固和加强发展中国家在国际经济关系中的地位，建立国际经济新秩序，都具有重大意义。

第三，为中国进入联合国奠定了基础。在"万隆会议十项原则"的影响下，亚非民族解放运动的发展迅猛异常，非洲和拉美地区众多国家先后获得独立，1960 年就有 17 个非洲国家获得独立，被称为"非洲年"。会议之后，中国与非洲开始增进了解，并对这些国家寻求独立提供物质上的援助，大批非洲国家摆脱殖民统治，宣布独立并先后进入联合国，增强了广大发展中国家在联合国中的力量。同时，广大亚非拉国家也积极支持中国恢复联合国合法席位。正因如此，在1971年第26届联合国大会上，在广大亚非拉国家的支持下，大会以压倒多数票通过了恢复中华人民共和国在联合国的合法席位的议案。正如毛泽东所说，中国恢复联合国合法席位是"非洲黑人兄弟把我们抬进去的"。

1954年宪法是新中国诞生后的第一部宪法。新中国成立之初，在全国范围内，军事行动和土地改革都未完成，由于不具备普选和召开全国人民代表大会制定宪法的条件，过渡期间一直采用《中国人民政治协商会议共同纲领》作为全国人民共同的政治基础。制定中国历史上第一部社会主义类型的宪法，不仅可以驳斥国际敌对势力对新中国的攻击，也有利于中国更好得开展建设事业。为此，斯大林曾经三次对毛泽东和刘少奇提及制定宪法的必要，但由于当时制定的宪法属过渡时期的宪法，如果对过渡时期总路线的一系列重要内容不解决，制定宪法就无从谈及。直到1953年12月，经过长时期的酝酿并确定下过渡时期总路线后，宪法制定才最终提上日程。这部由毛泽东亲自挂帅，参加讨论人数达1.5亿人（占当时全国人口的1/4）的宪法第一次以根本法的形式，记录了在共产党的领导下，全国人民经过长期革命斗争而取得的胜利成果，确认了人民群众成为国家主人的事实，规定了人民民主专政制、人民代表大会制、民族区域自治制、生产资料公有制等各项具有中国特色的政治制度、经济制度和其他的基本制度，是中国共产党人依法治国的开端，具有里程碑式的意义。其后宪法虽几经修改，但它所规定的主要内容，都是对 1954 年宪法的继承和发展。对此毛泽东曾说过："这个宪法使人民有一条清楚的明确的正确的道路可走，使全国人民感到有一条清楚的轨道。"

三、2014 年又逢甲午年：由富到强的节点

2014 年是中国新的甲午年，因为特殊的年份和敏感的钓鱼岛争端，日本不可避免地仍然是我们必须关注的对象。但中国已成为世界第二大经济体，综合国力的增强、国际地位的提升和自我挖骨疗伤的改革勇气，已经注定了我们的使命任务不能也不仅仅再局限于"战胜日本"。然而，随着美国加快推进"亚太再平衡战略"，日本右翼势力的迅速抬头，在扩军修宪的道路上越走越远，又让我们不得不时刻"警惕日本"。在这样一种特殊的背景下，如何重新定义甲午年，怎样规划好今后 60 年的建设蓝图，需要我们对自身的根本利益和发展目标、对日斗争方针和国际定位有一个清醒的认识。

第一，坚定不移地实现中华民族伟大复兴的"中国梦"和"强军梦"，这是 21 世纪我国的根本利益，也是最大利益。

以习近平为总书记的党中央再次重申"两个一百年"的奋斗目标，并把实现中华民族的伟大复兴定义为"中国梦"，对于我们在错综复杂的国际形势下，把握国家建设发展的主线具有重大意义。"强军梦"是"强国梦"的应有之义，"强国梦"蕴涵着"强军梦"，"强军梦"支撑着"强国梦"。实现中华民族的伟大复兴，必须有强大国防力量做后盾，否则，再繁荣的

经济，再灿烂的文化，也会成为一堆瓦砾。所以，强军是历史的警示，时代的呼唤，和平的需要，军队的使命所在，责任所系。

不可否认的是，与新世纪头 10 年的高速发展相比，我们所面临的内外形势发生了较大的变化。从反恐战争中脱身的美国为了维持其霸权地位，遏制中国发展势头，加快推进"亚太再平衡战略"，导致我国周边安全形势持续紧张；在后金融危机时代，随着我国的经济结构调整和产业转型升级，我与世界各主要经济体的贸易摩擦明显增多。从国内来看，来自于国际恐怖主义、极端宗教主义和民族分裂主义等三股势力的威胁有所上升，恐怖袭击活动进入新阶段。发生在天安门的"10·28"暴力袭击事件，呈现出恐怖活动有向内地蔓延的新趋势。贫富差距扩大，拆迁占地、官民纠纷等引发的群体性事件不断，导致一些群众"仇官、仇富"的不满情绪在增长。在水污染、土地污染没有得到根治的情况下，空气污染显著加剧，"雾霾"天气已经严重影响了工农业生产和日常生活。微博、微信等新型多媒体技术的应用，使网络信息的传播速度和数量实现了倍增。正是利用这一特性，西方敌对势力着力在国内培养网络大V，通过网络攻击我国的社会制度，污蔑党政机关，大肆传播谣言，扰乱社会思想，分裂公众意识，社会意识形态领域的斗争趋于激烈。上述种种情况的出现，既有国内外敌对势力敌视、围堵中国的背景，也与我国 30 多年工业化进程中积累的矛盾、问题集中爆发有关；既是经济全球化负面因素的集中体现，又是任何社会改革发展所必经的阵痛。但任何事情皆是相辅相成，危险中蕴涵着机遇，痛苦中也孕育着新生。新的甲午年我们需要反思和总结，但却不能一味地纠结和抱怨；我们需要增强信心和勇气，而不能颓废和消极，因为我们又站在了一个新的历史节点上。党的十八届三中全会做出全面深化改革的重大决定，"中国梦"、"强军梦"的实现已经指日可待。

2014 年，这个甲午年是我们迈向新征程的起步之年，更是关键之年，我们需要坚定发展的理想信念，更需要壮士断腕的改革勇气。正如党的十八大报告所指出："我们要准确判断重要战略机遇期内涵和条件的变化，全面把握机遇，沉着应对挑战，赢得主动，赢得优势，赢得未来，确保到二〇二〇年实现全面建成小康社会宏伟目标。"而这才是对甲午年最好的注释和解答。

第二，我与日本围绕着历史问题和海洋权益的斗争是长期的、复杂的，斗争的结局取决于综合国力的较量，而历史已经并将再次证明，时间在我们一边。

提及甲午年就离不开日本。由于日本政府"购买"钓鱼岛所引发的争端，又让新的甲午年承载了更多的责任和使命。在钓鱼岛危机的持续发酵之中，中国政府和人民展现出的维护国家主权和安全的坚定决心和意志，让日本始料未及。安倍政府否认历史、参拜靖国神社、解禁"集体自卫权"、扩军备战、推动修改和平宪法等一系列倒行逆施的言行，其主要目的就是要让背负着战败国历史包袱的日本彻底摆脱这一地位，成为所谓"正常化国家"。所以，升级钓鱼岛事态，制造东海紧张局面，搞坏中日关系，都是安倍实现其政治野心的"抓手"、借口和筹码，短期内不会有大的改变，我们必须做好与日本打"持久战"的准备。

纵观人类历史，领土争端的解决都经历了漫长的过程，都伴随着长期、艰苦的斗争，其间充满了曲折、反复，有的延续百年甚至千年。而解决领土争端也有过各种模式，既有兵戎相见，也有和平谈判，但不论哪种模式，都必须以实力为后盾。如果没有强大的综合国力，没有强大的国防和军事力量，即使是和平谈判也只能是被动地接受强权的条件。当年周恩来总理说过，"战场上得不到的东西也休想在谈判桌上得到"。今天重温，仍具有现实意义。我们爱好和平，但不惧怕战争；我们走和平发展道路，但绝不以牺牲国家的主权和安全为代价；我们坚持和平发展的国家战略，但前提是必须要有基本的安全保障，因为，没有国家安全就谈不上和平发展。

钓鱼岛问题，历经中日甲午战争和第二次世界大战以及冷战，折射出激烈的国力较量和残酷的国际政治斗争现实。既涉及中日之间100多年的历史恩怨，又涉及当今错综复杂的亚太战略格局。中日钓鱼岛争端既是硬实力的较量，又是软实力的博弈。扎扎实实做好我们的本职工作，不断提升包括军事实力在内的综合国力，方是解决钓鱼岛问题乃至最终解开中华民族"甲午年"心结的根本之路。

第三，积极适应我国国际角色的转变，做一个负责任的大国，为地区稳定和世界和平做出更大贡献。

如果说1894年甲午年是清王朝由衰到亡的节点，那么新的甲午年就是中国由富到强的节点。而要实现国家的强大，我们不但需要日益增强的综合国力和国防实力，也要做一个"负责任的大国"，为国际社会提供更多的公共产品，宣传"中国理念"，发出"中国声音"，提出"中国方案"，发挥"中国作用"。

随着中国崛起，今天我国的国际角色已经发生三个重大的，也是必然的历史转变：由一个十分落后的发展中国家，正在变成一个迅速崛起，并对地区和世界事务越来越具有重要影响力的大国；由国际体系的旁观者、反对者，正在变成一个积极参与者和改造者；由一个过去被国际社会忽略和偶尔借重的对象，正在变成一个既被重视又被借重，同时又被加以防范和制约的对象。可见，今天我国的国际角色已不同于以往，由"旁观、反对、被动"变为"参与、改革、主动"，即加入并遵守国际制度，改革不合理的国际秩序，主动提出建设性意见并发挥建设性作用。

国际角色的转变使中国与外部世界的互动关系日趋复杂，使外部环境变化与我国内部政策调整越来越紧密相关，"中国因素"成为影响国际形势发展变化的重大因素。所以，做一个负责任的大国，不仅有利于我国的根本利益，也有利于维护地区稳定和世界和平。中国过去、现在和将来都将继续为国际社会承担应该承担的责任和义务，为世界和平与发展做出更大的贡献，这也是时代赋予这个新甲午年的新内涵、新精神。

大时代需要清晰完整的大战略

舒 健

甲午战争给中国带来了深重的灾难，对中日两国历史命运、对东亚战略格局都产生了深远影响。今天，站在新的甲午坐标上回望过去，是为了让历史的智慧之灯照亮未来，让我们对未来看得更远、更准，以便更好争取和平美好的明天。

构建顺应历史潮流的大战略

甲午战争的失败，首先是清王朝维护其生存与发展需要的安全战略的失败。

19世纪是人类历史上少有的大调整、大洗牌的时代。西方列强以工业文明为核心，依靠近代化的军事力量，掀起掠夺瓜分世界的狂潮。面对这样复杂的战略环境，如何维护并发展自身的利益，是对清王朝战略能力的巨大考验。

但是，清王朝驾驭复杂环境的战略能力极为薄弱。

首先，在长期专制思想禁锢下，当时中国人的活跃思想被牢牢桎梏、扼杀，每一名社会成员都如同戴着沉重思想镣铐的囚徒,已经完全缺乏时代迫切需要的战略创新能力。

其次,清王朝长期闭关锁国昧于历史浩浩潮流,很晚才认识到外来威胁是来自海上,很晚才认识到海上威胁绝非海盗行为,而是对整个王朝和制度的挑战。

第三,当此转型关键时期,最需要一个雄才大略、胸怀天下的领袖及其团队的筹划和决断时,运转 200 多年的大清王朝却正走向没落,权力核心昏庸无能,缺少必须的战略统筹能力。

第四,政治体制僵化落后,官场上下人人各怀鬼胎、尔虞我诈,早已失去战略执行能力。正如曾出使中国的日本政治家副岛种臣所谓:"中国往往有可行之法,而绝无行法之人;有绝妙之言,而无践言之事。"

因此,虽然清王朝对于自身生存发展重大问题上有一定战略思路,但对于"如何保全和局?如何徐图自强"等核心问题,始终缺乏统一认识,没有总体设计,从而极大影响了清王朝的军队建设、战争准备、外交战略等诸多方面的认识和行动。与日本相比,清王朝完全没有应付日本进攻的国防战略,更没有制定应付各种可能情况的作战预案,在大战略上目标模糊、摇摆不定。

尽管与清王朝面对同样的局势,日本却采取了不同的战略,那就是"武力崛起"——与其如中国般沦为被侵略对象,不如加紧富国强兵,成为列强同伙。虽然日本武力扩张的道路不可取,但其目标明确、步骤清晰、步伐坚定的大战略运筹,既让后人高度警惕,也有许多值得借鉴之处。

当今时代,全球各种力量相互影响日益紧密,世界安全形势不确定性日趋明显,快速崛起的中国将与周边国家处于战略摩擦的高发期。构建一个顺应历史潮流、拥有全球视野以及目标清晰、系统完整、一以贯之的大战略，是维护国家主权、安全和发展利益，在国际斗争中积极主动、进退有据和获得胜利的重要保证。

先行者将超额取得战略红利

鸦片战争后，当清政府真正感到西方文明优越性和国家安全严峻性后，开始了以军事近代化为核心的洋务运动。不幸的是，变革主张从未被提升至王朝大战略层面予以重视。所谓"洋务"，在宫廷满汉全席上还算不上主菜。

因此，甲午战争前搞了 30 年的洋务运动，几乎是军事变革单骑独进，而在军事变革领域，也不过是围绕着军事装备和技术打圈圈——铁甲舰是一座座守卫要塞的移动炮台，海军不过是陆军的海岸警备队……既没有充分利用海军的主动性、机动性、进攻性，在战争中夺取制海权，也没有考虑海军舰队与国际战略之间的协同、海军建设与本土产业发展良性互动等战略问题。

甲午战争中清军的落后，不是将士在战场上拼命作战和流血牺牲能够弥补的，也不能简单归结为少数顽固派的破坏。事实上，落后保守的政治体制、经济体制和文化心理，是阻碍中国军事变革强大的社会基础。一些所谓的反对派，不过是这一社会基础的产物和代表。如果没有盘根错节的社会基础，顽固派不可能发挥强大的破坏作用。

日本明治时期思想家福泽谕吉认为，中国"将二千余年前尚处于未开蒙昧时代之古圣人语录，定为管束人间言行之万世不易之规则"。《马关条约》谈判期间，伊藤博文对李鸿章说："十年前，我在天津时曾同大人谈过改革问题，为什么直到现在还没有一件事情得到改变或改进呢？为此我深感遗憾。"日本对中国存在的要害问题，竟然比我们自己看得清楚得多，不能不让今人也汗颜！

在腐朽的封建体制下，生产力不可能突破牢笼。社会要步入近代化，不仅必须采纳西方技术，而且不能脱离整个国家全面的工业化，也不能脱离西方国家中伴随工业化的各种规章制度。当文化自豪感让中国人看不到这些真理时，日本维新变革的思想早已深入人心，追赶西方列强的三大改革政策——"富国强兵"、"殖产兴业"、"文明开化"齐头并进。日本不但在军事装备、航运、铁路、电信等方面取得了成绩，而且在军制、法制、教育、政治、思想领域也厉行改革、除旧布新。

甲午战争正是对两国30年军事改革和社会改革的总检验，清政府没有紧紧地把握好机遇，失败只是早晚的事。

历史如大江大河奔流不息，绝不等待任何一个民族。当前，中国国防和军队现代化建设正处于关键时期。今日反思甲午战争之败，与其简单地指责清政府战时处置不当，不如研究近代中国在国防和军队建设上如何失落于时代的发展，总结其历史教训，为当前深入推进中国特色军事变革，努力构建中国特色现代军事力量体系，与时俱进加强军事战略指导提供历史借鉴。

战争全面考验国家精神意志

甲午战争爆发之时，西方列强普遍认为中国力量强于日本。

中国国民轻视日本之心更是达到极点，1894 年 7 月 28 日《申报》的评论是典型表现："以我堂堂天朝，幅顺之广大，人民之多，财赋之厚，兵卒之精，十倍于尔，尔乃不自量力，轻启兵端是不明乎大小之势矣。"这虽体现国人盲目轻敌自大的心态，但也说出了中国具有雄厚战争潜力的事实。

但是，战争绝不仅仅是物质力量的较量。

战争中，日军后勤补给困难。平壤战役中，日军只有够吃两天的干饭团和少量弹药，作战两天以上就只能放弃进攻。但交战仅一天，清军主帅叶志超即率队逃跑，将堆积如山的枪弹物资留给日军。缴获的粮草如雪中送炭，成为日军的强心剂。其中仅军粮一项，足够进攻平壤的日军 14000 人一个多月所需。

旅顺号称"远东第一要塞"，令日军望而生畏。日军进攻其中的和尚岛炮台时，有的士兵将行李托付给战友作为遗物，有的将烟卷分得一支不剩，也不带午饭和干粮，不望生还。然而，日军花费近 8 个小时，屏息潜行攻进炮台时，清军早已踪迹全无。日军指挥官叹息说：若此炮台为我军把守，一个中队可阻挡百万之敌。

甲午一战，清军中不乏英勇将士，但更多是"养兵千日，用时一逃"的景象。清军大多不知道为谁而战，为什么去战，这些怯懦表现，实为当时中国政治、社会生态的一个缩影。

1894 年，在中国混迹多年的日本间谍宗方小太郎在报告中描绘了中国浮华背后的真实景象：庸官俗吏献媚当道，清廉高洁之士多不容于时流。上至庙堂大臣，下至地方小吏，皆以利己营私为事，朝野滔滔，相习成风。

战争爆发后，清廷上下不顾前线激战，仍然穷尽奢华为慈禧太后庆贺 60 大寿。但在日本，明治天皇亲临广岛大本营指导战争，皇后连续巡视医院慰问伤兵。日军在国内出发所经之处，到处挂满军旗国旗，站满鼓掌祝贺的民众；即使雨夜路经穷乡僻壤之处，也有村童群集，树起大旗高举灯笼，冒着倾盆大雨高唱军歌；生活贫困的农民将口中省的几个钱捐出来，娼妓纷纷将多年积攒的卖身钱自愿奉献……

战争爆发前，日本迅速筹集军费相当于 1 亿多两银子，而清政府煞费苦心，仅筹集到 1200 万两左右，无奈之际，只好先后向英国借款 2900 万两，才算把战争维持下来。其中差距，既有融资手段的差距，也有思想意识的差距。

历史反复证明：国家的强弱在于经济状况和国防实力，也在于国家意志和民族精神。积极进取的国家意志和奋发向上的民族精神，是实现经济繁荣和国防强盛的原因而非结果，也是维系一个国家由弱变强、长盛不衰的永久动力。

大战略迫切需要强大的军队

甲午惨败对中国的震撼，超过近代以来任何一场对外战争的失败。1840 年鸦片战争爆发以来，中国因外患而遭受的每一次失败，都产生过提前醒悟的先觉者，但大多数人依然在昏昏沉睡，没有社会意义的群体跟进。当连一个小小的日本都逼得中国割地赔款之际，一种亡国灭种的危机顿然弥漫整个华夏大地，中华民族具有群体意义的觉醒因此开始！甲午战争对于中华民族是一个大灾难，但是它具有积极意义：促使了中华民族的伟大觉醒，开启了中华民族复兴的历史进程！

何谓中华民族伟大复兴？回顾近代以来中华民族遭受的百

般屈辱，复兴之意于"国"，实为复兴其繁荣、先进与胸怀；于"民"，实为复兴其自尊、自信与自强；于"世界"，实为复兴其贡献、楷模，成为人们向往的地方。

但是，一些别有用心的国家却刻意歪曲，认为中国是试图复兴历史上的武功、版图抑或"不可一世"，并炮制出内容更丰富的"中国威胁论"。

这与120年前何等相似！

19世纪80年代，维新元老山县有朋上奏明治天皇，认为欧洲各国距日本较远，痛痒之处并不急迫，近邻清帝国的威胁才是具体的。针对清政府在洋务运动中加强军备的努力，山县有朋编造出中国将在数年后"称霸于世界"的神话。很快，在其他军国主义分子鼓噪声中，日本掀起"清国威胁论"热潮，并以中国为假想敌大肆扩军备战。正是打着"消除清国威胁"、"文明对野蛮的战争"的幌子，日本悍然发动了甲午战争。

透过历史我们早已明白，某些国家渲染所谓"中国威胁论"，不过是为其扩军备战求得借口和理由，不过是为其联合遏制中国寻找依据。其最终目的，不过是为了让我们把生存和发展的希望交给他们掌握，甚至在中国大地再次上演"甲午悲剧"。

近代以来，因为没有强大的国家和强大的军队，中国人民受尽苦难；正是建立一支强大的人民军队，中华民族才赢得独立与解放；正是因为有了一支强大的人民军队的保卫，中国人民才拥有一个甲子的和平与安宁。"强国梦"、"强军梦"不可能在"中国威胁论"中却步。"建设一支强大的人民军队，为中华民族伟大复兴提供坚强的力量保障！"这是近代以来中国人民从惨痛教训中得出的结论，是人民军队必须肩负的伟大历史使命！

图书在版编目（CIP）数据

甲午沉思/肖天亮,薛国安,舒健编.—北京：华艺出版社,2014.12
ISBN 978-7-80252-541-2

Ⅰ.①甲… Ⅱ.①肖… ②薛… ③舒… Ⅲ.①中日甲
午战争—研究 Ⅳ.①K256.307

中国版本图书馆 CIP 数据核字(2014)第 273229 号

甲午沉思

编　者：	肖天亮　薛国安　舒　健
总策划：	郑　剑
出版人：	石永奇
策划编辑：	刘　泰
责任编辑：	陈娜娜　常永富
装帧设计：	姚　洁
出版发行：	华艺出版社
社　址：	北京市海淀区北四环中路 229 号海泰大厦 10 层
电　话：	010-82885151
邮　编：	100083
电子信箱：	huayip@vip.sina.com
网　站：	www.huayicbs.com
印　刷：	北京润田金辉印刷有限公司
开　本：	16 开
印　张：	22
字　数：	245 千字
版　次：	2014 年 12 月第 1 版第 1 次印刷
书　号：	ISBN 978-7-80252-541-2
定　价：	38.00 元